劳动和社会保障文丛

社区居家养老服务中的政社关系模式转换研究

韦兵◎著

中国劳动社会保障出版社

图书在版编目（CIP）数据

社区居家养老服务中的政社关系模式转换研究 / 韦兵著. -- 北京 ：中国劳动社会保障出版社，2025.（劳动和社会保障文丛）. -- ISBN 978-7-5167-6960-7

Ⅰ. D669.6

中国国家版本馆 CIP 数据核字第 20257ZA581 号

社区居家养老服务中的政社关系模式转换研究

SHEQU JUJIA YANGLAO FUWU ZHONG DE ZHENG-SHE GUANXI MOSHI ZHUANHUAN YANJIU

中国劳动社会保障出版社出版发行

（北京市惠新东街 1 号　邮政编码：100029）

*

河北虎彩印刷有限公司印刷装订　　新华书店经销

787 毫米 × 1092 毫米　16 开本　14.75 印张　201 千字

2025 年 3 月第 1 版　　2025 年 3 月第 1 次印刷

定价：60.00 元

营销中心电话：400-606-6496

出版社网址：https://www.class.com.cn

目　录

第一章 绪 论

第一节 研究背景和意义

一、研究背景

党的二十大报告指出，要健全共建共治共享的社会治理制度，提升社会治理效能。构建“政社互动、政企互动、政民互动”的治理格局，提升社会治理现代化水平，是实现国家治理现代化的重要支撑。从社会治理的本质要求出发，既不能仅仅依靠政府也无法单纯由市场主体、社会组织等社会力量解决社会化养老服务的问题，应当通过政府、社会、家庭、个人等多元力量的积极介入，以有效合作的方式解决服务供给过程中存在的种种难题。因此，深入探索和不断优化社会化养老服务供给过程中的政府与社会力量关系，是实现中国养老服务良性有序发展的重要理论与实践议题。

党和政府历来十分关注老龄化问题,《中华人民共和国国民经济和社会发展第十四个五年规划和二〇三五年远景目标纲要》提出，要实施积极应对人口老龄化国家战略，大力发展普惠型养老服务，构建居家社区机构相协调、医养康养相结合的养老服务体系。党的二十大报告进一步强调，要实施积极应对人口老龄化国家战略，发展养老事业和养老产业，优化孤寡老人服务，推动实现全体老年人享有基本养老服务。当前，我国人口老龄化日趋严峻。国家统计局数据显示，截至 2023 年末，60 周岁及以上人口为 29 697 万人，占总人口比例为 21.1%。其中 65 周岁及以上人口为 21 676 万人，占总人口比例为 15.4%。[①] 另据人力资源社会保障部预测，“十四五”期间，我国老年人口将超过 3 亿人，老龄化程度进一步加深。[②] 我国老年人口基数大、增长速度快、高龄老年人数量多，未富先老、未备先老的老龄化社会特征已较为明显。

在应对人口老龄化的进程中，社区居家养老服务模式因其既可以兼顾老年人“不离家”的情感需要，又能够通过链接社会养老服务资源缓解老年人外溢的居家养老需求，逐渐成为化解和转介老龄化问题的主要方式。自 2008 年全国老龄办出台《关于全面推进居家养老服务工作的意见》，提出政府和社会力量依托社区为居家的老年人提供生活照料、家政服务、康复护理和精神慰藉等方面服务后，2011 年国务院在《社会养老服务体系建设规划（2011—2015 年）》中进一步明确了建立以居家为基础、社区为依托、机构为支撑的社会养老服务体系。此后，为加快解决养老服务领域存在的城乡区域发展不平衡、体制机制不完善、养老服务和产品供给不足等问题，国务院于 2013 年出台《关于加快发展养老服务业的若干意见》，支持社区引入社会组织和家政、物业等企业，兴办或运营居家养老服务项目。2019 年 9 月，民政部印发《关于进一步扩大养老服务供给 促进养老服务消费的实施意见》，明确指出养老服务领域供给侧和消费端存在的一些突出问题，需要围绕“就近可及、买得到、买得起”等方面继续提升居家养老服务水平。可见，支持社区居家养老服务发展

① 国家统计局. 中华人民共和国 2023 年国民经济和社会发展统计公报[EB/OL]. (2024-02-29) [2024-10-28]. https://www.stats.gov.cn/sj/zxfb/202402/t20240228_1947915.html.

② 光明网. 人社部：十四五期间我国老年人口将超过 3 亿[EB/OL]. (2021-02-26) [2024-10-28]. https://m.gmw.cn/2021-02/26/content_1302135072.htm?source=sohu.

的国家相关政策稳步有序推进，系列相关政策在确立社区功能定位、引入多元化供给主体、丰富多样化供给内容、提高服务供给质量方面为社区居家养老服务发展提供了确切的政策指引。

随着中国特色社会主义进入新时代，我国社会矛盾已经由“人民日益增长的物质文化需要同落后的社会生产之间的矛盾”变化为“人民日益增长的美好生活需要和不平衡不充分的发展之间的矛盾”，社会主要矛盾的变化对社区居家养老服务体系建设及未来发展提出了新挑战。一方面，人民群众的需求端性质已经发生了根本转变，不再是没有需求或唯经济需求至上，而是产生了更加多层多维的需求；另一方面，“落后的社会生产”转向“不平衡不充分的发展”表明当前发展中供给端正遭遇供给总量有余而供给结构调整滞后、中低端供给过剩而高端供给不足、无效供给过多而有效供给不足等问题的多重挑战。将社会矛盾变化放置于老年人群体中体察可以发现，老年人的“美好生活需要”不仅包括了“日益增长的物质文化需要”，而且还衍生出获得感、幸福感、安全感等更高层次的需要。虽然社会主义市场经济体制的建立创造出巨大的物质财富，极大地丰富了社会产品的供给，但长期以来追求速度、规模、产值的相对“粗放”的发展模式忽视了养老服务在供给中各主体的精细化合作和有效联动，以至于无法满足老年人需求端向高质量、多层次的转型要求。

在社区居家养老服务领域，同样存在供给水平不高、供给体系尚需优化等问题。从政府施政的角度来看，社区居家养老服务存在政策供给水平不足，政府与其他供给主体间良性互动机制尚未建立，共建共治共享的局面尚未形成等问题。从服务产出的角度看，社区居家养老服务中的现实矛盾，一方面在数量上表现为社区居家养老服务资源较为稀缺，服务内容单一，无法满足日益膨胀的养老需求，特别是高龄老年人、独居老年人、空巢老年人、失智失能老年人等特殊群体的需求；另一方面在结构上表现为社区居家养老服务水平参差，运作结构处于低水平、碎片化状态。综上可知，社区居家养老服务的政策输入和政策产出的两端均存在一些现实问题。面对以上问题，需要进一步理顺社区居家养老服务的供给体系，以及各类供给主体的互动关系。

从社区居家养老服务供给主体关系互动的角度出发，社区居家养老服务政策的制定和实施，建立在政府基于一定的治理逻辑形成的政府与社会关系基础之上。只有政府在复杂的政策环境中有正确的角色认知，才能避免以政府政策目标为导向而建立和运用的社会机制出现偏差，避免社区居家养老服务的服务产出也产生问题。因而分析基于一定的政社关系模式而形成的社区居家养老服务政策、政府的社会机制安排与社会力量的服务行动选择，成为本书分析我国社区居家养老服务实践的基本切入点。对此，本书试图思考当前国家治理现代化进程中，社区居家养老服务中的政社关系特点并对其存在困境进行考察，以不同治理逻辑和治理阶段下政府按照何种政策匹配机制提供服务为起点，以社区居家养老服务供给过程中政府与社会力量之间的关系模式转换及其实现路径为最终落脚点，为探索社区居家养老服务的有效治理提供理论参考。

二、研究意义

在许多政治制度安排与社会实践方面，国家是一个永恒的在场，用国家–社会视角来解释我国的情况有突出的优点，国家和社会真正直接接触的层次是在基层。[①] 社区居家养老服务的治理过程，实质也是政府与社会关系在基层社会的调整和重构过程。探究和优化现有社区居家养老服务中的政社关系模式，避免政社互动过程中陷入关系困境，不断提升社区居家养老服务治理体系的协调性与合作水平，是一个值得关注和深入研究的重要命题。本书着力分析 X 省部分地区社区居家养老服务的地方实践，将治理理论应用于对社区居家养老服务政社关系互动过程的考察中，对于从政社关系层面实现社区居家养老服务的治理优化，具有以下几方面的研究意义。

首先，本书有助于明晰社区居家养老服务供给体系中政府与社会力量的功能定位。从本质上看，社区居家养老是“居家养老 + 社区养老服务”的一种养老模式，但居家养老所需的服务并不局限于社区，而是建

① 桂勇. 邻里空间：城市基层的行动、组织与互动[M]. 上海：上海书店出版社, 2008: 62–67, 159.

立个人、家庭、社会和政府合作基础之上的社会化的养老服务供给体系。[①]社会化养老需要注重多元供给主体的培育和发展，以及多元主体之间的职能分工和协调。在多元主体供给体系中，社会力量（社会组织、市场主体等）是社区居家养老服务的核心力量。在多元化的养老服务供给主体中，国家也越来越强调社会力量在养老服务中的作用。[②]可以说，社区居家养老服务供给主体的多元化不管是从理论上、政策文件上，或者是从各地的治理探索来看，是一个基本趋势。但是已有的研究指出，由于我国基层社会管理体制长期以来形成的政府主导格局，导致社会参与水平不高，政社合作体系不健全，多元主体之间功能不协调[③]、共治力量缺乏协同联动[④]，参与服务的社会力量也存在依赖政府资源、创新动力不足、主动作为意愿不强等问题。[⑤]对这些存在的零散问题需要立足政社关系的构建进行系统认识，并结合实践案例对社区居家养老服务中的政社关系模式进行系统剖析，以明晰社区居家养老服务中各供给主体的职能角色和互动关系。

其次，本书有助于深入考察社区居家养老服务中的政社关系实践模式及其转化条件。政策制定不是直接映射到服务供给中的，从政府职能作用出发，实现社区居家养老服务有效治理的政策过程应包括“政策制定—政策匹配—政策产出”三个环节。其中，政策制定是输入源，是政府对服务的宏观考虑和制度化建设。政策匹配是指政府以一定的治理逻辑为基础，结合服务需求、政府资源、服务主体、政策环境等治理要素，运用一定的政策工具产出政府期待的服务和收益。这实质上是政府的治理过程，体现着政府治理方式和手段，以及与社会合作的方式与管制策略等。在这个过程当中，政府要积极联动社会主体各自的资源和优势，共

① 龚志文，李丹. 从模式到服务：城市社区养老认知的重构——超越养老模式，从养老服务的角度深化养老服务体系[J]. 河南社会科学，2020, 28(11): 115–124.

② 童星. 发展社区居家养老服务以应对老龄化[J]. 探索与争鸣，2015(8): 69–72.

③ 彭青云. 多元主体视角下社区居家养老服务路径探索[J]. 浙江工商大学学报，2019(3): 101–108.

④ 王玲，刘常兰，张帅一. 嵌入式合作：党建引领社区居家养老服务的逻辑与路径研究——“社区 + 国企”治理模式的启示[J]. 人口与发展，2022(5): 84–94.

⑤ 李文祥，韦兵. 社会组织参与社区居家养老服务的嵌入模式及其优化——基于 G 市的比较研究[J]. 社会科学战线，2022(6): 225–231.

同推动良性政社关系的形成，通过政社合作体系有效回应居民需求，以促进社会价值的实现。政策产出是输出结果，输入是否能形成有效输出反映了政策匹配的精准性。一旦政策匹配的有效机制无法建立，则服务产出就可能会偏离政策制定目标。因此，本书试图寻找在政策输入和政策输出之外，在政策运行的中间环节，即政策匹配过程中，政府与社会的互动关系模式及互动情况，分析在不同关系模式中政社互动产生困境的原因及政社关系模式的转换条件，包括实现路径、作用机制与制度保障等。

最后，本书有助在中国本土社区居家养老服务现实条件下考察国家治理中理论与实践的融合条件。政社关系模式的考察有助于分析社区居家养老服务供给过程中政府实现有效治理的基本要素，寻找“善治（good governance）”结果达成的条件。俞可平教授认为，善治是中国治理改革的最终目标。[①]但是善治的达成，需要提升政府的治理能力，保证善治要素和服务体系的基本匹配与有效维持。西方治理理论所讲的治理能力，是指在需要和能力互动的动态性中呈现社会和政治、公和私、国家与社会之间相互影响、相互依赖的关系。[②]党的十八届三中全会提出，要“推进国家治理体系和治理能力现代化”。其中，国家治理能力现代化建设应注重国家、市场、社会的共治及相互赋权[③]，形成国家与社会关系的“治理式互赖”[④]。在构建这些关系并推进国家治理能力现代化的路径上，也许有不同的理论和逻辑，但是基本方向要以制度模式的选择为先。[⑤]综上，回答什么是社区居家养老服务的政社关系模式，社区居家养老服务的政社关系模式的治理方式及其特点是什么，如何提升社区居家养老服务的治理能力等问题，都需要对社区居家养老服务的政社互动的情况进行充分考察。毕竟，在国家问题上，费希特（Fichte）曾指出，“理论中可能是

① 俞可平. 中国的治理改革 (1978—2018)[J]. 武汉大学学报（哲学社会科学版）, 2018, 71(3): 48–59.

② 俞可平. 治理与善治[M]. 北京: 社会科学文献出版社, 2000: 231.

③ 张长东. 国家治理能力现代化研究——基于国家能力理论视角[J]. 法学评论, 2014, 32(3): 25–33.

④ 李新廷, 陈平. 国家治理能力: 一种思想史维度的考察[J]. 福建行政学院学报, 2014 (5): 1–6.

⑤ 罗文东. 国家治理体系和治理能力现代化的方向问题世界社会主义研究[J]. 2017, 2(4): 88.

真实的东西，也许并不适用于实践”①。

第二节 基本概念和理论视角

一、基本概念

（一）社区居家养老服务

社区居家养老是社会化养老模式的一种体现。传统上学者们将中国的养老模式分为“居家养老”和“机构养老”两种。但是尽管居家养老和机构养老是相对应的概念，居家养老的实现离不开机构服务，机构服务和社区居家养老服务应该是一个有机的整体。②童星认为，按老年人居住方式来划分，养老只有居家养老和机构照料两种方式。纯粹的居家养老只是传统的家庭养老，不属于社会化养老；纯粹的机构照料仅能满足部分人的需求，同样不具备社会性。社会化养老服务的落脚点只能是社区，以居家为基础、以社区为依托、以上门服务和社区日托为主要形式，并引入专业化服务的社会化养老模式，可称为社区居家养老。③

而养老服务在狭义上是指为老年人提供必要的生活服务，满足其物质生活和精神生活的基本需求。具体内容可包括生活照料服务、医疗保健服务、助餐配餐服务、代办服务、家政服务、紧急救助服务、文化娱乐服务、法律咨询服务以及其他老年人需求的服务。广义上的养老服务涵盖所有的为老服务，即一切有利于老年人生存的正式或非正式制度安排。从性质上说，养老服务具有混合公共产品特征，完全通过市场机制提供会形成效率损失，完全由政府提供又损害经济发展，这种介于私人产品和纯公共产品之间的准公共产品又具有非竞争性和非排他性特点。④

① 费希特. 国家学说：或关于原初国家与理性王国的关系[M]. 潘德荣，译. 北京：中国法制出版社，2010: 26.

② 唐钧. 构建机构、社区、居家养老全服务体系[J]. 中国房地产，2017(8): 56–57.

③ 童星. 发展社区居家养老服务以应对老龄化[J]. 探索与争鸣，2015(8): 69–72.

④ 刘金涛. 老年人长期护理保险制度研究[M]. 北京：科学出版社，2004: 67–68.

社区居家养老服务是上述两个概念的综合。本书认为，社区居家养老服务是政府和社会力量依托城乡社区作为服务平台，向居家老年人提供的便利性的生活照料、文化娱乐、精神慰藉、康复护理、上门服务等社会化服务的统称。从服务供给内容来看，社区居家养老服务以企业、社会组织的个性化服务和专业化服务为主体，以基层群众性自治组织和志愿者提供公益互助服务为补充，共同满足居家老年人的社会化、在地化养老服务需求。

（二）政社关系

政社关系在广义上的理解是国家与社会之间的关系。理论话语中的政社关系是置于广义的国家-社会关系框架之下的。[①] 在这种理解下，“国家”是一种制度实体，能够依据其权威性对各种社会利益与权力关系进行规范，并通过合法性政治权力的运用统治与管理领土范围内的居民并维持社会秩序。[②]“社会”是一个抽象而杂乱的概念，最广泛意义上的“社会”可以认为是一切人类现象的总和，或者是人与人之间关系的总和；在政治思想中，“社会”可以理解为国家之外的非政治领域（即社会领域），涵盖经济、文化等领域的成员、关系、规则、制度等。而“关系”则是事物之间形成的关联，以及相互之间作用及影响。因此，宏观意义上的“国家-社会”关系是指作为制度实体的国家在运用权力、权威等合法性权利对非政治领域进行规范和管理的过程中与社会形成的关联结果和相互影响的总和。

本书所使用的政社关系是国家-社会关系的具体化。“政”具体是指各层级的实体政府，“社”具体是指社会力量，即在政府组织以外能够作用于社会事务的社会基本单元，包括社会组织、企业、社会团体、个人等。社会力量在本书中主要包括社区居家养老服务中能够供给服务的社会组织、企业、志愿团体、公民个体等非政府主体。之所以对政社关系中

① 朱光喜．分化型政社关系、社会企业家行动策略与社会组织发展——以广西P市Y协会及其孵化机构为例[J]．公共管理学报，2019(2)：67–78，171–172.

② 王建生．西方国家与社会关系理论流变[J]．河南大学学报（社会科学版），2010(6)：69–75.

的“社”作出上述限定，是因为在关于政社关系的学术讨论中，对于“社会”的理解既不能片面化，亦不可简单化、笼统化。正如邓正来所论：我们绝不能对“社会”进行简单化理解，“社会”概念无法用来对除国家力量之外的全部社会势力做一种笼而统之的认知与解读。[①]因此本书限定，社区居家养老服务中的政社关系所讨论的“社会”概念，仅指已经参与或应当参与到社区居家养老服务体系中的社会力量。而本书在政社关系模式的归纳中所使用的具体关系概念，则是根据政社主体在社区居家养老服务互动过程中所体现的作用方式及机制进行命名和界定。

（三）模式

模式又称范型，原指制造器物的模型，现主要指可以当作模范、榜样并加以仿效的范本和模板。[②]模式是一个舶来词，其英文释义有：一指事物的标准样式；二指模型、模特儿。模式在社会科学的研究中其含义主要指社会经济实践的理论概括或理论假设的系列。[③]本书认为，模式是对实践活动中呈现的要素特征的概括，用于对某一系列现实事物、社会产物或社会主体的互动过程以及互动关系呈现的共同特征的归纳说明。

（四）嵌入

波兰尼（Polanyi）基于 19 世纪和 20 世纪以来经济社会的变迁提出“市场嵌入社会、交易嵌入包含着信任和信赖的长期关系”的“嵌入论”。随后，美国社会学家格兰诺维特（Granovetter）在《经济行为与社会结构：嵌入性问题》一文中首次对“嵌入性”这一概念进行了反思，并提出“社会嵌入”这一理论设想，认为任何个人和团体都不是孤立存在的，而是通过某种途径或者方式，嵌入在一个完整的社会结构之中，或者嵌入在某种关系圈子之中。在此基础上，格兰诺维特论证了“关系性嵌入”“结构性嵌入”“时间性嵌入”等嵌入形式。佐金（Zukin）和狄马乔（Dimaggio）

① 邓正来．关于“国家与市民社会”框架的反思与批判[J]．吉林大学社会科学学报，2006(3): 5–9.

② 余源培．邓小平理论辞典[M]．上海：上海辞书出版社，2004: 144–145.

③ 刘福仁，等．现代农村经济辞典[M]．沈阳：辽宁人民出版社，1991: 80.

在此基础上进一步将嵌入的类型拓展为结构嵌入、认知嵌入、文化嵌入与政治嵌入等。王思斌对嵌入概念进行梳理后认为，嵌入指的是“某一事物进入另一个事物之中的过程和状态”[①]。关于嵌入的概念及其理论，西方学者在学术取向方面不尽相同，但是他们引入嵌入性概念或思想的目的却是一致的：为了社会学对抗、反击新古典经济学思想的扩张。正如巴伯尔（Barber）所言，嵌入性概念的发展可以认为是克服、纠正市场绝对化的普遍倾向的长期奋斗。

嵌入视角既可以用于考察国家对社会的控制，又可以考察社会力量的应对策略与发展机遇。[②] 在政府将服务外包的过程中，政社之间存在不同的嵌入方式。[③] 引入嵌入概念，可有助于跳出国家与社会二元对立的研究思路困囿，理解社区居家养老服务递送过程中的政府与社会的复杂关系，并帮助我们更深入地分析当政府采取适当的政策工具和激励手段使非营利的社会组织、营利性的私人企业以及自发的社会团体等社会力量引入社区居家养老服务供给中时，如何构建有效合作的关系网络以提高服务供给能力。换言之，当社会力量嵌入至政府的行政体系后，它们应如何结合自身在网络结构中的位置和拥有的差异性稀缺资源，将外部环境要素导入机构组织内部，并进行有效合理整合，从而成为机构内部重要因素。因此，嵌入视角也为社区居家养老服务中的政社关系互动及其优化提供了新的思路。

二、理论视角

“治理”（governance）一词首先被使用于 1989 年世界银行关于撒哈拉以南非洲发展问题报告中。在该报告中，世界银行提出了治理危机（crisis in governance）的概念。此后，治理一词在世界银行、经济合作与发展组织（OECD）以及联合国等有关机构的报告及文件中被频

① 王思斌. 中国社会工作的嵌入性发展[J]. 社会科学战线, 2011(2): 206–222.

② 王名, 张雪. 双向嵌入：社会组织参与社区治理自主性的一个分析框架[J]. 南通大学学报(社会科学版), 2019(2): 49–57.

③ 罗艳, 刘杰. 政府主导型嵌入：政府与社会组织的互动关系转变研究——基于 H 市信息化居家养老服务项目的经验分析[J]. 中国行政管理, 2019(7): 36–41.

繁使用。关于治理的内涵，1995 年全球治理委员会在其报告——“我们的全球伙伴关系”中，将治理界定为“各种公共的或私人的机构管理其共同事务的诸多方式的总和”①。国外治理理论的创始人之一罗西瑙（Rosenau）将治理与统治的概念相区分，认为治理是只有被多数人接受才会生效的规则体系，它更依赖于主体间的同意，因此治理的实现机制既包括政府机制，同时也包含非正式、非政府的机制。②罗茨（Rhodes）将治理界定为“一种新的管理过程，一种改变了的有序统治状态，或一种新的管理社会的方式”③。斯托克（Stoker）认为，治理是统治方式的一种新发展；在治理方式中，公私部门之间以及公私部门各自内部的界线均趋于模糊；治理的本质是它的统治机制不依赖于政府权威或制裁。④

我国学者也针对治理的内涵和要素做了本土化论述，基本共识仍在于强调政府与社会的良性互动与分工合作。徐勇讨论了治理理念与马克思主义理论的关联性，并将治理界定为“公共权力与社会的互动过程”⑤。俞可平认为，治理的内涵在于应用权威使不同的或相互冲突的利益得以协调，并采取相互协作的方式来管理公共事务，以维护公共秩序和实现公共利益。⑥治理意味着在解决公共问题的过程中，政府不再是唯一的行动者，而是多元行动者的其中一员。按照治理的要求，政府与其他主体参与公共服务的方式包括合作、协商、伙伴关系、确立认同和共同的目标等，实质在于建立在市场原则以及公共利益和认同之上的合作。⑦何增科论述了新的政治治理结构的特征，认为治理是多中心的、自主的、分工合作互为补充的治理结构，私人经济部门、第三部门和市民社会在新

① Commission on global governance, our global neighborhood[R]. Oxford: Oxford University Press, 1995: 23.

② 詹姆斯·N. 罗西瑙. 没有政府的治理[M]. 张胜军，等，译. 南昌：江西人民出版社，2001: 5.

③ 罗伯特·罗茨. 新的治理[J]. 木易，编译. 马克思主义与现实，1999(5): 46.

④ 格里·斯托克. 作为理论的治理：五个论点[J]. 华夏风，编译. 国外社会科学（中文版），1999(1): 19.

⑤ 徐勇. GOVERNANCE：治理的阐释[J]. 政治学研究，1997(1): 63–67.

⑥ 俞可平. 治理与善治[M]. 北京：社会科学文献出版社，2000: 4–5.

⑦ 俞可平. 经济全球化与治理的变迁[J]. 哲学研究，2000(10): 17–24.

的治理结构的作用日益重要。[①] 陈振明认为，治理指的是政府部门和非政府部门（私营部门、第三部门或公民个人）等众多公共行动主体围绕公共利益增进的目标彼此合作，在相互依存的环境中分享公共权力，共同管理公共事务的过程。[②]

此外，治理理论重点关注政府在公共事务中的角色转变，认为政府主体在国家治理中应当扮演与过去不同的角色，并积极主动地寻求同社会的有效合作。罗西瑙主张政府放弃强制性力量而发挥多种力量的治理作用，但也认为政府是风险治理必不可少的主体。皮埃尔和彼得斯（Pierre & Peters）认为在治理理论中，政府最重要的转变在于从过往的直接控制转为间接施加影响。但政府与社会、市场等力量之间并不是单纯的替代关系，而是合作共赢。[③] 毛寿龙主张政府减少直接介入公共事务，并充分调动多元共治，不做“划桨人”但要做好“掌舵人”。[④] 徐勇提出竞争—合作主义，认为治理转型既要求权力分化和多元竞争，又强调权力整合与多元合作，最终达到实现和而不同的治理境界。[⑤] 俞可平指出，治理的要义是在一个既定的范围内合理运用公共权威维持秩序，以达到满足公众需要的治理目标[⑥]，其过程须包括必要的公共权威、管理规则、治理机制和治理方式[⑦]。郁建兴认为，市民社会发展的最终动力来自社会，但国家也要起到市民社会“发动机”的作用。[⑧] 胡锐军认为，治理理论的最大特色是多元治理主体的作用和参与治理的多中心格局，但多中心治理并不是去中心，而要更加强调某个中心或主体的权威，以防各自为政、一盘散沙。[⑨]

① 何增科. 治理、善治与中国政治发展[J]. 中共福建省委党校学报, 2002(3): 16–19.

② 陈振明. 公共管理学——一种不同于传统行政学的研究途径[M]. 北京: 中国人民大学出版社, 2003: 86.

③ PIERRE J, PETERS B. Governing complex societies: trajectories and scenarios[M]. London: Palgrave Macmillan, 2005.

④ 毛寿龙. 西方政府的治道变革[M]. 北京: 中国人民大学出版社, 1998.

⑤ 徐勇. 治理转型与竞争——合作主义[J]. 开放时代, 2001(7): 25–33.

⑥ 俞可平. 全球化: 全球治理[M]. 北京: 社会科学文献出版社, 2002.

⑦ 俞可平. 民主与陀螺[M]. 北京: 北京大学出版社, 2006: 81.

⑧ 郁建兴. 合作共治: 中国公民社会发展路径[N]. 社会科学报, 2009–03–19.

⑨ 胡锐军. 政治稳定治理模式革新的秩序力重组与疏浚[J]. 理论与改革, 2021(5): 37–49.

综合国内外学者的论述，治理理论对于公共事务治理所持有的基本论点包括：治理主体既包括公共部门，也包括私人部门、社会组织等非政府主体；治理中的主体关系不是统治与被统治关系，而是建立在互信互利基础上的竞争与协作关系；治理的手段不是控制，而是协调与互动；治理的过程不是自上而下的权力运行方式，而是一个上下互动的过程；治理理论主张创新国家管理秩序，在实现公共利益最大化的目标指引下对政府角色重新定位和优化。

第三节　研究内容和观点

一、研究内容

（一）探讨社区居家养老服务中的政社关系模式及其特点

本书通过对 X 省的社区居家养老服务实践进行考察，总结 X 省社区居家养老服务中政社关系的构建逻辑和实践发展进路。结合各地区的具体服务案例中，总结和分析服务实践中不同政社关系模式的具体运行情况和关系特点。

（二）分析社区居家养老服务中不同政社关系模式存在的问题

当前社区居家养老服务仍存在供给能力不足、服务标准不规范、服务内容单一且服务水平低、服务利用率不足、社会参与主体自主性缺失等问题。虽然近年来政府着力开展社区居家养老服务供给侧改革，但有效的政社服务互动关系并未形成。本书结合实地调研情况，分析社区居家养老服务中政社关系的困境及表现。

（三）分析社区居家养老服务中的政社关系困境产生的根源

结合实地调研获得的一手资料，借用治理理论的理论体系，从治理的本质要求出发，思考社区居家养老服务治理过程中政社互动存在的根源性矛盾，为当前社区居家养老服务中的政社关系优化提供思考方向。

（四）提炼社区居家养老服务中有推广意义的政社关系模式和转换路径

本书试图提炼与现有政社关系模式有显著差异并有推广意义的新型关系模式及其转换路径，分析政府与社会在社区居家养老服务中有效合作关系的构建路径与运行机制，并结合创新模式的实践探索案例，探讨政社关系的优化对于实现社区居家养老服务有效治理的功能意义。

二、主要观点

第一，按照政府与社会力量之间的互动关系在社区居家养老服务中的延伸，结合X省的实践案例，可将当前社区居家养老服务中的政社关系模式划分为统合型关系模式、契约型关系模式以及协作型关系模式。统合关系是政府通过权威对社会服务力量和服务体系进行统合，实现政府对服务资源的有效掌控和分配的关系形式；契约关系是政府根据服务契约对社会服务力量进行规制，影响社会力量的服务自主性的关系形式；协作关系是政府通过服务协作体系引导多元服务主体参与服务而形成的以政府为中心的网络化关系形式。

第二，结合X省的案例考察发现，社区居家养老服务的政社关系困境包括关系构建困境、关系嵌入困境以及关系互动困境。关系构建困境在三种政社关系模式中依次表现为社会力量的从属性增强、契约双方的权责不匹配以及主体间的协作关系不稳定。关系嵌入困境依次表现为服务主体的合法性存疑、政社不分引致契约失灵以及协作体系的资源支持不足。关系互动困境依次表现为服务主体专业发育受限、契约僵化产生不当规制以及协作主体间缺乏服务联动。

第三，以治理理论为视角，发现当前政社关系模式的治理逻辑为参与治理，而非合作治理。参与治理思路下，政社之间缺乏平等、互信、协商、去中心化等合作特点，行政权力控制的性质未得到根本变化，因而参与治理是现有政社关系模式存在困境的根源，具体又体现为单中心权力格局、互信水平不足、多元利益冲突以及协商机制缺失。

第四，从参与治理走向合作治理，进行嵌合型的政社关系模式转换，是克服社区居家养老服务中的政社关系困境的可行路径。具体可以通过关系互嵌、价值互嵌、功能互嵌构建嵌合型关系的实现路径，并通过权力共享、联合行动、利益协调、公共对话等多重动力机制及相关举措，实现向嵌合型关系模式的转换。

概言之，本书认为，当前社区居家养老服务中的政社关系类型包括统合型关系模式、契约型关系模式以及协作型关系模式，但以上关系模式均存在关系构建困境、关系嵌入困境以及关系互动困境。以治理理论论之，上述困境的根源在于参与治理的建构逻辑，需要按照合作治理的思路，通过多元路径和动力机制实现嵌合型的政社关系模式转换，克服社区居家养老服务中的政社关系困境，提升社区居家养老服务的治理效果。

第四节 研究思路和方法

一、研究思路

本书的焦点在于社区居家养老服务中的政社关系模式转换问题。首先，通过梳理我国社区居家养老服务政策的发展阶段，从宏观政策的角度把握社区居家养老服务中政社关系的基本导向。其次，通过X省的具体实践案例，总结社区居家养老服务中政社关系的三种模式，并分析三种政社关系模式的关系特点与关系困境。再次，以治理理论为视角，区分治理中的参与治理与合作治理的差异，进而以合作治理的逻辑归纳三种类型政社关系的根源性问题——参与治理。在厘清问题根源之后，提出嵌合型政社关系模式对现实困境进行回应，并系统论述构建嵌合型关系的相关要素。最后，通过嵌合型关系的实践探索案例，阐述嵌合型政社关系模式的构建过程、实践效果与治理功能启示，对理论模式形成现实呼应（见图1–1）。

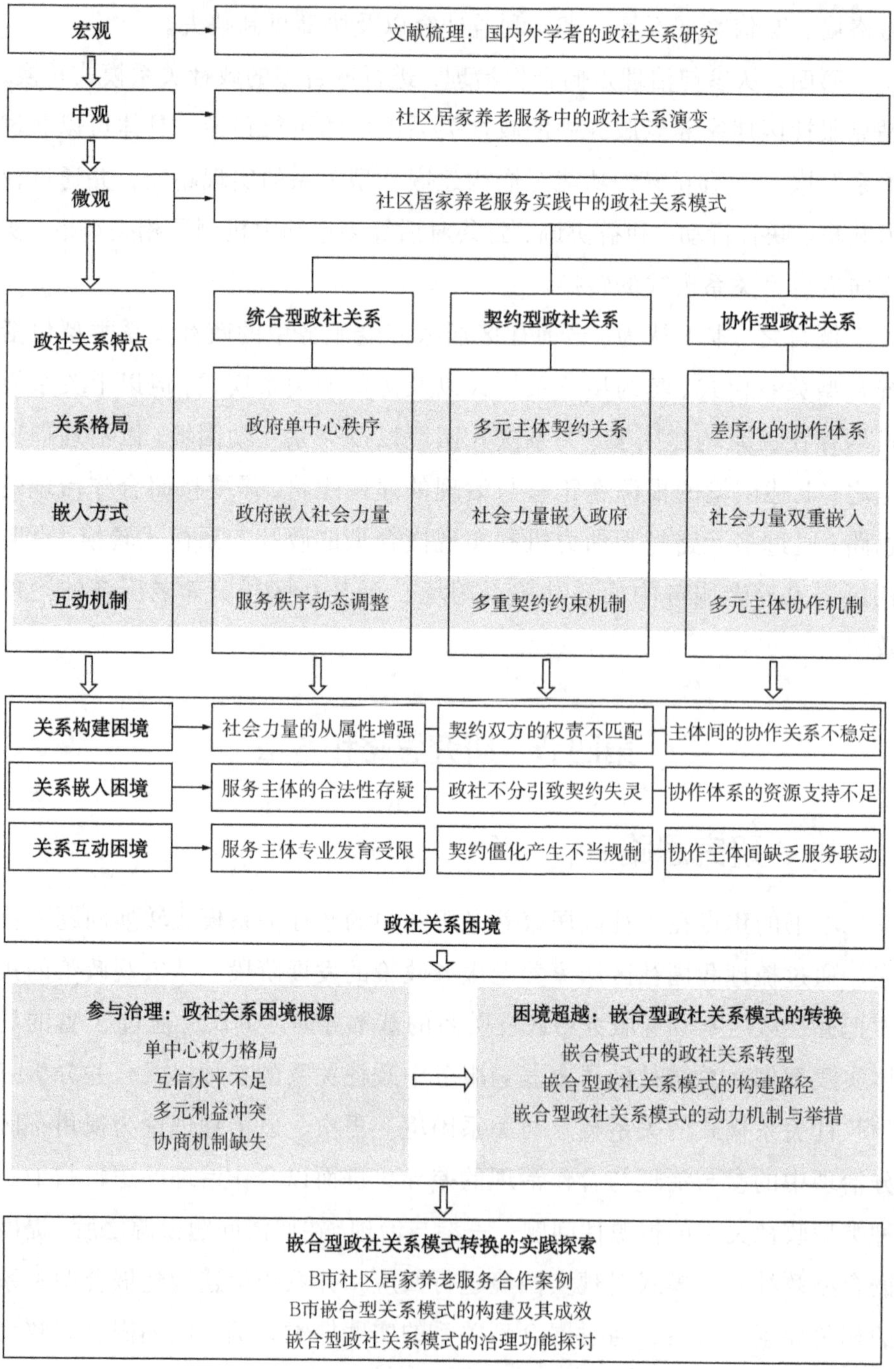

图 1-1　研究思路与框架图

资料来源：作者整理。

二、研究方法

（一）案例研究法

为深入了解社区居家养老服务政社关系的现实展开逻辑，本书的第四章至第六章将以X省部分地区为例，分别讨论社区居家养老服务政社关系的具体实践类型及其基本情况。选取X省作为分析对象，原因之一是该省省域内大部分城市已经迈入老龄化社会，养老服务需求旺盛；原因之二是X省的经济社会发展状况相对较好，社区居家养老服务的政府投入稳定，社会力量的发育水平也相对较高，能够提炼一些先行先试经验。为方便讨论，本研究分别选取了X省4个不同城市（依次为A市、B市、C市以及S市）的实践案例，通过不同案例总结政社关系模式存在的共性困境，分析共性根源进而提出政社关系模式的转换方向。最终，再次通过实践案例讨论新型政社关系模式的构建路径、作用效果及其启发意义，有利于向国内其他地区传输有益经验，减少探索成本。

（二）文献研究法

一方面，为了梳理国内外政社关系的研究脉络，搜集国内外研究文献，归纳不同层面政社关系研究的观点结论，厘清政社关系问题的研究脉络与理论谱系，在梳理已有研究成果的基础上，进一步明确丰富政社关系问题的着力方向。另一方面，为了分析社区居家养老服务中的政社关系演变，本书搜集了不同时期我国社区居家养老服务的相关政策文件，通过政策文本分析对我国社区养老服务相关政策的发展历程进行梳理，分析不同政策阶段的政社关系演进脉络以及关系特征。

（三）访谈法

采用半结构访谈与无结构访谈相结合的形式进行。半结构访谈的对象包括：一是政府相关部门的领导及工作人员，了解社区居家养老服务政策及服务实施过程中的政府政策目标、政策偏好、实施方式与手段等；

二是参与社区居家养老服务的社会组织、企业、社会团体等社会力量的管理人员、工作人员等，了解服务实施情况、与政府的互动情况、机会与困境等。无结构访谈的对象主要是社区工作人员与社区居民，了解社区居家养老服务在社区的供给情况、服务联动情况、居民满意度等。

（四）非参与式观察法

为进一步考察微观对象（街镇、社区居家养老服务机构）的服务运作情况，本书采取非参与式观察法，选取了X省不同行政区内提供社区居家养老服务的部分街镇以及不同服务主体并进行跟踪调研，通过对上述主体的日常服务运行情况和政社互动过程进行详尽观察，获取一手资料。

第二章 文献回顾

本书涉及社区居家养老服务中的政社关系模式及其转换分析。由于国内外学界关于社区居家养老服务中的政社关系研究文献相对较少，因此本书试图从政社关系研究的视角和层面归纳和把握政社关系研究的国内外动态。具体而言，在国内研究文献的梳理中，归纳微观视角下关于社区居家养老服务中的政社关系研究进展，中观视角下国内学者对我国公共服务领域中政社关系模式的具体提炼，以及宏观视角下一般性政社关系研究的基本思路。在国外研究文献的梳理中，厘清微观层面社区居家养老服务中的政社关系研究观点及基本结论，中观层面公共服务中的政社关系研究，以及宏观层面西方学者一般性政社关系的研究思路，以形成对西方政社关系研究的整体认识。以此，理顺社区居家养老服务中政社关系研究的国内外理论谱系。

第一节 国内文献综述

国内学界目前直接论述社区居家养老服务政社关系的研究仍然较

少，相关领域的政社关系研究大多聚焦在对公共服务、社会化养老、养老服务购买等方面的探讨。对政社关系的理论探讨开始于 20 世纪 90 年代，早期的研究成果多是将西方的政社关系研究基本脉络进行介绍，并尝试运用西方政社关系的经典结论理解中国的社会管理模式。近年来，国内学界关于政社关系的研究不断推进和拓展，在管理学、政治学、法学以及社会政策、社会治理、公共服务等研究领域被广泛应用，并结合中国的具体实践进行了本土化的理论提炼与创新。

一、关于社区居家养老服务中政社关系的研究

在社区居家养老服务的政社关系研究方面，现有文献专门以此为主题进行探讨的相关成果比较少。作者在中国知网中文核心期刊论文数据库以“社区居家养老服务政社关系/国家社会关系”“居家社区养老服务政社关系/国家社会关系”等为主题词精准搜索 1980 年至 2024 年的论文，仅找到学者曲绍旭发表于 2020 年的《城市居家养老服务政社关系类型的转换效应及对策研究》一文。在该文中，作者将城市居家养老服务中的政社关系分划为“政府主管、组织参与”“政府主导、组织运作”“政府允许、社会企业运作”“政府支持、康复机构运作”等四种基本类型，并认为上述四种政社关系类型可以不断调整和转化，但在转化过程中可能产生资源配置效果不佳、服务供给质量下降、公益性目标偏差、监管风险增加等负面效应。为此，需要通过实施政府主导优化居家养老服务资源配置方式、加强引导巩固社会企业公益性目标、强化平等关系或提高服务能力来提高社会组织自主性、明确权责关系及完善评估来强化服务监管等策略，推动城市居家养老服务政社关系由“政府引导、关系建立”向“政府参与、全面服务”的转化，提升社区居家养老服务的整体能力。[①]该文由管理从属性和服务目标一致性的角度出发，提出了社区居家养老服务政社关系的划分维度，为进行社区居家养老服务政社关系类型的探讨和类型划分提供了理论借鉴。

① 曲绍旭. 城市居家养老服务政社关系类型的转换效应及对策研究[J]. 华中科技大学学报(社会科学版), 2020(5): 114–123.

另外有一些学者虽未直接讨论社区居家养老服务中的政社关系，但也通过社区居家养老服务供给的相关讨论，对该领域的政社关系做了局部探讨。在思考如何构建和优化社区居家养老服务的政社关系方面，多元、协同、合作等关系要素成为主要的思考方向，在协作关系视角、网络治理视角、嵌入关系视角等方面形成了政社关系优化的一些理论思路，并成为诸多学者的共同倡导。

（一）协作关系视角

敬乂嘉等在对上海市居家养老服务政策与实践考察的基础上，指出居家养老服务的服务整合存在服务效率与系统适应能力间的矛盾，以及协作与自治的矛盾。对此，需要基于协作角度建立合作服务供给体系，实现城市居家养老服务的公共管理创新。① 朱浩通过分析杭州市养老服务递送的案例，按照政社关系特征将居家养老服务的递送类型分为政府主导型、社会力量主导型、政府与社会力量平衡型等，并强调了政府与社会组织、企业等社会主体进行互动协作的重要性。② 章萍运用新公共管理理论分析的居家养老服务的 PPP 模式，认为新时代运作居家养老服务的 PPP 模式还需要妥善处理政府、市场间的权责关系，并倡导构建政府与社会资本之间的协同型合作关系。③ 吴磊通过对 25 个深度访谈对象的扎根分析，发现政社关系因素是政府购买居家养老服务风险的显著影响因素，应当构建以公共性为价值导向、以多重契约为基础的政府、居家养老服务机构与老年群体的合作伙伴关系，形成多主体的优势互补以防范政府购买居家养老服务中的风险问题。④ 上述研究，初步揭示了社区居家养老服务领域多元协作的政社关系形态，也被认为是一种较容易被接受的问题解决思路。

① 敬乂嘉，陈若静. 从协作角度看我国居家养老服务体系的发展与管理创新[J]. 复旦学报(社会科学版), 2009(5): 133–140.

② 朱浩. 城市社区养老服务的递送机制研究——以杭州市为例[D]. 杭州：浙江大学, 2015.

③ 章萍. 基于新公共管理理论分析的居家养老服务 PPP 模式——以安徽省合肥市金玫瑰居家养老示范项目为例[J]. 广西社会科学, 2018(9): 153–157.

④ 吴磊. 政府购买居家养老服务风险影响因素与防范路径研究——基于 S 市的扎根分析[J]. 中国行政管理, 2019(12): 22–27.

然而，多元供给主体的出现不等于多元供给机制的真正构建，只关注其关系样态仍显不足。而且从现实来看，营利部门在社区居家养老服务的参与中仍具有选择性参与和随机性参与的行为特点，社会组织的参与具有象征性参与的特点。[①]如果忽视对协作过程的考察，将无法真正推动社区居家养老服务中的政社关系优化。姜玉贞提出，在社区居家养老服务多元主体共同治理的初期，多元主体间的互动、合作并不成熟，合作网络尚未生成，主体间尚未构建良性的伙伴关系。[②]罗艳等考察了居家养老服务信息化建设的典型案例，发现由于政社企互动失效导致的“服务悬浮”问题，需要构建多元主体良性互动的宏观制度环境，引导和鼓励更多资源汇入居家养老服务。[③]因此，以网络治理为视角，注重互动过程和机制的研究，成为分析社区居家养老服务中良性政社关系构建的另一思路。

（二）网络治理视角

在网络治理的关系构建方面，赛明明认为多元主体的治理网络需要良好的设计，政府作为居家养老服务网络的管理者与“集成商”，应当将自身角色转变为服务网络的召集者、服务资源的组织者以及伙伴关系的协调者，通过强化政府引导、实施数字化连接、加强信息沟通、明确各方责任、强化绩效评估等措施构筑一条网络化治理路径。[④]纪晓岚等基于上海市 WF 街道的实证分析，认为政府、企业、社会组织和社区居民等多元主体之间并不是相互孤立的，需要通过参与机制、信任机制和协商机制等进行互动，进而形成相互联结、相互支持的治理网络，构建治理复合体，发展以合作、联结为特点的网络治理模式。[⑤]

① 丁煌，杨雅真．福利多元主义视角的社区居家养老问题研究[J]．公共管理与政策评论，2015(4): 43–53.

② 姜玉贞．社区居家养老服务多元供给主体治理困境及其应对[J]．东岳论丛，2017(10): 45–53.

③ 罗艳，童玉林．服务悬浮：主体行动逻辑下的居家养老服务信息化实践困境[J]．郑州大学学报（哲学社会科学版），2022(3): 25–30.

④ 赛明明．网络化治理视角下的居家养老模式之构建[J]．西北人口，2013(3): 107–111.

⑤ 纪晓岚，刘晓梅．网络治理视阈下的社会化养老服务研究——基于上海市 WF 街道的实证分析[J]．华东理工大学学报（社会科学版），2016(4): 114–123.

在网络治理的有效性考察方面，刘波等运用社会网络分析法对杭州西湖区居家养老服务的“多中心”供给网络进行分析，发现在居家养老服务的合作网络中，政府机构及其人员成为网络中的“明星”，导致其他服务主体的独立性、自主性缺失，专业优势难以发挥，使得“多中心”服务网络的供给优势无法彰显。对此，政府在构建服务网络时，应将各参与主体置于相对平衡位置，鼓励中介性主体占据网络中的优势位置。另外，政府要积极培育具有专业能力的社会主体并推动其成为服务网络中的“明星”。要将公众拉向合作网络的中心以了解其真实需求，提高服务的实效性和针对性。[①] 周圣华等以南京市为例，论证了社区居家养老服务体系中政府部门间以及政府及相关服务主体信任度低的问题，相关问题的解决需要加强服务网络成员间的相互沟通与合作，形成信任关系。[②] 刘亚娜以耦合协同视角分析医养结合养老服务中的政策网络特征和行为主体的互动关系，认为多元综合服务供给内容体系是医养结合养老服务网络建设的核心，政府需要通过相关政策拓展社会参与空间，鼓励、支持市场和社会主体参与服务。[③]

（三）嵌入关系视角

当多元协作的关系样态与网络治理的互动机制被学界广泛讨论之后，关于社区居家养老服务中政社关系的研究开始关注多元服务网络中各主体形成紧密合作关系的关键路径，进而在相关问题的讨论中开始融合“嵌入”的观点与分析视角。

在嵌入关系的表现形式和发展演变方面，陈莹通过对厦门市的案例考察发现，社会力量通过结构嵌入、关系嵌入、价值嵌入等方式嵌入政府社区居家养老服务过程，体现了社区居家养老服务治理过程的互动性，并能更有效地发挥社会治理主体的优势。[④] 罗艳等通过对 H 市信息化居

① 刘波，方奕华．基于社会网络分析的公共服务供给网络优化研究——以西安、深圳、杭州为例[J]．华东经济管理，2018(8): 41–48.

② 周圣华，张建坤，范洁，等．基于网络化治理的社区居家养老服务体系分析——以南京市为例[J]．现代城市研究，2018(8): 13–20, 36.

③ 刘亚娜．我国医养结合养老服务政策网络与耦合协同[J]．中国行政管理，2018(8): 53–58.

④ 陈莹．社会治理视角下社会组织嵌入社区居家养老服务研究[J]．社会福利（理论版），2017(1): 38–42, 34.

家养老服务构建的案例，发现合作早期政府允许社会组织通过政策嵌入、关系网络嵌入、服务嵌入等形式浅层次嵌入居家养老服务体系，但随着服务深入，政社之间的互动关系呈现出从嵌入到排斥的转变，其背后的深层次逻辑则是政府主导型嵌入机制导致嵌入的“异化”，印合了政社关系解释中统合主义范式。①

进一步地，部分学者在对嵌入关系进行划分的同时，也提出了嵌入关系有效性发挥的要素和条件。崔月琴等将社区居家养老服务机构划分为补充型、竞争型、合作型等三种类型，并指出在关系嵌入视角下服务机构与各级政府、社区组织和老年人群体之间关系的嵌入性差异，提出构建社区居家养老服务的协同整合机制推动服务的深度融合。② 王玲等以北京市“社区＋国有企业”的社区居家养老服务实践探索为例，分析国有企业和社区在主体建设、服务拓展、资源整合、平台供给等方面的紧密合作，提炼了社区向国有企业“赋权”与国有企业向社区“增能”的嵌入式合作关系模式，提出双向进入、互动合作的治理过程对嵌入式合作关系的重要意义。③ 李文祥等从嵌入性视角出发，将社会组织参与社区居家养老服务划分为“规制依附嵌入”和“引导自发嵌入”两种类型。规制依附嵌入因社会组织对政府依赖，使其创新动力不足、主动作为意愿不强，而引导自发嵌入因其非专业化以及激励保障措施缺失，使其服务提供的水平和质量难以保证。因此需要构建合作共治型服务供给模式重构政府与社会组织间的社会契约关系，以提高社区居家养老服务供给能力。④

二、关于公共服务领域中政社关系的研究

在公共服务领域，各地的实践模式和典型案例为学者们进行政社

① 罗艳，刘杰. 政府主导型嵌入：政府与社会组织的互动关系转变研究——基于 H 市信息化居家养老服务项目的经验分析[J]. 中国行政管理, 2019(7): 36–41.

② 崔月琴，朱先平. 关系嵌入性视角下社区居家养老服务差异化研究——基于 C 市三种类型服务机构的调查分析[J]. 吉林大学社会科学学报, 2022(1): 79–91, 235–236.

③ 王玲，刘常兰，张帅一. 嵌入式合作：党建引领社区居家养老服务的逻辑与路径研究——“社区＋国企”治理模式的启示[J]. 人口与发展, 2022(5): 84–94.

④ 李文祥，韦兵. 社会组织参与社区居家养老服务的嵌入模式及其优化——基于 G 市的比较研究[J]. 社会科学战线, 2022(6): 225–231.

关系研究的本土化提炼提供了丰富的研究素材。但正如李友梅所论，市民社会与法团主义的二分理论框架对经验事实的穿透力变得薄弱，不再构成更有活力的理论源泉，更难以洞穿实践，需要将理论分析的层次由宏观层面降至中观维度。[①] 张紧跟也提出，近期的讨论不应单纯局限于法团主义（corporatism，又称统合主义或合作主义）抑或市民社会的框架分析，而要从结构论争转向行动策略的研究。[②] 基于中国社会实践的多样性和政社关系的复杂性，学者们开始将宏观的理论视角融入对具体经验资料的分析中，通过局部观察去提炼对中国政社关系的具体表达。

（一）吸纳–控制说

基于中国“强国家、弱社会”的政社力量对比现状，部分学者在考察国家与社会的互动关系具体实践时，提出了吸纳、控制等政府支配社会的策略。“行政吸纳”的观点源于香港地区学者金耀基关于“行政吸纳政治”的论述，即政府把社会中精英或精英集团所代表的政治力量，吸收进入政府决策结构，因而获致某一层次的精英整合，此一过程，赋予了统治权力以合法性，从而一个松弛的、但整合的政治社会得以建立。[③] 康晓光等提出“行政吸纳社会”的概念。“分类控制”体系是“行政吸纳社会”关系模式的建构基础，即政府出于自身利益考量，根据社会组织的挑战能力和提供的公共物品采取不同的控制策略[④]，其核心机制则是政府对社会的“控制”与“功能替代”。一方面，政府通过“控制”手段维护权威和垄断性政治权利，另一方面，政府采取“功能替代”的策略培育可控的社会力量体系，并利用他们满足社会需求。[⑤]

① 李友梅. 中国社会管理新格局下遭遇的问题——一种基于中观机制分析的视角[J]. 学术月刊, 2012(7): 13–20.

② 张紧跟. 从结构论争到行动分析：海外中国 NGO 研究述评[J]. 社会, 2012(3): 198–223.

③ 金耀基. 中国政治与文化[M]. 香港：香港牛津大学出版社, 1997: 43–44.

④ 康晓光，韩恒. 分类控制：当前中国大陆国家与社会关系研究[J]. 社会学研究, 2005(6): 73–89, 243–244.

⑤ 康晓光，卢宪英，韩恒. 改革时代的国家与社会关系——行政吸纳社会[M]//王名. 中国民间组织 30 年：走向公民社会. 北京：社会科学文献出版社, 2008: 287–337.

沿着政府对社会“分类控制”的理论脉络，进而又出现了关于政府采取差异策略控制和吸纳社会的相关理论。例如，政府运用行政分隔和分类控制对社会领域实行“条块管理体制”①；政府根据政社利益契合度采取差异化策略的“利益契合”②；政府利用差异化政策工具对不同类型社会组织实施“选择性扶持与选择性控制”③；政府运用正式制度化和法治化方式吸纳不同社会组织进入体制内发展的“体制性吸纳”④；政府对社会采取的“发展与控制之间”且更强调控制需求的治理策略⑤；地方政府对社会组织采取“发展数量、抑制能力”的控制策略⑥；不同层级政府对社会力量运用不同控制与约束方式的“浮动控制”⑦。陈天翔等通过政策文本和广东实践经验的考察，认为政社关系经历了严密控制阶段、局部发展阶段以及甄别性吸纳阶段的变迁。其中甄别性吸纳体现了国家“形塑”社会的逻辑动机⑧，是中国今后相当长时期内占主导地位的政社关系新常态⑨。

但是，控制和吸纳体系仍更强调政府对社会的“控制”而非“赋权”和“赋能”，一定程度上制约了社会力量的能力培育和自主发展。因此，也有学者对控制格局下的政社关系问题进行了发掘和论析。朱健刚等通过研究政府购买服务项目的个案发现，当社会组织被吸纳到街道的权力

① 韩恒. 行政分隔与分类控制——试论当前中国社会领域的管理体制[J]. 中国行政管理, 2008(4): 39–41.

② 江华, 张建民, 周莹. 利益契合：转型期中国国家与社会关系的一个分析框架——以行业组织政策参与为案例[J]. 社会学研究, 2011(3): 136–152, 245.

③ 孙发锋. 选择性扶持和选择性控制：我国社会组织管理体制改革的新动向[J]. 上海行政学院学报, 2012(5): 95–103.

④ 尹广文. 从“行政化控制”到“体制性吸纳”：改革开放以来中国社会组织治理问题研究[J]. 南京政治学院学报, 2016(2): 53–60, 140.

⑤ 田凯. 发展与控制之间：中国政府部门管理社会组织的策略变革[J]. 河北学刊, 2016(2): 168–174.

⑥ 颜克高, 林顺浩, 任彬彬. 发展抑或控制：地方政府社会组织分类治理策略偏好——基于中国312个地级市面板数据的经验研究[J]. 中国非营利评论, 2017(2): 122–144.

⑦ 徐盈艳, 黎熙元. 浮动控制与分层嵌入——服务外包下的政社关系调整机制分析[J]. 社会学研究, 2018(2): 115–139, 244–245.

⑧ 陈天祥, 郑佳斯, 贾晶晶. 形塑社会：改革开放以来国家与社会关系的变迁逻辑——基于广东经验的考察[J]. 学术研究, 2017(9): 68–77.

⑨ 陈天祥, 应优优. 甄别性吸纳：中国国家与社会关系的新常态[J]. 中山大学学报（社会科学版), 2018(2): 178–186.

网络时，面临着外部服务行政化、内部治理官僚化、专业建制化等自主性丧失困境。[①]另外，非对称的关系模式使得服务开展过程中产生了非对称依赖[②]、非协同治理[③]、强制度约束[④]、组织边界模糊[⑤]等问题。因此，强调政府对社会力量的控制和吸纳策略，缺乏对社会力量自主性和能动性的关注，且在社会力量对于政府行政系统的影响方面的讨论较为缺乏与简单化。

（二）委托–代理说

随着政府购买服务的推进，基于委托–代理关系、二元主体互动视角而进行的政社关系研究也在不断拓展和深入。王名等总结了中国政府购买服务的不同类型关系，分析了依赖性关系下的非竞争性购买和独立性关系下的非竞争性购买、竞争性购买等三种模式，并提出应构建政社之间的契约关系而非行政关系。[⑥]王浦劬也归纳了政府的四种服务购买模式：独立关系竞争性购买模式、独立关系非竞争性购买模式、依赖关系非竞争性购买、依赖关系竞争购买，并认为前三种模式是中国的主流模式。[⑦]在政府购买的实践下，中国政社关系的形态也随着政社之间差异化契约关系的订立，形成不同的关系特征。学者们用以表述政社关系的相关解释概念包括内部化、纵向一体化[⑧]、准政

① 朱健刚，陈安娜．嵌入中的专业社会工作与街区权力关系——对一个政府购买服务项目的个案分析[J]．社会学研究，2013(1): 43–64, 242.

② 徐宇珊．非对称性依赖：中国基金会与政府关系研究[J]．公共管理学报，2008(1): 33–40, 121.

③ 黄晓春，嵇欣．非协同治理与策略性应对——社会组织自主性研究的一个理论框架[J]．社会学研究，2014(6): 98–123, 244.

④ 黄晓春．当代中国社会组织的制度环境与发展[J]．中国社会科学，2015(9): 146–164, 206–207.

⑤ 黄晓星，杨杰．社会服务组织的边界生产——基于 Z 市家庭综合服务中心的研究[J]．社会学研究，2015(6): 99–121, 244.

⑥ 王名，乐园．中国民间组织参与公共服务购买的模式分析[J]．中共浙江省委党校学报，2008(4): 5–13.

⑦ 王浦劬，莱斯特·M. 萨拉蒙．政府向社会组织购买公共服务研究[M]．北京：北京大学出版社，2010.

⑧ 邓金霞．地方政府公共服务"纵向一体化"倾向的逻辑——权力关系的视角[J]．行政论坛，2012(5): 31–36.

府化[①]、内卷化[②]等。

在委托–代理关系及政社二元角色的演变方面，管兵通过对上海市2009—2013年政府购买服务的案例考察和分析认为，政府购买服务同时体现了传统大政府模式的维持和消解，既可能强化传统大政府模式，也有可能带来新的竞争性，形成混合性的国家社会关系模式。[③]陈天祥、郑佳斯考察了广州市政府购买服务的案例，发现政社之间存在双重委托代理关系，即代理方（社工机构）受初始委托方（民政局）、中间委托方（街道政府部门）的双重委托，进而受到“正式合同”和“隐性契约”的双重约束，政社之间的委托代理关系又可拓展为正式的委托代理关系、动态演变的吸纳关系和合谋关系三种。[④]句华依据购买方式的竞争性以及政社地位的平等程度将社会力量在契约关系中的角色划分为伙伴、代理人、管家、盟友等不同类型，也映射出不同性质的政社关系。白锐等认为，政府购买服务初期，由于合法性约束强、资源约束弱，进而呈现出疏离的政社关系；政府购买服务初期和后期，资源约束强、合法性约束弱，则使政社关系转变为嵌入。因而二者之间的关系呈现出“疏离–嵌入”动态演变特征。[⑤]郑广怀等考察了政府购买社工服务的案例，认为政社契约合作带来了“家政式”政社关系的可能性，社会力量则有可能变为向基层政府提供服务人力的“劳务派遣公司”。[⑥]

对于以上关系演变，有学者将其视为服务购买中政社关系的异质化，也会随之产生不同的合作困境。黄晓春认为政策领域的模糊性导

① 崔光胜．政府购买社会组织服务：逻辑检视、现实考量及优化路径[J]．湖北社会科学，2015(6): 39–44.

② 杨书胜．政府购买服务内卷化倾向及成因分析[J]．理论与改革，2015(3): 127–129.

③ 管兵．政府向谁购买服务：一个国家与社会关系的视角[J]．公共行政评论，2016(1): 131–150, 185.

④ 陈天祥，郑佳斯．双重委托代理下的政社关系：政府购买社会服务的新解释框架[J]．公共管理学报，2016(3): 36–48, 154.

⑤ 白锐，郑一凡．疏离与嵌入：政府购买社会服务中的政社关系——以街道办事处与家庭综合服务中心为例[J]．广州大学学报（社会科学版），2018(3): 32–40.

⑥ 郑广怀，张政．社会工作机构何以向劳务公司转变——基于国家–社会关系的视角[J]．广东社会科学，2021(4): 194–210.

致契约合作中形成模糊发包的制度规制，进而形成制度的权宜性和碎片性、政府目标而非社会诉求等矛盾。[①] 龙翠红强调政社之间应在政府购买服务中形成相互嵌入关系，但由于嵌入缺失，造成了服务购买过程中存在服务逻辑的行政化、效果的内卷化、行为的短期化、体系的碎片化等困境。[②] 岳经纶等分析研究了 G 市政府服务购买中呈现的强管理主义与弱专业主义相混合的状态，认为在这种不均衡的混合状态下，社会服务管理的各个环节均存在着管理主义与专业主义之间的冲突与矛盾。[③] 以上问题的存在，可能会影响服务购买的良性发展，进而对政社契约关系的持续优化产生负面作用。杨宝等通过地方政府的服务购买变化发现，与政府购买服务的传统做法不同，某些地方进行了服务的回购，政府对社会力量的逆向替代成了政社关系发展中的一种新类型。[④]

以上研究表明，政府购买服务的行动拓展了社会力量的服务参与空间，但在推动社会力量发展的同时也仍带有政府控制和干预的色彩，政社之间的平等契约关系仍在构建之中。对此，俞可平曾指出，中国的社会组织面临着“宏观鼓励”与“微观约束”的环境，存在诸多直接针对社会组织的正式与非正式要求。[⑤] 吴新叶也认为政府会通过购买服务来推动社会力量的能力建设，但具有“选择性培育”的特征。[⑥] 这也意味着，委托–代理关系具有促成性和约束性并存的关系效应，基于契约关系而生成的政社关系中，社会力量大多仅停留较低水平的技术治理层次，政社合作的局面尚未达成。

① 黄晓春. 当代中国社会组织的制度环境与发展[J]. 中国社会科学, 2015(9): 146–164, 206–207.

② 龙翠红. 政府向社会组织购买服务：嵌入性视角中的困境与超越[J]. 南京社会科学, 2018(8): 90–96.

③ 岳经纶, 王燊成. 社会服务管理中的管理主义与专业主义张力：基于政府购买社会服务的分析[J]. 行政论坛, 2018(1): 34–42.

④ 杨宝, 杨晓云. 从政社合作到“逆向替代”：政社关系的转型及演化机制研究[J]. 中国行政管理, 2019(6): 87–93.

⑤ 俞可平. 中国公民社会：概念、分类与制度环境[J]. 中国社会科学, 2006(1): 109–122, 207–208.

⑥ 吴新叶. 城市治理中的社会组织：政府购买与能力建设[J]. 上海行政学院学报, 2018(5): 82–91.

（三）合作-嵌入说

随着中国社会治理问题复杂性的提升，相关研究也在试图突破“分类控制”理论框架和契约购买的二元体系，形成基于“合作-互动”关系、多元主体互动视角而进行的政社关系研究趋势。学者们开始注意到，政社之间既不是相互对立的关系，也不是相互取代的关系，而是应当通过相互合作和参与逐步形成良性合作和互动的关系。①

部分学者试图通过对政社合作和互动的案例考察，提出不同于传统分析框架的相关论点。赵平安等从建构主义出发，论述了政社之间的“双向建构”关系，认为政社双方可以在公共利益的指引下通过双向沟通、反思抽象、内外协调、积极行动等互动行为，在“平衡—不平衡—平衡”的螺旋发展中构建合作伙伴关系。②唐文玉考察了基层社会组织的案例，对控制策略下的“行政吸纳社会”模式进行反思并提出了“行政吸纳服务”的关系模式，后者的核心机制是支持与配合，即政府通过提供场地、资金、组织合法性等方式支持社会力量的发展，社会力量也通过响应号召、服从和配合作为政府支持的交换，并认为这一模式能更好地解释政府和社会共生共在关系。③伏威提出合作型社会管理的关系模式，主张构建政府与非政府组织之间双重主导的合作共治格局。④关于政社间的互动合作，其他学者也相继归纳了政社关系的不同表述，包括契约化合作⑤、双向合作关系⑥、调适性合作⑦、策

① 中国海南改革发展研究院. 民间组织发展与建设和谐社会[M]. 北京：中国经济出版社, 2005: 231.

② 赵平安，高猛. 双向建构：政府与非政府组织合作的逻辑与现实[J]. 行政论坛, 2009(3): 60.

③ 唐文玉. 行政吸纳服务——中国大陆国家与社会关系的一种新诠释[J]. 公共管理学报, 2010(1): 13–19, 123–124.

④ 伏威. 中国合作型社会管理的路径选择——以政府与非政府组织的合作共治为视角[J]. 延边大学学报（社会科学版）, 2012(3): 73–79.

⑤ 彭少峰，张昱. 迈向“契约化”的政社合作——中国政府向社会力量购买服务之研究[J]. 内蒙古社会科学（汉文版）, 2014(1): 161–166.

⑥ 黄晓星，杨杰. 社会服务组织的边界生产——基于 Z 市家庭综合服务中心的研究[J]. 社会学研究, 2015(6): 99–121, 244.

⑦ 郁建兴，沈永东. 调适性合作：十八大以来中国政府与社会组织关系的策略性变革[J]. 政治学研究, 2017(3): 34–41, 126.

略性合作[①]，等等。关于合作的主张，通常倡导和强调政社之间的平等、共享、互补等合作要素。

另有一些学者关注到政社之间的深层次互动与互利共荣，围绕嵌入、共生等更紧密的政社关系要素提出了相关论点。刘鹏考察了地方政府的社会管理实践，认为政府对社会力量的管理手段已由“分类控制”转向了“嵌入型监管”。[②]齐久恒提出政社关系要从“分类控制体系”转向“嵌入性发展”的观点，主张通过“相嵌互动”系统建构政府与社会互动发展关系，形成互栖共生的嵌入效应。[③]吴斌才提出了“嵌入式治理”，论述了政府通过政治嵌入、功能嵌入和结构嵌入的方式对社会组织进行管理的策略。[④]王清以N区社会服务项目化运作为例，论述“共生式发展”的新型政社关系模式。[⑤]嵌入不仅仅是单向的社会嵌入政府或者政府嵌入社会，纪莺莺基于N市的治理创新案例，论述政社之间的“双向嵌入”“双重嵌入”的概念及其区别，主张政社之间“双向赋权”双方能力。[⑥]魏娜等基于A市的实证案例对政府购买服务路径下的政社关系进行重新审视，认为在功能替代、功能吸纳、功能嵌入等多元互动机制的共同作用下，当前中国的政社关系是兼有替代与合作的复合形态，而未来的理想状态则是建立在双向赋权、利益共容的基础之上的共生关系。[⑦]

但合作关系的形成也面临着诸多困难，学者们通过对现实案例的考察发现，合作关系所要求的关键要素在现实治理情境中往往难以充分彰

① 程坤鹏，徐家良. 从行政吸纳到策略性合作：新时代政府与社会组织关系的互动逻辑[J]. 治理研究，2018(6): 76–84.

② 刘鹏. 从分类控制走向嵌入型监管：地方政府社会组织管理政策创新[J]. 中国人民大学学报，2011(5): 91–99.

③ 齐久恒. 从“分类控制体系”走向“嵌入性发展”——政府与社会组织之间互动关系及其优化[J]. 西南大学学报（社会科学版），2015(2): 26–33, 189.

④ 吴斌才. 从分类控制到嵌入式治理：项目制运作背后的社会组织治理转型[J]. 甘肃行政学院学报，2016(3): 80–87, 128.

⑤ 王清. 共生式发展：一种新的国家和社会关系——以N区社会服务项目化运作为例[J]. 中共浙江省委党校学报，2017(5): 16–23.

⑥ 纪莺莺. 从“双向嵌入”到“双向赋权”：以N市社区社会组织为例——兼论当代中国国家与社会关系的重构[J]. 浙江学刊，2017(1): 49–56.

⑦ 魏娜，陈俊杰. 政府购买服务视角下的政社关系再审视——基于A市“市级社会建设专项资金”(2013—2016) 的实证研究[J]. 北京行政学院学报，2020(2): 26–37.

显，其主要原因在于政社之间并不对等的权力差异和资源占有差异等。彭少峰认为，当前政社合作正取代单向控制并逐渐成为政社关系的主导性模式，但依然呈现出依附与合作并存的复合特征。① 叶敏也通过对上海中心城区 NX 街道社区自治经验的考察发现，由于社会力量对政府形成资源依赖，社区自治体现了依附性和自主性的并存的特征，政社之间也呈现着依附式合作的关系特征。② 可见，学者们已经对政社之间的"耦合共生"关系进行了较多考察和研究，并且初步分析了政社有效合作的相关要素，并对合作过程作了一定归纳，对分析社区居家养老服务中的政社合作关系提供了可供借鉴的分析思路。

三、关于一般性政社关系的研究

市民社会理论相对更早地被国内学者所熟知，从 20 世纪 90 年代初开始被广泛运用于中国政社关系问题的分析中。邓正来将市民社会界定为"国家控制之外的社会、经济和伦理秩序"。③ 俞可平提出了"社会主义市民社会"的概念，认为中国也存在一个与社会主义政治国家相对应的市民社会，并将其视为是中国市场经济新体制对社会结构的最大影响。④ 进入 21 世纪以来，中国的民间力量如商会、行业协会、草根组织生长迅速，国内学者对此进行了大量考察，将这种趋势视为我国市民社会出现的证据并加以分析。朱健刚对上海社区考察后，认为中国社会正处于前市民社会状态，因而草根社会组织在发展中还面临诸多困境。⑤ 对此，李友梅论述了提升社区治理水平的重要性，认为这是中国独特背景下市民社会发育的重要路径和微观基础。⑥

① 彭少峰. 依附式合作：政府与社会组织关系转型的新特征[J]. 社会主义研究，2017(5): 112–118.

② 叶敏. 依附式合作：强国家下的城市社区自治——以上海 NX 街道的社区自治经验为例[J]. 江苏行政学院学报[J]. 2022(1): 112–119.

③ 邓正来. 布莱克维尔政治学百科全书[M]. 北京：中国政法大学出版社，1992: 176.

④ 俞可平. 中国公民社会的兴起与治理的变迁[M]. 北京：社会科学文献出版社，2002: 189–190.

⑤ 朱健刚. 草根 NGO 与中国公民社会的成长[J]. 开放时代，2004(6): 36–47.

⑥ 李友梅. 社区治理：公民社会的微观基础[J]. 社会，2007(2): 159–169, 207.

但是王汉生等研究发现，由于基层自治空间有限、自治行动资源缺乏和存在发展路径依赖，中国实际形成的是依赖国家推动与支持的“社会”。[①]王向民则认为，传统中国确实存在着一个“没有政府的治理”的社会领域，但主要体现社会性与经济性特点，缺乏西方市民社会的政治性，认为中国的政社关系是分工共治而非替代竞争。[②]可见，简单套用西方市民社会的分析框架，尚无法很好回答中国政社关系建构的诸多问题。但是，借用西方市民社会理论，仍可进行一些“含有现实批判性的汲取性创新”[③]，例如，对公民权利和社会自主能力的重视，对国家职能界限的反思和优化等理论议题的探讨。

法团主义理论更强调政社调适与合作，被认为更适用于解释改革开放后中国政社关系逐渐融合的趋势。康晓光认为，中国正在形成类似于国家法团主义或准法团主义的结构，市民社会与国家的关系呈现出强烈的法团主义特征。[④]顾昕认为，国家退出的主张在中国国家强于社会的背景下并不具备现实性，而法团主义的观点更有利于打破政社之间的零和博弈，实现政社之间的相互增权。[⑤]张静认为，法团主义的思路是通过将分散的社会利益组织起来参与政府决策的形成过程，减少公共政策执行中的社会冲突，使国家权力获得稳定的支持来源（合法性）和控制权。[⑥]随着中国社会中不断出现和成长的群团组织、新成立的协会等逐渐成为国家政策体系尤其是基层社会治理中的重要力量，国家在某些社会领域也开始主动“撤离”，全能国家模式的解释力已逐渐被稀释，进而形成了庇护性的“国家法团主义”。[⑦]

① 王汉生，吴莹．基层社会中“看得见”与“看不见”的国家——发生在一个商品房小区中的几个“故事”[J]．社会学研究，2011(1)：63–95，244．

② 王向民．“没有政府的治理”：西方理论的适用性及其边界——以明清时期的南方社会组织及其公共服务为例[J]．学术月刊，2014(6)：138，150．

③ 郁建兴，周俊．中国公民社会研究的新进展[J]．马克思主义与现实，2006(3)：36–45．

④ 康晓光．权力的转移——转型时期中国权力格局的变迁[M]．杭州：浙江人民出版社，1999：219–233．

⑤ 顾昕．公民社会发展的法团主义之道——能促型国家与国家和社会的相互增权[J]．浙江学刊，2004(6)：64–70．

⑥ 张静．法团主义[M]．北京：中国社会科学出版社，2005：21．

⑦ 张钟汝，范明林，王拓涵．国家法团主义视域下政府与非政府组织的互动关系研究[J]．社会，2009(4)：167–194，228．

另有一些学者认为，由于中国不符合“强政府、强社会”的特点，因此采用法团主义解释中国政社关系存在一定局限性。由此，一些学者开始逐渐回归国家本位观念，主张市民社会与国家的“良性互动说”。唐士其指出，实现“强国家、强社会”的目标需要建立国家与各类社会组织之间协同合作、互相监督的良性互动机制。[①] 邓正来、景跃进明确提出了社会与国家良性互动说，认为国家与社会在交换中相互赋权和变更行动边界，国家与社会之间是一种共赢而非零和博弈关系，良性合作是可欲可求的。[②] 因而在很多学者看来，政社之间的良性互动是中国政社关系发展的理想形态，并有助于建构中国的市民社会。基于此，学者们又相继提出了一些政社互动关系的概念和理论，包括“政府主导的市民社会”“政府与社会合作”等。宋道雷指出，随着国家对社会治理的重视，中国的政社关系也开始呈现出新的形态，即“共生型国家社会关系”，具体体现为专业主导型共生、嵌入型共生和引领型共生三种类型。[③] 因此，强调政社之间的良性互动关系，推动政社之间的相互赋权与和谐共生，是当前学界运用政社关系分析中国现实治理问题的新思路。

第二节　国外文献综述

一、关于社区居家养老服务中政社关系的研究

国外与我国社区居家养老服务相近的服务形式源自西方发达国家 20 世纪 60 年代提出的“在舒适环境中养老”（aging in place）理念，这种理念倡导老年人居住在自己的家中接受社区照顾服务，是西方老年人在地化养老服务的主流模式。因此，西方与我国政策及研究领域中的社区居家养老服务较为契合的概念为社区照顾（community care）。随着西方社会对

① 唐士其.“市民社会”、现代国家以及中国的国家与社会的关系[J]. 北京大学学报（哲学社会科学版), 1996(6): 66–73, 128.

② 邓正来，景跃进. 市民社会理论的研究[M]. 北京：中国政法大学出版社, 2002: 14–16.

③ 宋道雷. 共生型国家社会关系：社会治理中的政社互动视角研究[J]. 马克思主义与现实, 2018(3): 196–202.

公共服务供给方式及其中政府角色的重新思考，如何为老年人提供在地化养老服务也成了福利国家及社会福利制度转型方面的重要研究议题。

西方的社区照顾模式强调正式资源与非正式资源的结合，而且更注重调动社会的非正式资源。1981 年英国发布的《走向老龄化》(Growing Older) 白皮书指出，照顾老年人的基本资源是社会中的非正式资源和志愿部门。因此，“在社区照顾”也更多地意味着“由社区照顾”。公共服务的作用，在于维持和发展非正式照顾而非取而代之。而从“在社区照顾”转向“由社区照顾”的转型，也意味着以社区为依托的养老服务的主要责任由政府转向市场和社会。随后英国于 1989 年发布的《照顾人们》(Caring for People) 白皮书，则再次强调对照顾人们有实际意义的支持应当是服务的主要目标之一。对老年人而言，最有价值的社区照顾资源来自其亲属。布尔默 (Bulmer) 在《社区照顾的社会基础》一书中强调政府应当注重家庭照顾作用的发挥，通过强化并支持家庭照顾以实现老年人的居家养老，最终将此类非正式照顾整合进正式照顾系统之中。除家庭之外，邻里照顾（社区志愿者）在满足一定条件下，也可以发挥积极作用。这些条件包括：对志愿者的招募、组织及监督；由专家推进；对邻里或志愿者给予补贴或认可；给予非专业照顾者更多的报酬等。

随着福利多元主义影响力的逐渐扩大，西方的社区照顾开始主张政府、社区、社会组织、志愿团体、市场主体，以及家庭、邻里等共同承担照顾老年人的责任并形成多元协作的政社关系理念。萨尔瓦热 (Salvage) 指出，社区照顾与传统家庭照顾具有明显差异，其意味着邻里、志愿者、志愿团体、正式与非正式的社会支持网络起到照顾和协助的作用，即所谓“照顾混合经济模式”。[①] 希金斯（Higgins）认为，社区照顾的服务应主要由政府、企业、非营利组织、志愿者、非专业护理人员、行业协会等多元主体来共同提供。[②] 而在社会照顾服务资金的来源方面，苏珊·特斯特 (Susan Teste) 主张通过多元化渠道，包括政府、保险基金、行业协会和慈

① SALVAGE A V. Developments in domiciliary care for the elderly[M]. London : King's Fund Center, 1984.

② HIGGINS J. Comparative Social Policy [J]. The quarterly journal of social affairs, 1986, 2(3): 221–242.

善团体等机构来提供。[①] 戈德曼（Goldman）等探讨了有关西方社区照顾的政策演变，分析了影响政策变化的一些主要因素，如福利多元化的趋势、新右派、政府职能转变等，并详细分析了政府、企业（保险公司等）、非政府组织、非营利性机构、志愿者团体、个人在老年人社区照顾中所发挥的积极作用。[②] 米奇利（Midgley）等指出，社会组织参与养老服务，顺应了社会发展的需求。既可以吸收政府公共服务资源，又可调动市场资源，且能最大限度调动社会力量，从而弥补政府与市场的失灵问题。[③]

关于老年人社区照顾服务多元供给网络中各主体的作用发挥方面，查普曼（Chapman）等认为，社区应当主动发挥自身优势与资源链接能力，在政府指导下为社区老年人提供全方位、多样化的老年服务。[④] 德尔文尼（Delvenne）以比利时为例，主张通过保健和卫生部门、行业协会、公共部门、护理机构等多方主体构建社区居家养老服务网络以应对老龄人口高峰；斯特莱夫森（Stellefson）主张政府、银行、市场供应商、顾客（老年人）等多方利益相关者共同参与为老年人提供智能化适老住所。[⑤] 贝尔扎（Belza）根据美国的现实状况，提出构建联邦政府、非联邦政府、协调组织、服务组织、基层社区、合作伙伴等多元共治的社区居家养老服务体系，并强调政府加强和完善评估及监督制度是实现有效网络治理的关键。而由于老年人的经济条件限制了他们获取居家服务的权利和机会，苏塔（Sutar）等认为老年人社区照顾应由政府主导，通过财政补贴、服务引导和监督、联结社区与家庭、培养专业人员等方式提高养老服务的质量。[⑥]

① 苏珊·特斯特. 老年人社区照顾的跨国比较[M]. 周向红，张小明，译. 北京：中国社会出版社，2002: 12.

② GOLDMAN H H. Deinstitutionalization and community care: social welfare policy as mental health policy[J]. Harv rev psychiatry, 1998, 6(4): 219–222.

③ MIDGLEY J, TRACY M B, LIVERMORE M M. The handbook of social policy[M]. Thousand Oaks: Sage Publications, 2000: 15–45.

④ CHAPMAN S A, KEATING N, EALES J. Client–centred, community–based care for frail seniors[J]. Health & social care in the community, 2003, 11(3): 253–261.

⑤ STELLEFSON M, ALBER J, PAIGE S, et al. Evaluating comparative effectiveness research priorities for care coordination in chronic obstructive pulmonary disease: a community–based edelphi study[J]. JMIR research protocols, 2015, 4(3): 103.

⑥ SUTAR S G, MALI P J, MORE A Y. Resource utilization enhancement through live virtual machine migration in cloud using ant colony optimization algorithm[J]. International journal of speech technology, 2020, 23(1): 79–85.

二、关于公共服务领域中政社关系的研究

西方理论界关于公共服务中的政社关系研究，也主要建立在政社关系研究的基本脉络基础之上。学者们对公共服务中政社关系的思考焦点在于政府与社会如何提供公共服务，以及在此过程中政社关系的调整与优化。结合政社关系讨论的主要理论，西方学者们总结了公共服务供给的政府供给方式、非政府（市场化）供给方式、多元供给方式和合作供给方式等。而对不同的公共服务供给方式的考察，也提供了对公共服务中的政社关系研究的丰富理论素材。

（一）公私竞争说

德国政治思想家施米特（Schmitt）立足于全能国家范式，主张国家与社会合二而一，倡导公共服务由政府控制并向公众直接提供，实现公共服务的行政化。萨缪尔森（Samuelson）也主张通过政府供给公共服务以克服市场失灵的问题。但是在更多的西方学者看来，政府直接提供的方式存在服务低效的弊端，转而倡导公共服务的私人生产，从而在政社关系的话题领域中引入私有化与竞争性等要素。贝斯利（Besley）等人的研究表明，在公共服务供给网络中引入私人竞争可以提高整体效率，并能够通过公众参与减少政府部门的腐败行为，形成私人对政府的约束。这类观点顺应了西方政府对政府权力、官僚体制的重新调整。因此，公私合作的积极倡导者萨瓦斯（Savas）将私有化看作是一种政治而非经济行为。① 在这种政治行为中，政府与社会关系的具体互动体现在公共服务供给过程中的契约安排②、有效竞争机制③、信息交流与互动④等方面。

① SAVAS E S. Privatization and public–private partnership[M]. New York: Chatham, 2000: 9.

② BROWN T L, POTOSKI M. Transaction costs and institutional explanations for government service production decisions[J]. Journal of public administration research and theory: J–PART, 2003(4): 441–468.

③ CAI S, KAI C, ZOU B. Producer services outsourcing risk control based on outsourcing contract design: industrial engineering perspective[J]. Systems engineering procedia, 2011(2): 308–315.

④ DESRIEUX C, CHONG E, SAUSSIER S. Putting all one's eggs in one basket: relational contracts and the management of local public services[J]. Journal of economic behavior & organization, 2013(89): 167–186.

但是公共服务私有化的论点在一定程度上过于强调政府与社会的服务竞争与二元对立，而且也偏离了公共服务“市场化”的真正含义。谢尼亚·舍尔－阿德龙（Xenia Scheil-Adlung）在其著作《建立社会保障：私有化的挑战》中，以社会保障制度为例，指出公共服务私营化不能等同于国家与市场对立下的市场化，也非简单的国家管理向市场管理的转移。[①]斯蒂尔曼（Stillman）也指出，在公共服务私有化过程中，市场服务机构存在唯利是图的逐利倾向，从而使公众利益受损。对此，奥斯特罗姆（Ostrom）夫妇认为，无论公共服务是由公共部门还是私人部门提供，产品和服务的垄断都将导致服务的无效率。因此，波利特（Pollitt）认为在公共服务市场化过程中，政社关系的实质应当是以合同或者类似合同的关系取代等级制关系，广泛运用市场机制提供公共服务。萨瓦斯也主张通过以上关系调整，把竞争和市场力量引入公共服务的供给过程。这种观点实质上是在倡导公共服务的“公私合作”，从政府与市场的二元竞争和单方责任，转向强调政府与市场的服务合作与共同责任。

（二）公私合作说

公私合作的观点主张公共服务由不同主体联合提供，由此形成的“合作生产”相关概念和理论，超越“非此即彼”的公共服务供给理论局限，建立“兼而有之”的理论分析框架。米格德尔（Migdal）、埃文斯（Evans）等学者提出了“国家与社会共治、公与私合作伙伴关系”的政社关系分析观点。萨拉蒙（Salamon）等学者将政府与非营利组织的合作关系划分为合作的卖者模式和合作的伙伴关系模式（collaborative-partnership model）。[②]布林克霍夫（Brinkerhoff）将公私合作关系划分为四种类型，即合同关系、延伸性关系、吸纳和逐步吞并性关系（co-optation & gradual absorption）、伙伴关系（partnership）。[③]由此可见，公私合作的观点主要

① 谢尼亚·舍尔–阿德龙. 建立社会保障——私有化的挑战[M]. 王发运，译. 北京：中国劳动社会保障出版社，2004.

② GIDRON B, et al. Government and the third sector[M]. San Francisco, CA: Jossey–Bass Publishers, 1992: 19.

③ BRINKERHOFF J M. Government–nonprofit partnership: a defining framework[J]. Public administration and development, 2002, 22(1): 19–30.

强调政社之间在公共服务中的联合生产，其联合方式则主要体现为政府购买服务，而两者的关系类型则可以按照政社之间契约型和自主性的不同，分为契约关系、吸纳关系、伙伴关系等。

那么，在合作生产公共服务的过程中，政府与社会如何实现合作？合作的"网络"与"契约"是两个关键要素。合作网络构建了政社合作生产公共服务的基础。普罗文（Provan）和米尔沃德（Milward）从网络管理者和网络集中程度两个维度，将政社公共服务合作生产的网络模式划分为共享管理型（shared governance）、领导组织管理型（lead organization-governed）、网络管理组织型（network administrative organization）等三种类型，并指出，治理的重要趋势是网络治理的兴起，公共部门需要面向社区形成与其他机构共同开展公共服务的合作局面。[①] 在合作契约方面，格雷戈里（Gregory）认为政府的契约形式决定了公共服务的提供方式与效率，弗朗索瓦（Francois）主张通过选择不同的提供方式而设计不同的契约。也就是说，政社合作生产公共服务的绩效，取决于政社契约的订立情况。因此，胡德（Hood）针对公共服务供给中存在的矛盾，提出了"公共服务契约"的概念，主张通过公共服务部门和其他部门直接或间接的契约，革新公共服务和公共管理。但是不同的意见也有，施莱费尔（Shleifer）强调了公共服务提供完全契约达成的困难，因此契约合作可能具有不完全性的缺陷。

三、关于一般性政社关系的研究

如果将政府与社会放置于平衡杆的两极，特定时期的政社关系样态及变化就表现为平衡杆的活动状态，而背后的作用力则在于政府与社会在公共事务中力量的对比。遵循这一假设，可以将西方理论界关于政社关系的分析划分为处于两极、力量对比悬殊的全能国家范式、市民社会范式。沿着两条主要理论脉，西方理论界产生了"国家优于市民社会""市民社会优于国家"等理论主张。主张以国家为中心的观点强调国家权

① PROVAN K G, PATRICK K. Modes of network governance: structure, management, and effectiveness[J]. Journal of public administration research and theory, 2008(2): 229–252.

力的价值、作用和主动意义，建构国家中心型社会(state-centred society)，实现全能政府；主张以社会为中心的观点强调社会的强大能力与自主性，主张建构社会中心型国家(society-centred state)，实现社会自治。在上述思想导向下，形成了近代西方政府与社会关系理论的两条基本考察路线：国家路线与社会路线。对两条路线的极致追求，强调政府与社会的对立和此消彼长，则出现了两种极端的关系取向：国家主义和无政府主义。另外，介乎于两者之间的法团主义范式，则主张“国家与社会合作”，强调彼此的互动。

（一）国家优先论

国家路线推崇政府公共权力的主导地位。马基雅维利在《君主论》中树立了国家优先的思想，国家及其代表（君主）可以依据“国家理由”(reason of state)行事，体现了国家相对于社会的至高无上性。霍布斯(Hobbes)系统阐述了政府主导地位的确立机理，认为社会公众在订立契约时已向国家让渡了所有权利，而政府主权者因为没有参加契约而不受其约束，因此得到的是绝对、至上、无限的权力。虽然霍布斯同样坚持个人权利是国家权力的基础，但在政府与社会的对立中，霍布斯仍倾向于确立政府权力的主导地位。但是，过于主张政府的无限权力，也让处于绝对劣势地位的社会，陷入了被政府支配甚至被侵犯的危险。

因此，黑格尔试图通过调和两者关系使政府主导的关系格局更具合理性。黑格尔论述了“个人—市民社会—国家”的发展轨迹，认为社会冲突必须通过拥有绝对理性的国家机制予以克服，国家成了个人和社会存在的基础，是整个社会的本质与意义，即其所倡导的国家高于市民社会思想。当国家成为“自在自为”的存在，可以采取任何方式将所有的社会生活、所有的社会关系、文化观念都纳入国家权力的光环之下时[①]，就形成了存在于理想状态中的国家主义。但是，国家优先论过于美化政府能力的无限性，则容易导致社会依附性的增强。对此，马克思、恩格斯在唯物史观的基础上，通过批判地继承黑格尔的国家哲学与法哲学，把黑格

① 彼得·李伯庚. 欧洲文化史（下）[M]. 赵复三，译. 上海：上海社会科学院出版社，2004: 380.

尔颠倒的历史观重新颠倒过来，揭示了社会与国家关系的本质：即“绝不是国家制约和决定市民社会，而是市民社会制约和决定国家”①。

（二）社会优先论

社会路线反对政府权力对社会的控制，资产阶级革命的胜利也催生了真正意义上的市民社会。洛克（Locke）对政府权力持消极态度，主张“社会先于或外在于国家”，国家政府要基于社会契约委托下所获得的立法权、司法权等权力，为社会服务并对社会负责。洛克的主张体现了政府权力有限性的思想，以及摆脱政府干预的呼吁。在洛克的基础上，亚当·斯密提出“看不见的手”的理论，主张自由放任市场，为洛克“社会外在于国家”的主张提供了实质性注解，同时也通过政治权力和经济权力的解构，推动了政社分开的理念发展。孟德斯鸠沿着斯密的权力分离脉络，提出社会的存在是权力分立的社会基础，并倡导分立自治、相互制衡等有利于市民社会生长的思想理念。

托克维尔（Tocqueville）进一步阐述了“以社会制约权力”的主张，提出将政府权力让渡于多元社会力量，通过社会的“独立之眼”消解政府权力垄断的风险。约翰·基恩（John Keane）对托克维尔描述的社会概括为：社会以一只独立之眼，监督着国家。②当社会路线趋向极点，则会将社会的能力进一步神化，主张去除政府制定的秩序而进行自愿的社会生活。潘恩（Paine）认为政府“即使在最好的情况下，也不过是一件免不了的祸害；在其最坏的情况下，就成为不可容忍的祸害”。在此理念下进一步形成了“自由至善”的主张，并在“个人意志高于集体意志”倡导中建构以个人自由为基础的政治秩序。

（三）政社调适论

无论是国家路线抑或是社会路线，均只关注政府或社会力量的其中一极而偏废另一极，漠视两者的合作机会。并且，在建构过程中又都过

① 中共中央马克思恩格斯列宁斯大林著作编译局．马克思恩格斯选集（第四卷）[M]．北京：人民出版社，1995：196．

② KEANE J. Democracy and civil society[M]. London: Verso, 1988: 51.

于依赖个体理性，但无论是君主、政治精英或者是社会个体，都无法保证其在政治生活中的一贯理性。因此，极端的政府与社会关系格局，过于强调两者的对立关系，在理论层面和现实层面均无法真正长久运作。正因如此，在20世纪后西方的政府社会关系研究中，开始强调国家路线与社会路线的融合，逐渐构建了现代西方新型政府与社会关系的理论体系。代表性思想包括：新自由主义的“大政府”与“强政府”理论、保守自由主义的“弱政府”理论、“第三条道路”的“中性政府”理论等思想流派。而上述理论的底色，无外乎仍是自由主义的政社关系观念。自由主义主张有限政府，倡导社会主导作用的同时也不完全排斥政府权威。因此，西方政社关系理论的演变过程，实质上也是自由主义对政府权力不断调适的理论演变过程。

于是，市民社会理论开始涉及市民社会与国家互动融合的第三领域，即开始导向政府与社会之间的合作互动，“第三域”或者“第三部门”等理论观点便产生于政府与社会的联合行动之中。美国学者黄宗智（Philip C. Huang）提出“第三域”概念，意指国家与社会之间价值中立的领域，从私人领域中脱胎而来，超越了仅仅通过契约形成的关系，成了西方政社关系发展的新趋势。萨拉蒙构建了政府部门—营利部门—第三部门的三分法，突出了政治、经济领域之外的第三部门力量，将第三部门的发展视为一场全球性的“结社革命”。[①] 随着第三部门的快速发展，西方理论界试图寻找当代政社关系的联结基础，并逐渐明晰两者的关系特征。哈贝马斯（Habermas）进一步论述了第三部门的使命和功能，并将第三部门推动下的政社关系互动描述为两个过程：一是社会平等与自由的扩展过程，二是国家的重建与民主化过程。沿着哈贝马斯的交往行动理论，科恩和阿雷托（Cohen & Arato）将当代西方市民社会下的政府与社会关系理解为两者在互动领域中（包括亲密领域、结社领域）各种形式的公共交往。[②] 因此，西方政社关系的研究开始聚焦政府与社会的互动及其形式，并强调在彼此交往过程中拓展市民社会的功能与责任，在本质上仍

① 萨拉蒙. 非营利部门的崛起[J]. 马克思主义与现实, 1994(3): 57–63.

② 简•科恩, 安德鲁•阿雷托. 社会理论与市民社会[M]. 时和兴, 译. 北京: 中央编译出版社, 1999: 177.

属于市民社会的建构逻辑。

进一步地，由于资本主义制度下的社会失范与总体性社会危机，使西方学者开始倡导以法团主义进行社会多元利益的协调与整合。施米特将法团主义视为政府与社会之间的常规互动体系，由此建构的利益协调机制可以将市民社会中的组织化利益融合进政府决策体系中，并在此过程中体现政府对社会一定程度上的“规制”（regulation）。[①]法团主义倡导政府的主导地位，限制社会利益群体的行动自由并将其吸纳到政府系统中。作为一种制度形态，法团主义都是在那些强调集体或社群利益超越个人利益的社会中产生并得到发展。[②]因而法团主义框架下，政府既扮演强有力的角色但又非全能主义政府。根据国家与社会力量的对比，理论界又将法团主义具体细分为国家法团主义（state corporatism）和社会法团主义（social corporatism），又可称两者为权威法团主义（authoritative corporatism）及自由法团主义（liberal corporatism）。国家法团主义强调国家的优势地位和主导作用，社会法团主义则主张社会的自治能力。但从本质来说，法团主义下的政社关系，主要体现为政府与社会间的相互赋权与渗透。

因此，法团主义并非是对市民社会的全部否定，泰勒将法团主义视为国家与市民社会的统一，而市民社会则构成了法团主义的社会基础。而在施米特看来，法团主义和多元主义都是以社团形式组织起来的市民社会的利益同国家的决策机构联系起来的制度安排。也就是说，法团主义不过是市民社会与国家关系的一种变化形式而已，是对自由多元主义式市民社会的区别性阐述。或者说，两者的主要内涵差异在于对政府与社会对立关系的理解上，市民社会理论尽管发展出了政社互动的观点，但仍更强调政社二元的分离，而法团主义主要从政府整合社会的机制上发展两者的互动关系，以最大限度地减少社会冲突和秩序损害。

① SCHMITTER P C. Still in the century of corporatism[J]. The review of politics, 1974, 36(1): 85–131.

② WIARDA H J. Corporatism and comparative politics[M]. NewYork : M. E . Sharpe, 1997: 15.

第三节　国内外文献评述

从对国内文献的梳理来看，尽管直接研究社区居家养老服务中的政社关系的文献不多，但也初步构建了该项研究的概念体系和分析框架。具体而言，学者们讨论了政府和社会力量在社区居家养老服务的组织、生产、递送等过程中呈现的关系类型及其特点，并初步通过协作关系视角、网络治理视角、嵌入关系视角等角度提炼相关概念和关系类型。现有研究也能结合我国社区居家养老服务的实践提炼本土化的政社关系研究思路，揭示并分析了当前社区居家养老服务中的政社关系中所蕴含的控制、吸纳、契约、合作、嵌入等关系要素。关于公共服务领域以及一般性的政社关系研究为探讨社区居家养老服务中的政社关系提供了更广泛的理论基础。借助政社关系研究的一般性思路，可以对社区居家养老服务中的政社关系理论脉络进行整体认识。当使用单一要素难以有效解析复杂的政社关系问题时，学者们又相继使用“控制与合作并存”“依附与自主并存”等复合型概念，分析政社间的互动机制。目前，学者们开始重点关注政社之间的“耦合共生”关系和政社合作议题，也为社区居家养老服务的政社关系研究提供总体思路。

国内已有文献的不足之处在于，相关研究仍未摆脱结构主义的分析逻辑，缺乏在社区居家养老服务具体治理场域中进行微观考察。现有文献虽然强调突破“政府”与“社会”的二元对立，但是在二元合作前提下构建的共治秩序的讨论尚不充分。另外，现有文献中对合作、协作、协同等概念区分不足，因而虽然提倡“合作”，但是回答社区居家养老服务的政社合作问题又显得十分笼统。因此，对社区居家养老服务中的政社关系构建过程及其影响因素、因果机制尚需形成更具理论穿透力的经验解释。尤其是随着社会治理的不断推进，社区居家养老服务领域中政府和社会力量之间的互动性也日益增强，现有文献对社区居家养老服务中政社之间既相互制约又相互合作、既相互独立又彼此依赖的复杂关系还有待进一步深入分析。因此，如何在社区居家养老服务领域中归纳政社之间的相互融合与交叠的关系模式，是一个值得深入讨论的问题。

通过对国外文献进行梳理发现，西方对于社区居家养老服务的相关研究主要集中在对老年人社区照顾模式的考察方面。受新公共管理理念与福利多元主义的影响，减少政府在老年人社区照顾体系中的直接作用成为西方学者的主要倡导。在西方学者看来，老年人社区照顾体系的构建仍离不开政府职能的适当发挥，而社会力量在其中也应承担关键职能。在更广泛的理论层面，西方关于公共服务领域以及一般性的政社关系研究为我们厘清了西方公共服务供给过程中构建政社关系的基本方式，这也有助于了解和把握西方公共服务与国家治理中政社关系发展的基本导向。尤其是西方学者对于合作生产关系模式下构建主体网络、政社契约等方面的研究思路，是考察和评价社区居家养老服务中的政社关系的重要视角，因为不同的政社契约关系、实现方式、约束条件等，实质上也揭示了社区居家养老服务中的政社关系类型及其特征。合作生产的相关研究，对政府与社会各自的服务职能、服务绩效、服务改进，有重要的理论探索意义。

但是国外文献所归纳的整体性概念以及典型政社关系研究解释，在应用于我国社区居家养老服务中的政社关系时仍存在较大局限。一方面，社区照顾模式及其理论倡导与我国的社区居家养老服务模式存在一定理论和实践差异，因此关于社区照顾模式下的政社关系问题，存在较大的理论差异。社区照顾的相关研究强调正式资源和非正式资源的结合，而且更注重非正式资源的调动，即由社区照顾的原则，在政社关系发展趋势上主要表现为“去政府化”“去机构化”的理论导向。因此，关于老年人社区照顾的国外文献虽有一定借鉴意义，但仍无法直接将其理念倡导应用于我国的社区居家养老服务中的政社关系问题分析上。另一方面，西方关于政社关系的大量研究聚焦于合作生产问题，多对政社合作生产公共服务的绩效及其存在困境作详细剖析。产生于西方政社关系研究脉络下的合作生产模式在我国社区居家养老服务情境中如何发挥其效用，仍有待进一步思考和探究。否则，将有可能陷入理查德·鲍姆（Richard Baum）和阿列克谢·舍夫琴科（Alexei Shevchenko）所概括的“标签泛滥”

“盲人摸象”等理论分析误区。

综上所述，分析社区居家养老服务中的政社关系困境，需要进一步结合我国具体的实践场景，用更细化、更符合中国实际的政社关系模式表述、分析和认识社区居家养老服务有效治理问题。从政社关系视角归纳社区居家养老服务困境的研究观点也相对不足，因此从政社关系视角切入，分析社区居家养老服务存在的困境也具有一定的理论穿透力和理论价值。有鉴于此，本书试图将社区居家养老服务这一具体情境与政社关系视角相结合，在现有研究的基础上，对社区居家养老服务中的政社关系分析做以下尝试：一是从宏观层面的结构论争转向中观层面的政策制定与微观层面的政府行动过程，通过多案例挖掘政社关系构建过程中的逻辑演进、关系特征和现实困境；二是突破单一视角，提炼和区分社区居家养老服务中政社关系的多种模式，通过多角度剖析具体服务领域中的政社关系互动情况；三是在典型案例中提炼走出社区居家养老服务中政社关系困境的关键路径和适用机制。最终为实现社区居家养老服务的有效治理，提供具有可操作性的解决方案。

第三章 社区居家养老服务中的政社关系演变

美国社会政策专家吉尔伯特和特雷尔（Gilbert & Terrell）在他们的著作《社会福利政策引论》中论述道，政治体制是为了确保福利的提供，政府应在公共事务里扮演重要的角色。[①]因而政府应在社区居家养老服务供给中充当积极角色。政策制定是政府责任履行的前提和推进居家养老服务制度的基础[②]，也是社区居家养老服务中的政府职能和定位的具体体现，并且在很大程度上形塑了该服务领域中的政府与社会关系。本章以不同阶段我国社区居家养老服务的相关政策为切入点，透视社区居家养老服务中的政府职能演变，分析社区居家养老服务中政府与社会关系的演变阶段与总体特征。

在计划经济体制下，以家庭或单位为福利传导载体的养老服务体系维持了家庭及单位在老年人养老支持中的主体性地位，社会化养老的现

① 吉尔伯特，特雷尔. 社会福利政策引论[M]. 沈黎，译，上海：华东理工大学出版社，2013: 13.

② 同春芬，汪连杰. 福利多元主义视角下我国居家养老服务的政府责任体系构建[J]. 西北人口，2015, 36(1): 73–78, 84.

实需求显现较晚，因而在 20 世纪 80 年代初以前，国家层面一直没有发布关于社会化养老的规范性政策文件。20 世纪 80 年代中期以后，社区作为提供社会服务的主要载体得到重视。1989 年，国家颁布实施《中华人民共和国城市居民委员会组织法》，明确规定居民委员会应当开展便民利民的社区服务活动，可以兴办有关的服务事业，至此，相关的政策文件才依法陆续出台。但社区提供的主要项目也是基础性的民政服务，仍缺乏对社区为老服务的重视。因而 20 世纪 80 年代，我国的居家养老服务尚处于萌芽状态。因此，本章以 1994 年出台第一份国家级养老服务体系的规划文件为起点，将政社关系的演变阶段划分为政策初建时期（1994—2000 年）、政策探索时期（2001—2012 年）、政策扩容时期（2013—2017 年）以及政策优化时期（2018 年至今），梳理社区居家养老服务中的政社关系演进。

第一节　政策初建时期：政府管理为主

一、政策梳理

20 世纪 90 年代是我国经济高速发展的时期，也是我国计划经济体制向市场经济体制快速过渡的历史阶段，国有企业改革、产业结构调整等重大决策问题成为政府政策施行的主要着力点，且这一时期我国仍未进入老龄化社会，因此这一阶段的社区居家养老服务仅作为经济发展改革的适应性政策及配套性措施。1992 年中共中央、国务院发布《关于加快发展第三产业的决定》，要求大力发展第三产业，社区服务业正式作为第三产业发展的内容开始受到重视，但是社区居家养老的具体政策并未出台。直至 1994 年国家计委、民政部等部门联合发布《中国老龄工作七年发展纲要（1994—2000 年）》，标志着社区居家养老服务开始成为国家政策统筹和计划的项目。[①] 作为老龄事业发展第一部规划，该纲要要求建立社会养老保障体系，积极兴办照料老年人的社区服务组织，并逐步形

① 韩烨，付佳平. 中国养老服务政策供给：演进历程、治理框架、未来方向[J]. 兰州学刊，2020(9): 187–198.

成以社区为中心的生活服务、疾病医护、文体活动、老有所为四大服务体系，成为这一阶段社区养老服务发展的指引性文件。1996年颁布实施的《中华人民共和国老年人权益保障法》第三十五条规定要发展社区服务，逐步建立适应老年人需要的生活服务、文化体育活动、疾病护理与康复等服务设施和网点，在立法上体现对政府在社区老年服务中承担职能的要求。

随着我国在1999年正式进入人口老龄化社会，社区居家养老服务不再仅是嵌入经济社会发展中的配套性措施，而是开始成为重要的政策议题，逐渐形成独立的政策系统，并有了较为清晰的职能定位。2000年民政部、国家计委等多部门发布《关于加快实现社会福利社会化的意见》，明确社会福利供给应坚持以居家为基础、以社区为依托、以社会福利机构为补充的发展方向，积极支持社区卫生服务机构开展老年医疗、预防、保健、康复、健康教育等工作。2000年中共中央、国务院出台《关于加强老龄工作的决定》，提出了要建立家庭养老为基础、社区服务为依托、社会养老为补充的养老机制，各地应积极兴办不同形式、不同档次的老年福利院、老年护理院、老年公寓、托老所等，为老年人提供多种养老服务。在相关政策的指引下，社会力量开始充分发挥其在养老服务中的积极作用，设施配套、功能完善、管理规范的社区老年服务体系初步形成。

二、政社关系特点

从政社关系来看，政策初建时期的系列政策开始将更多的社会服务力量和社会服务资源导向社区养老服务，逐渐明确了社会力量在养老服务中的重要参与主体地位，从政策层面改变了计划经济体制下公共服务的政府垄断格局，也为社会力量参与老年服务提供了政策指引和法律保障。如要求引导生产部门、经营部门开发老年用品市场，满足老年人需要；大力发展由老年人参与或老龄工作机构创办的老年福利企业。《关于加快实现社会福利社会化的意见》中提出投资主体多元化，鼓励并扶持社会力量兴办以老年人、残疾人等为服务对象的非营利性医疗机构，以及对参与老年等社会福利事业的社会机构和个人给予税收等优惠政策等。《关于加强老龄工作的决定》中也强调了坚持政府引导与社会兴办相结合的原则，并将政府的职能角色界定为宏观管理，在管理和运行机制方面则更加重视服务的市场化。因此，从政策内容和要求来看，这一阶段的养老服务政策顺应了社会化养老的制度背景，为更大范围和更高水平的政社合作奠定了政策基础。

但是由于科层惯性以及社会力量的发育程度不足，该时期的政策更强调政府的服务管控职能，社会力量参与养老服务的水平不高、程度不深，主要体现三个方面。其一，系列政策对老年人的多元需求缺乏系统考虑，政府直接建设仍然是满足服务需求和推进服务体系建设的主要手段，引导社会力量参与的政策导向虽已初步体现，但社会力量参与的政策空间仍然较小。其二，社区居家养老服务的供给主体和供给方式仍过于笼统，缺乏对具体内容和实施方式的明确规定，也缺乏对社会力量参与养老服务的有效指导。政府、家庭、社区等服务主体均有涉及但职能角色仍不清晰，开始重视市场力量但缺乏配套规定等。其三，在宏观社会管理背景中，政府按照《社会团体登记管理条例》《民办非企业单位登记管理暂行条例》等政策制度对社会组织及其资源获取方式有着较为严格的规定，也在一定程度上直接限制了社会力量拓展服务的参与空间。

第二节　政策探索时期：政社分离

一、政策梳理

进入 21 世纪后，我国的老龄化问题逐渐凸显，老年服务需求急剧扩张，这也直接加快了各级各类政府部门在宏观制度和具体机制方面的政策推进。养老服务政策开始具有独立的政策理念、政策体系和政策规划。2001 年国务院印发《中国老龄事业发展“十五”计划纲要（2001—2005 年）》，要求把老龄工作的重心放在社区、基层，依托社区提供全方位、多层次的老年照料服务。该文件的出台，再一次明确了社区在养老服务供给体系中的主体地位，建立以城市社区为基础的老年人管理与服务体系成为施政重点。

2006 年 2 月国务院办公厅转发全国老龄委办公室和发展改革委等部门《关于加快发展养老服务业的意见》，也提出要逐步建立和完善以居家养老为基础、社区服务为依托、机构养老为补充的服务体系。随之发布的系列政策也进一步鼓励并强化社会力量在社区居家养老服务中的职能作用，为形成政社分离格局奠定基础。2006 年 8 月全国老龄委发布《中国老龄事业发展“十一五”规划》，指出要通过税收、信贷、投资等政策，采取税收优惠、减免费用、信贷支持等措施扶持老龄产业，鼓励吸引社会力量兴办各类养老服务机构，开展以社区为基础的养老服务。上述两份文件的出台，对社区居家养老服务参与主体的角色定位、市场力量的参与方式做了清晰界定和指引，成为激发社会力量参与社区居家养老服务的重要指引性文件，虽然服务供给仍然坚持以政府为主导的基本模式，但专业养老服务机构也开始成为服务供给的重要力量。

2008 年全国老龄委办公室、国家发展改革委、教育部等多部门联合颁布《关于全面推进居家养老服务工作的意见》，指出居家养老服务存在供给不足、比重偏低、质量不高等问题，要求在社区层面普遍建立居家养老服务机构、场所和服务队伍，整合社会资源，调动各方面的积极性，共同营造老年人居家养老服务的社会环境。在居家养老服务供给中的政府角色定位方面，明确要按照政府职能转变以及与企业、事业、社团分离的原则，将能够与政府剥离的居家养老服务职能尽可能交给社会组织和非营利机构去办，交给市场和企业去办。随着这项专门的社区居家养老服务政策出台，社区居家养老服务的政社分离原则被正式确立。

2011 年 9 月国务院发布《中国老龄事业发展“十二五”规划》，同年 12 月国务院办公厅发布《社会养老服务体系建设规划（2011—2015 年）》，对社区居家养老的服务供给作了具体指导，要求将更多元的社会力量引入社区居家养老服务，进一步强化了政社分离格局。在服务力量方面，要求培育发展居家养老服务中介组织，引导和支持社会力量开展居家养老服务，倡议、引导多种形式的志愿活动及老年人互助服务，动员各类人群参与社区养老服务；在服务方式方面，鼓励社会服务企业发挥自身优势，开发居家养老服务项目，创新服务模式；在服务载体方面，加快建设日间照料中心、托老所、星光老年之家、互助式社区养老服务中心等社区养老设施。上述文件的陆续出台，也标志着我国社区居家养老服务的政策焦点从以机构为主，转变为以居家为主。

二、政社关系特点

从政社关系来看，这一时期的政策导向体现了政社分离的服务关系，同时也为政社合作奠定了政策基础。在系列政策中，政府逐渐降低其在社区居家养老服务体系中的影响作用，继续深化了政社分离的服务体制探索。相较于上一个政策阶段，系列政策和制度导向体现了政府职能转变宏观背景下的政策调适。就政策理念而言，社区居家养老服务的内涵和概念已经初步形成，进一步重视多元力量的服务参与成为基本政策导向，政府的职能角色也从上一阶段的“宏观管理”转向“政策引导”“政府扶持”等。就政策内容而言，政府、社会、社区、市场等主要力量的角色定位及服务形式都进行了规范表述。例如，在《关于加快发展养老服务业的意见》中，具体确定了公建民营、民办公助、政府补贴、购买服务等多种方式，并鼓励社会资金以独资、合资、合作、联营、参股等方式参与养老服务，规范了政社角色和服务分工。在宏观社会管理体制方面，政府也开始逐步放松对社会组织的管制，降低社会组织参与公共服务的准入门槛，加大对社会组织的孵化力度，这也为社会力量参与社区居家养老服务创造了较好的制度条件。

但这一政策阶段的政社互动仍受到政策整体配套水平的制约。一方面，这一时期的政策基本确立了社会力量在社区居家养老服务中作为主要生产者的地位。随着社区居家养老服务的市场化探索的不断推进，相应的规范性政策配套却相对滞后，在机构建设、服务开展、服务购买、服务标准、办事流程等方面缺乏对社会力量参与社区居家养老服务的规范指导，这也制约了政社互动过程中信任关系和长效合作机制的建立。另一方面，随着社会经济环境变化以及社区居家养老服务的发展，服务的复杂性、需求的多元性需要更多政府部门对参与其中的社会力量提供多元支持，虽然整体而言这一阶段的政府参与主体以及多部门联合发文的数量有所增多，但是诸多关键政策领域中（如卫生、金融、税务、国土、教育等）部门间的联合施政水平有待提升，使得社会力量在参与社区居家养老服务过程中面临许多实际困难，政社合作水平仍有待提升。

第三节　政策扩容时期：政社契约协作

一、政策梳理

2013 年，党的十八届三中全会决议通过《中共中央关于全面深化改革若干重大问题的决定》，首次提出推进国家治理体系和治理能力现代化的改革目标。在国家治理理念转型的推动下，国务院发布《关于加快发展养老服务业的若干意见》，提出支持社区建立健全居家养老服务网点，引入社会组织、家政、物业等企业，兴办或运营老年供餐、社区日间照料、老年活动中心等养老服务项目和设施。同年，为了进一步提升社会力量参与公共服务的积极性，国务院办公厅发布了《关于政府向社会力量购买服务的指导意见》，标志着政府开始全面推行公共服务购买。这一时期社区居家养老服务的相关政策，主要也以推动社会参与，优化市场环境为主要目标。

为保证社区居家养老服务市场扩容的规范性，各部门也相继制定了相关的管理规则和标准。2013 年，民政部陆续发布《养老机构设立许可办法》《养老机构管理办法》，对养老服务提供者实施准入和运营规范管理。同年，民政部发布《关于推进养老服务评估工作的指导意见》，要求完善养老服务评估指标体系，把推进养老服务评估工作与做好居家社区养老服务等工作紧密结合。2014 年，民政部、国家标准化管理委员会等部门联合制定《关于加强养老服务标准化工作的指导意见》，要求到 2020 年基本建成机构、居家、社区养老服务标准，加紧制定社区养老服务基本规范、社区老年人日间照料中心服务基本规范等标准，推动了社区居家养老服务的市场规范体系建设。

为激发社会力量在社区居家养老服务领域的市场参与热情，各部门陆续出台一系列政府购买社区居家养老服务的配套激励政策，推动社区居家养老服务的扩容升级，引导社会力量与政府在更广泛的服务领域开展市场化服务合作。2014 年财政部、国家发展改革委联合发布《关于减免养老和医疗机构行政事业性收费有关问题的通知》，对非营利性养老和医疗机构建设实行全额免征行政事业性收费，对营利性养老和医疗机构建设实行减半收取行政事业性收费的优惠政策。2015 年民政部、国家开发银行发布《关于开发性金融支持社会养老服务体系建设的实施意见》，国家开发银行为参与社区居家养老服务设施建设项目、居家养老服务网络建设项目、养老机构建设项目等养老服务项目的服务主体提供贷款支持，推动形成“政府引导、金融支持、社会参与、市场运作”的社会养老服务发展体制机制。

为提升政府与社会合作供给服务的契约协作效能，2016 年国务院办公厅发布《全面放开养老服务市场提升养老服务质量的若干意见》，指出当前的养老服务存在供给结构不尽合理、市场潜力未充分释放、服务质量有待提高等问题，要求补齐短板，将养老资源向居家社区服务倾斜，进一步放宽准入条件，优化市场环境。2017 年民政部等部门发布《关于加快推进养老服务业放管服改革的通知》，要求提升政府精准推动养老服务发展的能力，创新养老服务设施供给方式，简化优化养老机构相关审批手续等。同年国务院办公厅发布《关于加快发展商业养老保险的若干意见》，鼓励商业保险机构投资养老服务业，支持商业保险机构为社区日间照料中心、老年活动中心、托老所、互助型社区养老服务中心等老年人短期托养和文体休闲活动机构提供责任保险。

二、政社关系特点

从政社关系来看，这一阶段的政策扩容除了政策规范文件增多，更重要的是在社会参与主体的扩容方面体现了政社契约协作内容与方式的多样化，在政府施政主体的扩容方面体现了政府部门管理能力和部门合作水平的提升，这两种扩容变化更好地推动了政府与社会间的契约协作水平。从社会参与主体的扩容方面来看，在“国退民进”的宏大背景下，契约式的合作成了社区居家养老服务供给的主要模式，但是政策文件中也逐渐明确了企业、社会组织、志愿团体、家庭等支持力量在社区居家养老服务中的参与作用，政府的直接服务功能进一步弱化，政社之间在推进和深化契约购买的同时，多元协作的格局也逐渐形成和发展。从政府施政主体的扩容方面来看，系列政策初步实现了多部门施政的力量整合，这体现在多部门联合发文的次数显著增多①，民政、发展改革、卫生健康、教育、财政等多部门协同制定针对性政策，使得政策深度、广度、效度等方面有了较多的适时安排和内容创新。并且这些部门的政策具有鲜明的导向，即强化政府向社会力量购买社区居家养老服务的基本服务供给方式，这也意味着社会力量拥有更广泛的市场参与途径和参与空间。

但是，这一时期的政社互动水平仍因契约管理精细化不足而提升有限。由于缺乏社区居家养老服务的综合监管制度及成熟规范，导致社会服务供给主体也在政府政策扩容的同时加快了服务的“跑马圈地”，更注重服务承接的数量而非服务质量，更专注于“标书建设”而非“口碑建设”，导致社会力量对政府形成较为明显的依赖，影响了政社在平等基础上契约协作格局的进一步形成和优化。并且，由于这一阶段的政策导向将更多的社会力量引入社区居家养老服务领域，进而对政府部门的日常监管和契约管理等方面提出了更高要求，但是缺乏相应的监管制度和精细化的管理办法，因而也存在较大的政策规范提升空间。

第四节　政策优化时期：多种模式并存

一、政策梳理

经过 10 余年的建设推动，以居家为基础、社区为依托、机构为支撑

① 据作者对国务院及各部门发布的关于养老服务的政策文件的整理统计发现：以 2012—2017 年为例，由两部门及以上联合行文的政策文件共 33 份。

的社会养老服务体系初步建立，相关制度规范不断加强。2018 年修正的《中华人民共和国老年人权益保障法》对老年服务提出了更高要求。在此背景下，关于社会居家养老服务的政策建设开始转向精细化管理和规范化服务阶段，既加强了政府职能，也对参与社区居家养老服务的社会主体提出了新的更高的要求，连续出台的政策推动着社会居家养老服务的规范优化发展。因而，随着对社区居家养老服务精细化管理水平的提升，政府在社会力量参与社区居家养老服务的过程、方式、效果等方面也具备更多元化的政策目标和更多样化的管理手段，各地在管理和服务实践过程中形成的政社关系也体现了多元并存的特点。

在精细化管理方面，2019 年国务院办公厅印发《关于推进养老服务发展的意见》，提出国务院建立由民政部牵头的养老服务部际联席会议制度，要求各地、各有关部门要强化工作责任落实，健全党委领导、政府主导、部门负责、社会参与的养老服务工作机制。为提升居家养老服务管理水平，文件同时要求建立养老服务综合监管制度，提升政府投入精准化水平。2020 年国务院办公厅发布《关于建立健全养老服务综合监管制度促进养老服务高质量发展的意见》，要求政府充分发挥自身在制度建设、行业规划、行政执法等方面的主导作用，强化政府在养老服务中的主导责任。2021 年，民政部等三部门发布《关于推进养老机构“双随机、一公开”监管的指导意见》，对养老服务的综合监管、智慧监管、效能监管作出具体要求。

在规范化服务方面，2019 年民政部出台《关于进一步扩大养老服务供给 促进养老服务消费的实施意见》，要求探索设立“家庭照护床位”，完善相关服务、管理、技术等规范以及建设和运营政策，健全居家上门照护的服务标准与合同范本，并提出推进居家和社区适老化改造。2019—2020 年，民政部、人力资源社会保障部、国家市场监督管理总局等部门相继出台了《养老护理员国家职业技能标准（2019 年版）》《养老服务市场失信联合惩戒对象名单管理办法（试行）》《养老机构服务安全基本规范》《关于规范养老机构服务行为 做好服务纠纷处理工作的意见》《养老机构管理办法》等系列文件和规范标准，引导社区居家养老服务的规范化发展。

政府同参与社区居家养老服务的社会力量之间的互动关系也根据精细化管理特点和规范化服务要求，变得更具针对性和灵活性。2021年，中共中央、国务院发布《关于加强新时代老龄工作的意见》，提出创新居家社区养老服务模式，增加居家社区养老服务有效供给的要求，地方政府负责探索并推动建立专业机构服务向社区、家庭延伸的模式，培育专业机构并指导其规范发展。同年，国务院发布《"十四五"国家老龄事业发展和养老服务体系规划》，提出要强化居家社区养老服务能力，实施社区医养结合能力提升行动。同时也要求加强市场主体行为监管，落实评估考核，引领全行业规范健康发展。至此，政府具备了对社区居家养老服务更精细化的管理依据，逐渐减少了粗放式的政府购买服务行为，使得政社服务合作中的关系呈现了多元化特点。

二、政社关系特点

从政社关系来看，在社区居家养老服务政策优化时期，政府对社会力量参与社区居家养老服务提出了更高的要求，在精细化管理、规范化服务要求提升的同时，也为政社关系调整施加了更多样化的影响。这一时期的政府与社会之间仍然以服务购买、多元参与为主要特征，但是由于政府对社会力量参与能力要求的提升，"能力依赖"成了社会力量获取政府支持的主要依据，这也意味着政府虽然重视社会力量在社区居家养老服务中的基础作用，但如果社会力量难以胜任服务政府的监管和绩效要求，政府将会根据服务效果调整与社会力量的合作内容与合作形式。换言之，政府在监管和绩效要求较高的政策框架下，可能采取加强服务控制、弱化社会力量参与、降低政府支持水平乃至缩小服务范围等方式，实现自身目标。政府更倾向于使用精细的监管机制与社会力量进行甄别性合作和差异化支持措施，从而加强了政府对社会力量的服务过程与结果的引导。而社会力量在这一阶段的合作策略同样基于自主能力、组织目标、政府偏好等因素进行动态变换，因此使得政社关系由于政社互动的权变调整呈现多元并存的特征。

三、各时期演变特征总结

综上所述，社区居家养老服务中的政社关系构建本质上体现了政府治理逻辑的演变，具体表现为不同阶段的施政策略变化，影响和塑造了社区居家养老中的政社关系模式，使之呈现不同的阶段特征（见表 3–1）。首先，从政社关系特点来看，服务供给主体由政府为主转向政社多元，政策工具从单一到复杂，从注重国家和单位责任到多元主体责任并重，社会力量多元、多渠道参与的格局初步形成。其次，从政府施政策略来看，随着政府管理策略的调整，社会力量逐渐获得进入政府服务领域的空间，具体经历了“强管理、弱支持”“弱管理、弱支持”“弱管理、强支持”“强管理、强支持”等四个阶段。而这种政府施政特点的变化，形成了政府与社会之间不同类型的关系嵌入方式。最后，从政社互动机制上看，政府在服务开展和引导过程中为了顺利实现服务目标，逐渐形成了系列规范措施，不断强化服务供给的精细化、科学化和规范化，并强化了政府对社会力量的监督，政社之间也因系列政策措施调整逐渐形成不同的互动机制。

表 3–1　不同政策阶段社区居家养老服务的基本政社关系

时期	政社关系特点	政府施政策略	政社互动方式
政策初建时期（1994—2000 年）	政府管理为主	强管理、弱支持	政府兴办非营利性服务机构，开始引导社区组织参与养老服务
政策探索时期（2001—2012 年）	政社分离	弱管理、弱支持	社区居家养老服务市场逐步建立，政府开始社区居家养老服务市场化探索，社会力量开始自主融入服务体系
政策扩容时期（2013—2017 年）	政社契约协作	弱管理、强支持	政府更多地依托社会力量提供服务，同时广泛培育、引入社会力量参与服务，进行以契约为基础的服务合作
政策优化时期（2018 年至今）	多种模式并存	强管理、强支持	政府拓宽参与空间，构建监管和规范体系进行精细化管理。社会力量基于自主能力等因素确定合作策略

资料来源：作者整理。

总的来说，多元化的关系演变结果使得当前社区居家养老服务中的政社关系模式也呈现出多元并存的特征。通过对不同阶段的服务政策及其体现的政社关系进行梳理发现，社区居家养老服务中的政社关系具有以下演变特征。首先，不断地去行政化，制度化互动方式和通道逐渐减少，由政府管理服务转向服务的政社分离。其次，是政府权力的自我克制，政府在社区居家养老服务中不断变革规制及服务形式，通过契约购买、多元协作等方式构建服务体系。最后，是政府与社会都在按照自身的能力和目标，对社区居家养老服务进行权变安排，并据此不断调整政社之间的服务互动模式和互动目标。

由于上述演变特征的共同作用，使得社区居家养老服务中的政社关系形成了以下三种基本模式。一是以政府权威作为关系构建要素，并以政府资源掌控和动员号召等统合手段作为关系表现形式的统合型政社关系模式。在该模式下，政府主要基于自身的政策目标对社会服务力量和服务体系进行统合，并进一步强化政府对服务资源和服务项目的掌控。二是以市场契约作为关系构建要素，以政府对社会力量施加多重服务规制为关系表现形式的契约型政社关系模式。在该模式下，政府主要根据显性或隐性的契约内容以及自身在契约达成过程中的优势地位，影响社会力量的服务自主性，并进一步使其形成对政府的依赖。三是以多元服务主体网络作为关系构建要素，并以政府推动建立的服务协作体系作为关系表现形式的协作型政社关系模式。在该模式下，政府通过服务协作体系或项目引导多元服务主体参与服务，进而形成以政府为主体网络中心、以解决复杂服务问题为目标的协作网络，实现对社区居家养老服务多元参与主体及其资源的有效整合。最终，使得现阶段社区居家养老服务中的政社关系呈现出多种模式并存的特征。

本书立足于对社区居家养老服务中现存三种政社关系模式进行分析，在对每一种政社关系模式的考察中，以不同政社关系模式的逻辑演进为分析起点，通过不同关系模式的实践案例，从关系格局、嵌入方式和互动机制方面呈现的关系特点等进行分析，并以不同政社关系模式存在的困境为落脚点，试图对社区居家养老服务中的现有政社关系模式进行总体性思考。在此基础上，对现有的政社关系模式进行反思，以现有实践经验结合理论思考，探索政社关系构建中存在的根源性矛盾，进而提出社区居家养老服务中的新型政社关系模式，归纳政社关系模式转换的路径和机制。

第四章 社区居家养老服务中的统合型政社关系模式及其困境

施米特将“统合”看做是一种利益代表的机制，是部分利益团体在公共政策产生和进行中得到国家政府的承认并被赋予相应的权利以及公共责任。[1] 换言之，政府可以通过选择某些特定的社会力量作为公共政策和公共服务的执行者，并赋予其相应的政府支持使其能够高效地完成政府的既定目标。权威是进行统合的必要条件，政府运用自身权威完成主体选择的同时也赋予其权威力量，使之成为权威代理而被政府所统合。安德鲁·海伍德（Andrew Heywood）在其著作《政治学核心概念》中将权威界定为合法性权力。[2] 权力和权威均为实现政府公共政策目标的核心要素，两者的主要区别在于：基于权力形成的是外部约束基础上的政府强制模式，而基于权威形成的是自我服从与主动依附。因此，马克思·韦伯（Max Weber）将权力界定为“哪怕遇到反对也能贯彻自己意志”的政府

① SCHMITTER P C. Still the Century of Corporatism?[J]. The Review of Politics, 1974, 36(1): 85–131.

② 安德鲁·海伍德. 政治学核心概念[M]. 吴勇，译. 天津：天津人民出版社，2008: 17.

手段[①]，而恩格斯在《论权威》中则指出，权威是把别人的意志强加于我们，但又是以服从为前提的。[②]

在“强政府，弱社会”的传统管理模式下，政府处理公共事务更多通过权力施加作用，将政府政策意志全面嵌入社会事务，个体到社会需要依附于政府及其基层代理人，并依从于基层管理规则，才能获得生存空间和发展资源，呈现传统科层治理路径下的权力驱动格局。但是，政府职能转型必然解构传统“权力＋服从”的政社关系模式，逐渐形成的政府分权趋势极大地降低了政府权力在处理公共事务中的影响。相应地，社会力量获得了更大的参与空间。在政府减少服务直接供给的背景下，政府权威对服务目标实现的影响日益增大，如何运用权威统合社会资源成了影响政府公共服务绩效的关键要素。为了更好认识这种政府治理变化，本章将结合 X 省部分地区的服务实践，分析社区居家养老服务中，政府以其资源掌控能力和动员号召能力选取权威代理统合服务，进而形成的统合型政社关系模式。

第一节　统合型政社关系的逻辑演进

在统合关系中，政府是权威的拥有者和服务统合的发起者，社会力量是权威代理与服务统合的实施者。在公共服务供给体制中，政府权威主要表现为服务供给者与服务消费者对政府权力的认同、服从和对政府公众影响力的支持。相应地，被政府统合进来的社会力量，作为权威代理在理论上也能够成为具备合法性地位及政府资源的服务主体。在社区居家养老服务供给过程中，政府如何界定与权威代理的关系，又如何在社区居家养老服务实践中推动两者的有效互动，应当通过探讨统合型政社关系模式的演进逻辑寻求答案。

一、统合型政社关系的逻辑起点

首先，政府在服务中“为何统合”社会力量？政府构建统合关系的情

① 马克思·韦伯.经济与社会：上卷[M].林荣远，译.北京：商务印书馆，2006：81.

② 中共中央马克思恩格斯列宁斯大林著作编译局.马克思恩格斯选集：3 卷[M].北京：人民出版社，2012：274.

境，通常在那些市场失灵、社会失灵的社区有着最为直接的体现，政府需要通过一定方式直接介入公共服务，以保证社区居民的公共利益和秩序得以保护和维护。[①] 2003 年我国政府首次明确将公共服务供给作为政府职能之一。社区居家养老服务的价值属性要求政府必须重视服务供给的有效性，同时也意味着服务绩效成为衡量政府绩效的重要依据。在服务绩效导向的治理目标下，政府倾向于通过统合，解决社区基层服务中的市场失灵、社会失灵现象，实现社区居家养老的服务目标。统合式服务的优势在于权威主体（政府）能够在应对复杂的服务问题（如社区居家养老服务）时，灵活变通其拥有的多重权能和身份，对社会力量进行多种方式和不同参与水平的控制，实现服务体系中的权威效力最大化与风险最小化。在社区居家养老服务中则体现为，既能实现其兜底责任，又能产生相对于市场方式更容易达成的政绩改善结果。

其次，政府在服务中“如何统合”社会力量？政府构建统合关系若要发挥有效作用，需要具备两种较为典型的统合要素：资源掌控能力和情感号召力。[②] 在上述两种要素作用下，基层公共服务中的政府权威呈现方式是区别于高度集权传统的半开放式权威，其特点是公共服务的部分授权（但保留对公共服务的主导和控制）、半开放性沟通（但更注重政府自身目标的考量）、政策完全控制（保持着对公共服务政策的完全控制权）。其具体方式主要有两种：一是通过权威力量、运用权威资源提供社区居家养老服务，如通过设置行政体系外的专门机构实现直接的委托供给，或推动组成特定服务力量等方式为社区老年人提供专业服务，并采取多种形式较为直接地支配社区老年服务资源；二是通过动员、推动等方式广泛组织社会团体和社区精英等力量为社区老年人提供辅助服务，是政府与社会多元力量合作的早期探索。但是统合又不同于传统公共行政路径下的“行政管理”或“行政统治”，更多的是在强调政府的主体责任的同时又保持一定的权力克制，寻求通过折中运用政府权威的方式来提供服务或引导相关机制的建立。在政府吸纳社会力量特征方面，政府依据

① 葛天任. 建国以来社区治理的三种逻辑及理论综合[J]. 社会政策研究，2019(1): 49–59.

② 毛红群. 多元共治背景下领导权威的新变化、影响因素与呈现形式[J]. 领导科学，2021(12): 102–104.

自身政策偏好筛选出部分合作对象并将其吸纳进服务合作筐，通过权威能力对其赋权增能，在此过程中，向服务参与主体施加显性和隐性控制，而不符合政府与偏好的社会力量则面临被边缘化的可能，即所谓甄别性吸纳（identified cooptation）。①

最后，政府能否在服务中“有效统合”社会力量？沿着统合型的政社关系格局，留给社会力量的空间和自主性通常比较有限，或者其与政府的对话能力受制于政府对资源的控制而较弱。除了对资源的控制，统合逻辑依托政府拥有强大的组织动员能力和体系，可以将社区的社会组织、群众性组织、市场组织等主体纳入整个街道（社区）的服务体系之中，实现对社区居家养老服务的整体把控。但是，被统合其中的服务力量并不被赋予较多的自治权，更多的是作为权威代理而发挥职能。对于政府而言，社区居家养老服务供给过程中存在的市场失灵、社会失灵等现象能够通过统合关系的建立进而取得对公共服务的局部改善而完成逻辑自洽。事实上在各地的实践中，也确实存在服务质量和规模的缺陷让政府需要通过直接介入来提供配套服务，或者承担政府兜底责任。但统合关系的有效延续，还取决于两个约束条件：治理成本和组织成本。统合关系的延续需要大量的政府财政资金和管理时间成本作为基础，需要政府进行管理体制创新，培育权威代理并将其有效统合，还需要动员大量群众性组织和社区积极分子踊跃参与服务体系。被统合的各类社会力量能否通过实质性的参与提升社区居家养老服务水平，是统合关系的重要支撑基础。

二、统合型政社关系的发展进路

统合型政社关系形成于政府加大力度建设社区养老服务的时期。2003 年，劳动和社会保障部、中央组织部等部门印发的《关于积极推进企业退休人员社会化管理服务工作的意见》，体现出社区成为提供养老服务的“主要阵地”，政府在社区通过自身的资源掌控能力，运用政府权威开展社区养老服务也开始成为 X 省各城市养老服务的政策重心。2010 年

① 陈天祥，应优优．甄别性吸纳：中国国家与社会关系的新常态[J]．中山大学学报（社会科学版），2018，58(2)：178–186.

X 省民政厅要求本省的 9 个城市全面探索建立居家养老服务的政府补贴制度，并在上述 9 市先行先试。在政策指引下，X 省各城市投入大量资源积极打造 10 分钟或 15 分钟居家养老服务圈，通过社区老年服务机构、家庭无障碍设施改造、便民信息网等提供以政策供给和资源调控为特点的多类型社区居家养老服务。

统合型政社关系模式又因政府对社区居家养老服务示范效应与政策绩效的重视而不断被强化。2011 年 11 月，X 省民政厅、发展改革委联合印发《X 省 2011—2015 年社会养老服务体系建设规划》，要求各地政府完善居家养老服务支持系统，以地方财政投入为主大力挖掘和整合街道（乡镇）社会资源，打造具有本省特色的居家养老服务品牌项目和居家养老工作模式。此后，X 省部分城市作为重点发展城市开始投入大量资源建设居家养老示范中心，并在社区大力建设居家养老服务中心（站）以及家庭服务中心（站），推进了 X 省居家养老服务体系的广覆盖、上水平建设。在这一阶段，政府基于试点成效的目标考量，在提供社区居家养老服务过程中体现了较为直接的服务主导和权威影响。例如，F 市 J 街道在按照公办民营模式运作的居家养老服务中心中，设立由街道管辖的“居家养老服务管理办公室”，负责服务项目的日常管理，培育和发展助老类社会组织，指导各社区服务站开展服务。

党的十八大以来，统合型政社关系模式也随着政府统合能力的增强而形成不同的表现形式。X 省各城市在服务供给方面充分发挥政府统合能力，持续推进资源整合，探索多种类型的社区居家养老服务优化策略。Z 市在全市各镇区以政府统筹服务的形式推广了“1 + 2 + *N*”的居家养老服务模式（“1”是以社区居家养老服务中心；“2”是提供上门家政、送餐助餐或集中用餐两项服务；“*N*”是有条件的镇区通过多渠道提供的康复护理、日间照料等多样化服务）。C 市通过新建小区配建、无偿或低偿使用政府物业、租赁社会物业以及整合现有党群服务中心公共空间等多种方式建设覆盖城乡的社区居家养老服务站点，形成政府资源引领的党群为老服务圈。在此基础上，进一步由民政、卫生健康、残联等政府部门整合联动残疾人康园、社区卫生服务中心、养老服务站等多部门的服务资源，打造

“一站式”社区居家养老服务。G 市推动构建以职能整合、资源整合、信息整合为特征的“大民政”综合保障体系，由区级政府无偿提供建设场地，撬动省、市、区三级福彩公益金及社会捐助等资金，建设区级居家养老服务示范中心，为社区老年人提供居家养老服务。

政府进行统合的社会力量范围也随着社会参与能力的提升而不断扩大。近年来，X 省各地在政府充分动员和牵动下相继开展时间银行互助养老服务与社区志愿养老服务的实践。B 市推行“会员制 + 时间银行”互助养老模式，相关管理及奖励经费、信息系统开发及维护费用等纳入民政局年度预算进行保障，在各街道设立时间银行经办管理办公室，依托社区党群服务中心在社区设立“社区互助养老时间银行”经办点，以政府信用盘活社区养老志愿服务资源。A 市 N 区在区政府的主导下建成“互联网 + 社区服务”的时间银行模式，会员可以凭借政府认证的服务证明兑换实物奖品或服务，为社区老年人提供了老年陪护、家政清洁等类型众多的居家养老服务。尤其是其中的“党员时间银行”模块成了“互联网 + 党建”的典型，带动了大批企业和专业人员参与居家养老服务。目前平台的个人 + 团体会员数已超过 11 万人，累计志愿服务时间超过 68 万小时，完成的志愿服务活动总数超过 11 万次。其中，通过平台为老年人提供了累计超过 15 万人次和 4 万小时的志愿养老服务。C 市 X 区委统战部推动各民主党派践行“一党派一特色”的志愿服务，整合民主党派资源为社区老年人持续提供包括法律援助、低偿午餐配送、文化娱乐、心理咨询、协助就医等多项服务，并在部分社区设立志愿服务基地和法律援助站，帮助高龄、空巢、残疾、困难老年人实现居家养老需求。

从 X 省部分地区的实践情况看，统合型政社关系模式逐渐跳出了传统全能政府思路下的行政垄断服务特征。从政策工具的运用来看，强制性政策工具（如直接提供、强制等）运用较少；混合性政策工具（税收、补贴等）有所增加，更多运用资源整合、协商协调、政策鼓励等措施实现政府在社区居家养老服务中的职能；自愿性政策工具（志愿、动员等）成为新的政策手段，通过政府的资源掌控能力和动员感召能力激发社会力量的参与积极性和参与规模。但与此同时，这种以政府统合为特征的服务格局仍反映了政府对公共事业进行统筹建设和整体管理的科层惯性，政府权威仍在社区居家养老服务供给过程中发挥着主导服务的作用。

第二节　统合型政社关系的实践案例

在统合型政社关系模式的实践中，社区既是政府权威延伸的具体场域，也是政府统合居家养老服务的具体抓手。在社区居家养老服务的供给过程中，政府能够将其权威让渡一部分给予提供社区居家养老服务的主体，同时又可以通过社区进行动员和感召以实现其治理目标。除社区这一特定载体以外，政府还可以通过其他主体发挥类似作用，并且专注于社区服务的载体或机制来达到相似目标，从而较为直接地实现对资源的充分掌控及有效调动。本章选取X省C市政府统合国有企业提供社区居家养老服务的两个具体实践案例，剖析社区居家养老服务中的统合型政社关系模式。

C市是X省的省域副中心城市，根据第七次人口普查数据，C市常住人口超过243万人。截至2020年底，全市60岁以上户籍老年人口占全市户籍人口比例为13.65%。从发展趋势看，C市在“十四五”期间的老龄化速度会以较高斜率上升。因其较好的经济社会发展基础与宜居环境，2020年2月C市被确定为第五批中央财政支持开展居家和社区养老服务改革试点地区。C市在社区居家养老服务方面长期进行着模式探索，积累了较多的发展实践经验，本节以C市X区以及C市J区H镇为例，介绍和分析政府统合国有企业等社会力量提供社区居家养老服务的具体做法及其特点。

一、服务再造式统合及其案例

X区是C市的主城区，实际管辖9个街道和一个镇，常住人口超过112万人。由于X区的老龄化问题在过去并不突出，因而X区的社区居家养老服务水平也相对不高，许多街道和社区的服务体系未充分建立，服务场所和服务设施建设相对滞后。即便有部分街道已经开展服务购买，但是服务主体存在类型复杂多样、服务稳定性不足等问题，部分街道更是以民间公益社团自发组织服务的形式为社区老年人提供基础服务，整体的服务水平和质量难以保证。而近年来随着 X 区老龄化程度不断加深，社区居家养老服务的需求显著增加，X 区的社区居家养老服务体系面临着服务再造压力。在这样的背景下，2014 年 X 区成立了区属国有企业——ZY 控股有限公司，并于 2018 年开始实体化运营。ZY 控股有限公司下辖 ZY 城市服务有限公司、ZY 城市运营有限公司、ZY 人力资源有限公司、ZY 市政建设有限公司、ZY 养老服务有限公司等 10 家控股子公司，主要经营范围包括国有资产经营管理、项目开发运营、土地储备收购、城市基建、公共设施特许经营、公共事业管理、承接政府委托或购买服务等。其中，ZY 养老服务有限公司（以下简称 ZY 养老公司）于 2021 年初开始承接社区居家养老服务，进行服务格局和服务体系的再造。

ZY 养老公司的服务项目承接方式类似于政府向社会组织购买服务的形式，由区民政局拨款到各街镇，再由各街镇与 ZY 养老公司达成服务合作。这种合作模式虽然在形式上类似于政府购买服务，但本质上由于其具有定向购买以及一定程度上特许经营的特点，更接近于政府统合社会力量提供社区居家养老服务的性质。在政府权威力量的支持下，ZY 养老公司的业务发展和覆盖速度极为迅速。2021 年 2 月该公司实际运营仅有 5 个社区居家养老服务站点；2021 年 7 月，该公司已经承接 10 个街镇中 9 个街镇的社区居家养老服务，运营 9 个街镇级的居家养老综合服务中心以及 92 个社区居家养老服务站。显然，这种业务扩张的速度比任何社会组织或市场主体都要更快，这也体现了政府在统合资源方面的强大能力，当然作为政府权威代理的国有企业本身也具备较强的业务拓展能力和项目运作能力。

在社区居家养老服务的运营管理方面，ZY 养老公司根据业务内容设置了站点事业部、居家事业部、区级居家智慧养老服务中心（为指挥调度中心和ZY养老公司总部）等，配合服务体系的升级改造设置组织机构。除了具备企业化的组织架构，相较于向社会购买服务（服务购买模式），政府引入国有企业承接社区居家养老服务（国有企业介入模式）在服务经费投入与管理上与之存在差异。服务购买模式中，通常是政府投入经费建设服务硬件或者给予设施便利支持（公建民营、民办公助等），并持续投入经费购买服务。而国有企业介入模式中，政府虽然也支付服务购买经费，但是国有企业承担了更多硬件新建与改善的费用，且会持续投入经费扩展和优化服务。通过这种方式，国有企业分担了相当一部分的建设与服务成本，政府能用更少的支出提升现有服务，而且设施、设备等资产属性在严格意义上而言仍归属国有。因此，如果说购买服务活动中政府与社会力量的业务关系是短周期内的“货（服务）款两清”，则国有企业被统合进来后的业务关系，则体现为长时间的“共同经营”。

“虽然公司也是企业化运作，但是作为国有企业，政府要求也是跟其他一般企业和社会组织有较大差异。体现在规章制度更严格、个人和部门的绩效要求更高、业务流程更复杂、审计要求更高等方面，另外，会议可能也多一些。特别是现在创业阶段，区政府对我们承接社区居家养老服务也有更高的期待。我们都很清楚，这是政府的事业，要求也更高。”

访谈对象：ZY养老公司居家事业部负责人L先生

访谈编号：20210913

在服务统合方面，与社会组织、企业等主体承接服务不同的是，ZY养老公司与街镇深度合作，并派驻员工常驻该级政府办公。在公司内部，该派驻岗位称为“社区工作人员”，其岗位职责按照公司规定和招聘要求包括“负责社区各项常规性工作（城市管理、社会治理、公共服务、疫情防控等），并服从街道的工作分工，完成上级领导交办的其他工作”。实际上，公司派驻各街道的员工可以算是街镇政府的编外职工，更多地从事与社区居家养老业务关系不大的街道和社区的其他公共事务。在服务站点的人员安排方面上，与原本承接服务的社会工作机构则差异性不大，但由于国有企业的身份，人员招聘和任职的要求也相对更高。街镇级的居家养老综合服务中心的常驻员工一般为5～6人，包括项目主任1人、专业社会工作者1～2人，以及养老护理员、康复师、心理咨询师各1人。社区居家养老服务站的常驻员工为1名全职社会工作者加上1名兼职养老护理员。另外，多数站点会在街道政府部门的有力协调下，与社区卫生服务站开展合作，从而能够再配备护士、理疗师等医护力量，这也是政府统合服务资源的优势体现。

"一线社会工作者主要来源有两种，一是大专院校社会工作、健康管理等专业的毕业生，二是从其他社会组织招募的成熟社会工作者。公司目前虽然比较缺人，但是门槛要求还是比较高的，专业要求高，还有都要求考取各类证书。待遇的话，确实也要比同类机构要高一些，平均会高1 500～2 000元/月，福利保障也会更好一些。"

访谈对象：ZY养老公司W街道居家养老综合服务中心项目主任T女士

访谈编号：20210917

在服务开展方面，与原来社会组织承接服务所不同的是，ZY养老公司更希望依托其企业规模优势和资源整合能力迅速形成社区居家养老服务的规模效应，在服务内容方面尽可能地提供多元、多层次的项目，并在服务标准化、服务特色化、服务便捷化等方面显现较强示范效果。按照区政府的统一要求，街镇级的居家养老综合服务中心主要配备公共活动区（功能室/健身室/活动室/观影区）、日间照料区、康复辅具租赁体验区、心理疏导区、评估中心、长者饭堂等，承担服务督导、培训以及周边居民的日常服务，实际上其更重要的作用是作为ZY养老公司提供服务的示范点。以作者走访的W街道居家养老综合服务中心为例，可为辖区2 600余老年人开展日间托养服务、助餐配餐、康复保健、文化娱乐等服务，也可以链接资源提供上门探视、居家助浴与基础卫生保健、家政服务等，但目前没有配备养老床位，也尚未提供长短期的全托服务。社区居家养老服务站主要提供基础日常服务，现阶段的服务重心主要是将原来由其他社会组织或志愿团体管理运营的服务站点进行更新整合。从服务项目规划来看，政府统合的服务往往比其他社会力量供给服务时，具备更明显的多元性和多层次性特点（见表 4–1）。

表 4–1　ZY 养老公司社区居家养老服务供给内容

服务类别	服务内容
应急救援服务	1. 紧急支援　2. 应急指挥　3. 定位服务
生活关怀服务	4. 外呼关怀　5. 日常提醒　6. 生活帮助
居家养老服务	7. 生活照料　8. 助餐配餐　9. 康复护理　10. 外出服务　11. 文化娱乐　12. 托养转介　13. 精神慰藉　14. 接送服务　15. 科技助老
资源转介服务	16. 养老机构转介　17. 物资配送服务　18. 老年大学　19. 信息服务
上门探视服务	20. 托底老年人定期探视服务
老年人能力评估	21. 老年人能力综合评估服务
适老化服务	22. 展示与体验　23. 捐赠与受赠　24. 器材租赁　25. 器材销售　26. 适老化改造

资料来源：作者整理。

二、服务替代式统合及其案例

C 市 J 区的城镇化水平和社会服务发展水平整体要落后于 X 区，但较 X 区却要更早地开展社区居家养老服务及服务站点的统筹建设。与 X 区的做法类似的是，C 市 J 区的 H 镇也在通过镇属国有企业（H 镇市政公司）对原由社会组织提供的社区居家养老服务进行重新统合。H 镇下辖 9 个社区、5 个行政村，且农村社区的老年人也相对分散。从 2016 年开始通过服务购买引入社会工作机构开展社区居家养老服务以来，截至 2019 年共引入 4 个社会工作机构运营 8 个社区居家养老服务站，虽然服务开展较早但总体服务发展速度较为缓慢。在镇政府的要求部署下，成立于 2018 年的 H 镇市政综合管理有限公司（以下简称 H 镇市政公司）于 2019 年起设置社会工作部，参照政府投资工程的管理模式全面承接该镇所有社区的居家养老服务，而其组织架构也更接近于传统政府部门的科层制管理方式（见图 4–1），该公司成为服务供给中的类政府权威力量，实质上是对先前承接服务的社会工作机构的全面替代，并希望借此迅速加快社区居家养老服务的覆盖水平。

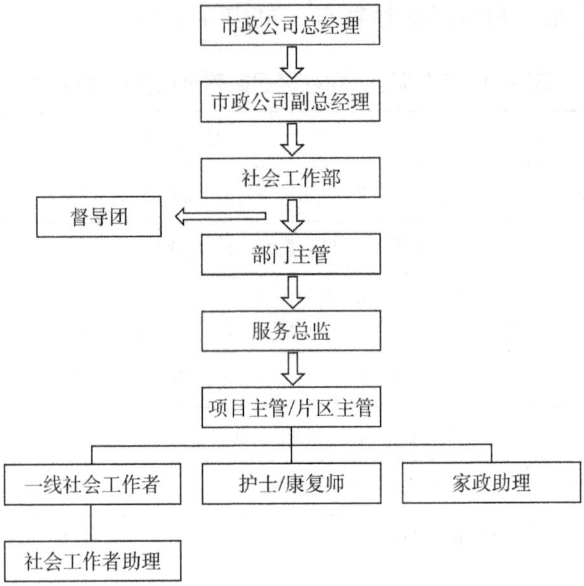

图 4–1 H 镇市政公司社会工作部架构图

资料来源：作者整理。

在统合目标上，与 ZY 养老公司所在的 X 区有所差异的是，H 镇通过市政公司统合服务资源，进而整合服务体系的意图也更明确。在镇政府看来，由于农村区域公共服务发展滞后、区域人口分散等特性，原先由社会工作机构负责运营的社区居家养老服务站，不管是日常服务量，还是服务项目的丰富性，与城市社区相比都有较大差距，没有产生足够的社会效益。因此，在 H 镇市政公司社会工作部成立后，H 镇将原先在各社区层面设置的社区居家养老服务站，统一改造升级为社区综合服务站，服务站点并非专用于提供居家养老服务，而是一揽子社会服务的综合，内容涵盖社区居家养老服务、民政兜底服务、青少年服务、个案服务、社区自组织培育管理等，镇政府也希望通过能力更强的服务力量替代原先只能承担居家养老服务的社会组织，形成集约式的服务供给体系。

在统合内容方面，镇财政是服务驱动的主要来源，除了社区建站当年的建设经费由市、区两级财政支持外，运营后的站点日常运营费用均由镇财政承担。因此，从服务资源的角度来说，镇政府拥有对主要服务资源（服务资金）的唯一支配权。这也使得镇政府能够将服务进行全面统合，并由同属镇政府管辖的 H 镇市政公司负责站点运营和服务供给。在具体的运营经费方面，规模较小的服务站点每年运营经费为 20 万元左右，而规模较大的站点每年经费为 30 万～40 万元。在以上投入基础上，H 镇市政公司已经建立的服务站点包括 1 个镇级居家养老综合服务中心，以及 14 个社区综合服务站（含长者饭堂），均由社会工作部统一负责管理。社会工作部根据服务需要，在综合服务站通常配备一线社会工作者/社会工作者助理 1 人至 2 人，另有家政助理、护士/康复师（站点自雇）各 1 人。规模较小的站点，服务老年人为 200～300 人次/年，规模较大的中心区域站点，服务老年人为 2 000～3 000 人次/年。可见，其业务扩展速度和建站速度也较原先社会组织承接服务的阶段有了显著提升。

在统合方式方面，社区居家养老服务的项目授权管理和具体开展也与一般的政府购买服务有较大差异。H 镇的做法是：由镇公共服务办公室作为甲方，与 H 镇市政公司签订服务协议确定合作关系，由 H 镇市政公司社会工作部具体承接全镇 14 个社区和行政村的社区居家养老服务项目，H 镇市政公司需要在镇公共服务办公室派驻专职社会工作者，随时接受来自镇政府的服务指令和其他事务安排。值得一提的是，H 镇市政公司社会工作部的两任负责人，都曾任职于 H 镇公共服务办公室，并在公共服务办公室主管公共服务购买事宜。也就是说，其任职身份都是由甲方变为乙方，始终没有跳出服务统合系统。在社区居家养老服务开展方面，H 镇市政公司提供的服务与以往社会组织提供服务的差异性并不显著，只是部分站点做了一定程度的升级改造，还有一部分社区和行政村在 H 镇市政公司承接服务后进行了新站点建设。[①] 站点的社会工作者和驻点工作人员大部分还都是原来的社会工作机构的从业人员（本地人居多），从业人员的薪资待遇水平相较原机构总体上变化不大。因此可以看出，H 镇提供社区居家养老的服务内容和服务力量较统合之前并没有实质性变化，但服务覆盖速度和政府对服务的控制

① 截至调研结束时，H 镇已完成所有 14 个社区和行政村的社区综合服务站建设和改造，正式投入运营的有 12 个站点。

能力却有明显提升。

三、统合型政社关系实践案例共性

（一）强化了政府对服务资源和项目的有效掌控和分配能力

首先，政府权威的直接运用重新构建了资源分配格局。通过政府财政支持和政府掌控的国有企业统合社区居家养老服务，对原有提供服务的社会力量形成了较为明显的逆向替代趋势。

其次，强化了政府对社区居家养老服务政策目标的直接把控。两个案例的社区居家养老服务模式均体现了政府加强服务统一管理的政策意图，并且从国有企业承接服务的覆盖速度上能明显反映政府部门对实现短期目标和示范效应的重视。

“这边（H 镇）是城乡接合的区域，居民对居家养老服务不是很了解，对服务站点的设置甚至是有很多排斥和阻挠，这种情况一般的社会组织很难处理。为了推进站点建设，镇政府和村/居委会牵头组织居民参观居家养老服务站，还挨个找挑头反对的居民做工作，才能在短期内覆盖这么多站点。”

访谈对象：H 镇市政公司社会工作部负责人 L 先生

访谈编号：20201213

再次，两个案例均改变了传统行政垄断的服务包揽模式。政府虽然希望通过国有企业承揽社区居家养老服务，但是仍强调通过企业化的方式进行运作，而且强调学习社会组织提供服务的优点，在诸多服务环节也强调对外资源链接、吸纳其他服务资源的重要性，体现了基于主体目标半开放性沟通特性。

最后，均为原来承接服务的社会组织保留一定的参与空间。例如，H 镇已经入驻的社会工作机构可以参与继续申请政府的公益创投项目承接局部服务，或者承接由 H 镇公共服务办公室购买的妇女青少年服务、残疾人康复服务等。以上共性特点的呈现，都建立在政府对资源的有效掌控和分配的基础之上。

（二）政府对社会的动员号召能力是资源掌控能力的有效补充

两个案例除了体现政府较强的资源掌控能力外，还体现了另一种重要的政府权威要素：动员号召能力。由于国有企业的特殊身份和官办平台属性，国有企业在服务开展过程中更容易取得街道办/镇政府、居（村）委会以及居（村）民的认同，并在服务进场、信息收集、矛盾化解、关系维持、资源链接等方面都获得了以往承接服务的社会组织所不具备的有力支持。在社区居家养老服务开展的过程中，服务购买、资源支持以外的非正式支持，对于社会力量将服务嵌入社区和居民家庭同样具有重要意义。

“原来我在别的机构工作做服务的时候，经常要花很多时间精力跟街道、社区居委会协调工作，老年人对我们的认可度和信任度也不够高。来到这（ZY 养老公司 W 街道居家养老综合服务中心）之后情况有了很大改观。首先推进服务、协调工作更容易，各方的配合度也更高。其次做社区调研、收集居民数据都可以通过居家智慧养老服务中心这个平台，大家也比较愿意配合，免去了很多解释的麻烦。还有我们出去谈合作也更占主动，供应商也更愿意配合。”

访谈对象：ZY 养老公司 W 街道居家养老综合服务中心项目主任 T 女士

访谈编号：20210917

（三）在统合关系中形成的内生性依附有力维持了政社合作关系

国有企业相较于一般的社会力量有着更好的资源优势和抗风险能力，这也使得更容易和政府部门达成长久稳定的合作关系。调研发现，由于国有企业的特殊性，其与政府之间形成的关系类型接近于一种内生性依附的关系。这种关系特征包括：一是组织的产生一般源自政府“自上而下”的推动，ZY 养老公司、H 镇市政公司社会工作部都是在政府的推动下由国有企业集团成立的全新事业部，其发展的最主要资源同样来自政府的业务委托；二是政府一般采取类科层制的方式对其进行管理；三是除了承担一定的社会组织职能，这些组织还要经常承担政府的延伸性行政职能；四是较为依赖政府的项目拨款或项目委托，自我造血能力相对较差。

基于以上共同特点形成的统合关系的作用下，国有企业承接社区居家养老服务形式上虽然采取政府购买服务的模式，但也与政府向社会购买服务的模式有明显差异，关系特征属于“依赖性非竞争购买”，具体体现在以下几个方面：在服务合作关系上，政府与国有企业之间达成的是类似于发包–承揽关系而非政府购买社会服务的市场化委托–代理关系；在服务委托形式上，国有企业接受的是政府的“直接委托生产”方式而非与其他服务主体的“竞争式购买”；在服务生产依据方面，国有企业的服务依据除与购买社会组织服务一样的合同指标以外，更重要的是要根据政府部门具体而多变的行政任务；在服务评估机制方面，针对国有企业的服务评估除第三方评估以外，还要接受政府部门的业务督导；在服务项目周期方面，政府向社会组织购买服务通常周期较短，而政府与国有企业达成的则是中长期合作。关于政府统合国有企业提供服务与政府向社会组织购买服务的具体差异可参见表 4–2。

表 4–2　政府统合国有企业提供服务与政府购买服务的差异

对比项	购买社会组织服务	国有企业承接服务
服务合作关系	委托–代理关系	发包–承揽关系
服务委托形式	竞争式购买	直接委托生产
服务生产依据	合同指标	合同指标 + 行政任务
服务评估机制	第三方评估	第三方评估 + 政府督导
服务项目周期	短期（1～3 年，以 1 年居多）	中长期（5 年以上）

资料来源：作者整理。

第三节　统合型政社关系的特点

上述案例中，政府统合国有企业开展社区居家养老服务，体现了两种较为典型的政府权威要素，即资源掌控能力和动员号召能力的充分运用。在这个过程中，政府虽然没有垄断服务和直接供给，但是通过国有企业和具有官方色彩的信息平台作为载体，结合政府较为强大的情感号召力，实现了社区居家养老服务的快速开展和高效推进。在社区居家养老服务方面充分发挥了政府权力的主导功能，这与当前“把公共服务交给社会”的公共服务供给潮流显然不同。为回应其客观存在的合理性和政社互动的特性，需要对统合型政社关系模式的特点进行深入分析。

一、关系格局：政府单中心秩序

统合型政社关系模式体现了特定的社会力量（即利益集团）在政府的权威驱动下，围绕政府服务目标为中心而形成特定关系的模式。这些被统合的社会力量通常属于非政治性的社团组织，其自主性和政治化程度都较低，但都在不同程度上处于政府的控制之中，在大政方针上与政府保持一致，在本质上属于政府依据权威管理社会的一种手段。通过单中心权威秩序，政府可以间接地实现社会空间及公共事务的体制化。并且在权威法团主义基础上形成的统合型政社关系模式，强化了以政府为单中心的权威秩序。这种权威秩序在组织形式上以强制力的支配性权威为主导，是国家权力支配社会统治观念的延续。①

从 C 市社区居家养老服务的实践案例来看，尽管我国已经从计划经济体制转向市场经济体制，政社关系也随之分化，但从服务组织和服务展开的方式看，权威秩序的本质特征只是展开方式从过去的全能主义模式演变为权威主义模式，但仍彰显着政府的一元化权威，并具体体现为自上而下的资源掌控和社会动员。为了强化单中心的权威秩序，政府倾向于将面对原子化的公民个体和分散的社会力量统合起来，并由准公共机构（国有企业）作为权威代理人，通过“权威授予”形成社区居家养老服务供给中的“准行政”代理关系，成为社区居家养老服务中的核心利益集团，代行原属于其他社会力量的服务功能。而原来在市场化背景下主导社区居家养老服务的社会力量则成了单中心权威秩序中发挥人才供应、服务评估、资源供给、专业建议等外围辅助作用的主体。

在单中心权威秩序作用下，统合型社区居家养老服务的政社关系格局呈现出以下特点：一方面，对政府而言，社会力量既是提供社区居家养老服务的辅助力量，同时又具有挑战政府权威的“双重属性”，一个追

① 周庆智. 基层社会治理转型：权威秩序到自治秩序[J]. 甘肃社会科学，2017(2)：28–36.

求自身利益最大化的政府会根据社会组织的挑战能力和提供公共物品的种类，采用差异化控制策略将社会力量统合进其“分类控制体系”。[①]那么在某些情境下，政府将基于自身利益和控制目标对无法满足其政策目标的社会力量采取“替代”策略。在C市的案例中，政府采用的替代策略是通过国有企业取代原来提供服务的社会组织，将原有的站点和服务项目进行重新整合。

另一方面，从政府与社会组织的优势对比角度看，政府的优势在于各类资源的占有，而社会力量的优势则在于其灵活性、专业性、贴近公众以及富于创新性等。[②]但是理性政府可以通过长期与社会组织合作汲取专业技术，但是反过来政府所掌控的资源是社会组织通过自身努力难以获取的。在C市的案例中，政府在长期与社会组织合作提供社区居家养老服务的过程中，“习得”了社会组织的服务技能和服务组织形式，并且通过自身培育国有企业获得资源掌控能力和社会认同度等优势，吸纳了一批原来任职于社会组织的成熟从业者转为己用，形成了短时间内对社会组织的比较优势，进而提升了其专业竞争力，加上政府在老年居民、下级政府与类政府组织中具有的动员号召能力，保证了服务的顺利推进和关系稳定，最终形成并不断强化以权威法团主义为特征的单中心权威秩序（见图4–2）。

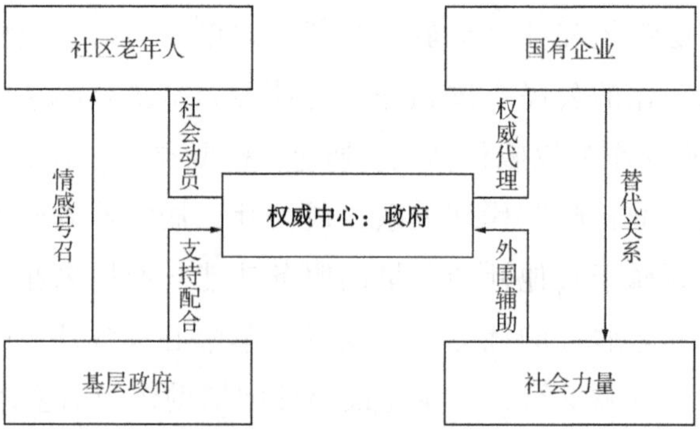

图4–2　统合型政社关系模式的单中心权威秩序

资料来源：作者整理。

① 康晓光，韩恒. 分类控制：当前中国大陆国家与社会关系研究[J]. 社会学研究，2005(6): 73–89, 243–244.

② SHILS E. The virtue of civil society[J]. Government and opposition, 1991, 26(1): 3–20.

二、嵌入方式：政府嵌入社会力量

政府嵌入社会力量的目标是迅速提升社区居家养老服务的服务绩效。经济学家纳尔逊（Nelson）将市场中的商品或服务分为查验品（Search Goods）和体验品（Experience Goods）两大类，前者可以根据购买前的查验来评估质量，而后者只能在体验之后才能做出评价。[①] 社区居家养老服务显然属于后者，政府购买服务的体制下，通过契约化、竞争化或非竞争化的方式对老年人进行供给，必将存在契约的不完全和交易费用的不确定等问题。由此可见，服务的竞争性并不特指社会力量替代政府职能而使社区居家养老服务社会化，其作用发挥仍然需要政府带动有效竞争，减少因为“社会失败”“市场失败”而导致的政策绩效问题以及服务的无序竞争问题。朱健刚等考察了专业社会工作被政府反向嵌入的案例，以及被吸纳到基层权力网络之中所带来的发展困境问题。[②] 管兵用“反向嵌入”概念描绘政府直接嵌入社会组织，或具有国家背景的社会组织嵌入政府购买服务的关系形式。[③] 可以说，政府培育和扶持权威代理参与社区居家养老服务，实质上也是服务竞争目标下政府对社会服务力量和服务体系的反向嵌入。

（一）通过对社会的反向嵌入提升社区居家养老服务的绩效

政府采取统合关系的初衷之一是出于政策绩效的考量。按照公共服务职能转型要求，政府推行养老服务供给方式改革的核心动力在于通过社会化手段实现节省成本、改善质量、提高满意度等政策绩效。实际上，在过去一些年 C 市通过政府购买服务的方式引入社会力量（主要是社会工作机构和私人企业），以社会化方式开展社区居家养老服务，期望通过更为了解社区老年人需求且能够提供专业服务的社会力量，实现服务的有效供

① 柯武刚，史漫飞.制度经济学：社会秩序与公共政策[M]. 史漫飞，译. 北京：商务印书馆，2000: 279–280.

② 朱健刚，陈安娜. 嵌入中的专业社会工作与街区权力关系——对一个政府购买服务项目的个案分析[J]. 社会学研究，2013, 28(1): 43–64, 242.

③ 管兵. 竞争性与反向嵌入性：政府购买服务与社会组织发展[J]. 公共管理学报，2015, 12(3): 83–92, 158.

给。但是现实情况是，由于多数社会工作机构和私人企业缺乏开展服务所需的充分资源，或者缺乏资源动员能力，加之部分私人企业的营利属性，导致服务主体的能力不足，而具备服务能力的政府部门仅承担宏观管理与监督评估的职能，导致服务主体不清、服务覆盖进度慢、服务质量较低、居民认可度不高等诸多绩效问题。而与此同时，基层政府却因其购买社会力量对提供的社区居家养老服务进行“信用背书”，承担了服务社会化失败的连带责任。在服务绩效无法达到居民预期的背景下，政府就面临较大的“政绩压力”和“信任危机”，陷入社会化与否的“两难境地”。

从作者在 C 市的调研情况看，X 区和 H 镇由社会力量供给的社区居家养老服务大体上涵盖了日间托管、助餐配餐、基础护理、精神陪伴等日常照料服务，并且在项目经费承受范围内建设了长者饭堂、健身室等设施和功能区，还能链接养老服务专门企业提供器材租赁和家政、居家康复护理等上门服务，但服务的满意度、居民的参与度都还有待提升。尤其是在 C 市 X 区的某些老城区，有部分社区较早地引导自发性社区自组织（老年志愿团体）提供居家养老服务，但服务参与者年龄较大、专业能力不足的问题较为突出。从社会组织自身来看，大多数机构为了确保服务契约顺利通过评估，更注重合同指标（如活动开展次数）的完成情况而忽视了服务优化，这种为完成指标而提供的服务面临着政府、居民以及第三方评估主体的多重质疑。以 2019 年 X 区社区居家养老服务的第三方评估情况为例，评估分数等级为优秀的不足 5%，而评委认为合格的比例为 64%。①

“以我的了解，目前 C 市大多数机构在居家养老服务方面的服务只能说是中规中矩，服务的可替代性较强，还经常因为待遇偏低出现空岗、缺岗的情况。这个时候政府自然会质疑：那么多的经费投入，为什么还是没有办法稳定地做服务？换国有企业来做是不是也不会太差？这些问题政府都会去权衡。”

访谈对象：C 市 JT 社会工作服务中心总干事 Y 女士

访谈编号：20211228

① 数据来源：某省某社会服务研究中心提供的《2019 年 C 市 X 区社区居家养老服务评估报告》。

如果社会组织不能够充分兑现与政府达成的契约要求，没有在服务评估或者居民实际评价等方面取得较好结果，那么其专业能力就无法得到政府的充分认可。正是因为对政府购买服务质量的严重不满意，近年来在美国、英国、法国、德国等发达国家也出现了较大规模的反民营化运动。[①] 显然，由政府统合国有企业开展社区居家养老服务，在资源掌控、动员能力、链接和开发供应商能力等方面有着其他社会力量难以比拟的优势。一旦基层政府处于追求自身政治利益最大化而非公共利益最大化的情境中，为了政策绩效也更容易采用在其看来效率更优的服务组织方式。

（二）通过对社会的反向嵌入改善社区居家养老服务的无序竞争状态

公共选择理论坚持竞争能带来公共服务市场效率的论点，认为政府与社会合作的目标之一是引入公共服务的充分竞争以提升服务效率，这也是公共服务民营化在理想中应当达到的效果。但由于社区居家养老服务具有市场微利、服务对象单一等特殊性，在多数服务领域和社区层面的服务承担者仍然单一化。政府向社会购买服务不过是将这些服务从政府垄断变为市场垄断，即便存在竞争，也会随着时间的流逝和政府的权变安排而逐渐消失。实际上，在C市购买服务历程中，也存在少数服务机构四处找人“陪标”，让招投标取得形式上的合规合法进而垄断区域服务的现象，甚至购买双方看来也都“心照不宣”，使社区居家养老服务实际上处于垄断环境而非竞争环境。在C市政府购买社区居家养老服务的过程中，不少服务机构只专注于项目投标，把大量精力用在标书的美化方面，却不愿在社区深耕服务。因而近年来也出现了一批服务机构以占领市场的目的四处“圈地”，在拿到项目委托后只提供敷衍式服务。

这种无序竞争的状态，产生了诸多不良后果。首先，应该得到服务契约承诺的优质服务的社区老年人没有享受到应有服务，对机构提供服务

① 杨安华. 政府购买服务还是回购服务?——基于2000年以来欧美国家政府回购公共服务的考察[J]. 公共管理学报, 2014, 11(3): 49–58, 141.

的不满意和不信任使得社区居家养老服务无法真正获得居民认同，使国家在居家养老方面的总体部署受到影响。其次，服务的公平性无法保障。因服务机构容易产生畏难、省成本的思想，使一些政策老年人（如失能、失独、贫困老年人等）的服务需求容易被忽视，最终政府兜底的政策目的也无法实现。因此，统合型关系的推行反映了政府对于服务竞争的现状并不满意，进行统合并非单纯为了形成服务垄断，相反其治理目标之一是为了改善当前社会力量供给服务的无序竞争状态，简单来说就是：与其在市场机制不完善的情况下进行形式化的服务竞争，不如直接放弃竞争购买的形式，通过服务反向嵌入减少过程中的乱象。

国有企业开展服务，因其置身于政府的统合体系监管下，能够以统一管理的服务组织形式开展服务，进而避免机构之间的无序竞争和服务敷衍心态；并且由于国有企业具有逐利倾向相对较低、服务成本敏感性较弱的特点，更能按照政府的统一部署为政策老年人提供足够的兜底服务，从而提升服务的社会效益。另外，尽管国有企业不参与区域内的服务竞争，但是出于服务示范考量，也意味着政府对其服务质量和服务外拓有着更高的要求，其本身也有参与竞争、提升服务能力的内在要求，并未因为其主体的特殊性而明显降低社区居家养老服务的内在竞争压力，在一定程度上也未偏离社会化服务的初衷。

“公司内部有评估的目标设定，我们给所有街镇级的综合中心制定的第三方评估标准就是‘优秀’（90分以上），在这个基础上考核站点管理和服务绩效。从过去一年的评估结果看，确实也都实现了这个目标。按照公司的规划，有将业务向周边城市拓展的计划，主动参与竞争而不是‘稳坐钓鱼台’，这也是公司发展和区政府的共同要求。”

访谈对象：ZY养老公司居家事业部负责人L先生

访谈编号：20210913

三、互动机制：服务秩序动态调整

统合型社区居家养老服务政社关系的形成，本质上是地方政府对市场化、社会化服务供给模式的阶段性政策反思和服务分工格局的适时重构。要改变由社会力量主导公共服务的总体安排和基本格局，地方政府需要系统地改变服务秩序中的相关机制。结合 C 市的调研情况看，统合型政社关系模式的构建与运行过程中，包含着“统合体系”“优势代理”“离场通道”等三个方面的权威要素和安排（见图 4–3），以此来实现服务秩序动态调整的目标，在统合关系下达成政府在社区居家养老服务中不断调整和变化的政策目标。

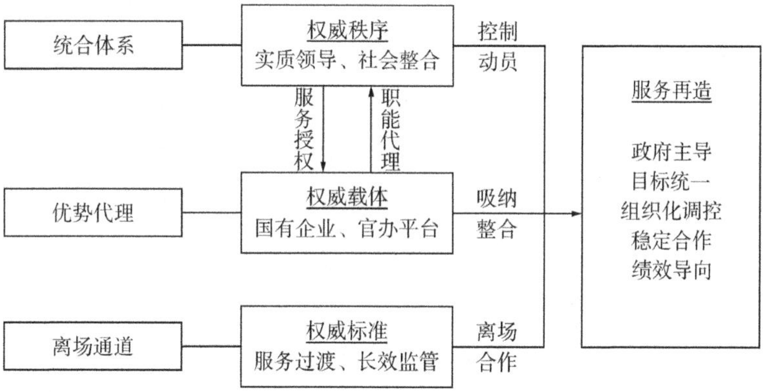

图 4–3　统合型政社关系模式的互动机制

资料来源：作者整理。

“统合体系”的作用在于构建权威秩序，继而实现政府形塑服务格局的政策目标。C 市的社区居家养老服务的统合模式，是将政府对公共服务的实质性领导原则嵌入社区居家养老服务供给体系之中，使所有服务力量和服务资源的社会整合过程在政府主导的权威秩序中达成，并通过管理、动员等方式使权威载体获得“服务授权”，成为服务再分工格局中的核心服务主体。从这个意义上说，国有企业成为政府权威的实现主体和延伸力量，代理政府的社区居家养老服务职能。那么，在统合体系中形成的服务再分工也必然呈现与以往社会力量提供服务所不同的特点：一是以政府绩效目标为主导而改变社会力量提供服务的目标多元性；二是加强服务的组织化调控改变原子化社会组织和个体的松散组织体系；三是以明确的服务规划和授权范畴改变社会力量无序竞争的状态。

“优势代理”是政府统合体系发挥作用的关键抓手。组织社会学认为，组织的核心任务在于理性地完成技术性活动与协调外部依赖关系。[①] 在专业技能与关系（资源）整合的平衡方面，国有企业相较于其他社会服务力量具有较明显的资源优势、组织规模优势、社会认同优势等，对于政府而言也具有更强的可控性，也更容易将政府政策目标与组织发展目标达成一致。因此，要顺利构建统合型政社关系，并在短期内实现政府服务规划，国有企业需依据其优势成为合格的服务代理。从 C 市国有企业的服务推进和组织发展规划来看，国有企业主要通过自身优势吸纳、整合现有服务力量，在短时间内实现服务进场，而且偏企业化的运作方式和组织架构使得其服务推进效率也更高。另外，政府主导建设、国有企业管理运营的居家智慧养老服务中心以其官方信息平台的优势，可以迅速整合社区老年人的基础信息和服务需求（类似平台一般无法由社会组织建立和维护），以资源优势革新专业能力，提升服务的精准性和整体绩效。

“离场通道”用于保证社区居家养老服务的平稳过渡和长效监管，同时也是政府评估其统合行为是否持续延续的稳妥安排。对于国有企业以外的社会力量而言，权威秩序下形成的再分工格局不再以其为主导，但未完全改变其与政府之间的依附性合作关系，其他社会力量也仍然能够扮演辅助服务、支持权威、选择性合作的角色；对于政府而言，统合模式是政府尚未得到最终结论的一种尝试，而地区政府的效率与该地区政府和社会的相互关系是横向地组织起来还是等级化地组织起来密切相关。[②] 因此，政府在维持其公共政策的正当性，以及国有企业提供社区居家养老服务的长期绩效尚未明确的背景下，必须建立合理的服务“离场通道”。并且这一通道的存在，实质上也是政府与国有企业以外的社会力量保留合作的“返场通道”。在这一通道作用下，社会力量通过服务转移、开拓新的服务领域、保留居家养老服务参与空间等方式使其有序退出社区居家养老服务领域。

从 C 市的调研情况看，退出社区居家养老服务的社会组织仍然能承

① MEYER J W, ROWAN B. Institutionalized organizations: formal structure as myth and ceremony[J]. American journal of sociology, 1977, 83(2): 340–363.

② 罗伯特·D. 帕特南. 使民主运转起来[M]. 王列，赖海榕，译. 南昌：江西人民出版社，2011: 121.

接政府购买的妇女青少年服务、残障服务、困境儿童服务、民生微实事[①]等各类服务项目，而且政府对国有企业提供社区居家养老服务提出了更高的标准和要求，一旦国有企业难以胜任社区居家养老服务，社会组织仍有可能回到该服务领域，"离场"与否在于政府认定的服务标准的实现程度。而权威代理是否能持续承接社区居家养老服务项目，则取决于政府对其服务绩效的评价，以及政府服务目标、管理要素等方面的变动。例如，C市H镇的国有企业介入模式，在维持了将近3年后（2019—2022年），也面临着国有企业"离场"而社会组织重新"返场"的局面，其直接原因是镇政府主要领导的变更，实质仍在于政府政策目标的变化，或者说政府通过3年的统合体系，已经基本完成社区服务站点建设，转而寻求更专业的服务主体承接社区居家养老服务。这一结果的出现，也鲜明体现了政府权威要素在社区居家养老服务运作过程中的关键影响。

第四节　统合型政社关系的困境

统合型关系是当前公共服务供给实践中具有独特特征的关系模式。依托权威力量强大的资源掌控能力和号召动员能力，通过具有比较优势的权威代理人具体实施和整合服务。从C市的实践来看，积累了一定的探索经验。而从服务规划到服务落地，再到服务运转，权威代理相对于其他社会力量的比较优势并不始终突出，加上现阶段权威代理因为服务开展时间较晚，还无法对社区居家养老服务体系进行深度调适，其改造能力在某些服务和管理环节将受到明显限制，进而在统合型政社关系模式的演变和发展过程中也面临诸多困境。

一、关系构建困境：社会力量的从属性增强

从案例来看，由于权威代理（国有企业）提供服务在很大程度上受限于政府的政策安排和资源供给，其自主发展能力仍需加强，在现阶段也

① 民生微实事项目是C市民政局牵头和安排经费实施的惠民项目，项目分为服务类、货物类、工程类，其中服务类项目大多由社会组织承接。

就不可避免地增强了其对政府的依赖性。与其他社会力量的被动性依附所不同的是，国有企业在统合服务过程中的主动性依附行为更为突出，对政府的依赖性也更强，其逐渐成为服务关系中的从属者。原因在于，本质上来说国有企业的服务统合是政府的内生性服务政策调整，因此国有企业自然地形成了对政府的内生性依附，进而形成行动上的主动性。换言之，社会力量作为服务体系的参与者，其自主独立性并未随着养老服务社会化程度的提升而得到改观，相反还因为国有企业的特殊身份，在一定程度上继续强化了自身对政府的从属性。

从属性增强的表现之一，是服务主体承担了大量行政事务。前文有提及，ZY 养老公司需派人常驻街道办，名义上是处理协调街道的居家养老服务事项，实际上绝大多数的工作内容与养老服务无关，属于街道的其他行政性事务，实际上也占用了服务主体本就紧张的人力资源。而这种情况在 H 镇市政公司社会工作部也属常态，并且具有更强的自发性和主动性。由于基层社区的人员不足、事务多而杂，经常需要借调服务站的工作人员参与其他社区的日常事务，因此机构的工作人员额外加班的情况也经常发生。

从属性增强的表现之二，是服务主体对政府财政的依赖性高。作为企业，盈利是基本目标。但是作为政府公共服务的承担者，又无法彰显盈利导向，这相当于在企业最擅长的方面施加了明显的约束条件。以 ZY 养老公司为例，作为权威代理承担了很多政策老年人的免费兜底服务，但是作为企业必须激活养老服务市场，所以居家智慧养老服务中心作为服务对接平台被寄予厚望。但由于缺乏宣传和系统布局，线上点单的付费服务仍然未成规模，最终仍然需要依赖政府的服务经费支持。而且，为统合服务专门成立的 ZY 养老服务公司与一般的社会组织具有显著的“雇主唯一性”，除政府之外现阶段一般不面向其他“雇主”，这也决定了其运营经费来源的单一性。

但是，政府的经费投入在目前看来并不一定能够成为国有企业承担社区居家养老服务的可靠依赖。以 ZY 养老公司运营的 W 街道居家养老综合服务中心为例，一个街道中心加上街道范围内的 6 个社区养老服务站，一年的运营经费总共为 100 万元，没有其他额外的补充经费和后续投入，使得企业面临较大的发展困境。而 H 镇市政公司面临的财务支持问题要更为突出，站点每年 20 万～40 万元的运营费用还有一部分要用于站点的升级改造，这使站点的财务状况捉襟见肘，也就难以升级服务或引进优秀人才。①

二、关系嵌入困境：服务主体的合法性存疑

组织合法性理论认为，社会组织合法性越高，越容易获得政府部门的长期支持。② 在全面深化改革和推进国家治理现代化的背景下，地方政府按照国家治理转型的统一部署，基本形成了“简政放权、政社分开、政事分开”的公共服务治理思路。C 市实践中的统合关系，将政府作用嵌入社会服务力量中，在一定程度上与当前多数地区倡导由社会组织和私人企业等社会力量主导公共服务的普遍做法和趋势存在明显差异，因此对于以近乎垄断的方式承接社区居家养老服务的国有企业而言，其合法性地位无论在理念上或在具体操作中都面临挑战。

首先，合法性挑战体现在国有企业与其他政府部门和服务主体的合作方面。以 H 镇市政公司为例，作为社会服务的后来者，需要得到各方的资源支持与协作。但实际上除了镇政府的资金支持，H 镇市政公司在社区居家养老服务方面并未赢得上级认同和行业接纳，因而与上级主管部门和其他社会组织进行协调时面临较多障碍。例如，无法获得额外经费支持，无法参与服务标准制定，无法独立对外开拓其他服务等。另外，不管是 ZY 养老公司还是 H 镇市政公司社会工作部，在其组织内部的定位也十分独特，在集团内部有着与其他事业部截然不同的部门架构和业务流程，因而在部门绩效考核、管理流程和标准等方面存在较大的特殊性，自身的管理复杂性也较高。

① 同处 C 市 J 区的 S 镇也由国有企业（S 镇城市资源运营集团有限公司）统一建设镇级居家养老综合服务中心并承担督导和示范职能，而各村居站点仍然由社会组织运营，每年每站点的运营经费为 66 万元（2021 年数据），远高于 H 镇的站点运营经费。

② 许鹿，罗凤鹏，王诗宗. 组织合法性：地方政府对社会组织选择性支持的机制性解释[J]. 江苏行政学院学报，2016(5): 100–108.

其次，合法性挑战体现在以企业定位承接服务的局限和约束方面。以 C 市 J 区为例，区政府每年有数百万元投入社会建设和公益创投项目上，但是只能由民办非企业性质的社会组织申请和承接项目，而国有企业因其属于企业身份，缺乏申请这类项目的主体资格，所以除了政府在社区居家养老服务项目上的专项支持，目前暂时无法得到其他类别的政府购买项目的支持。尽管基层政府希望将部分其他类型的服务（如困境儿童服务、残障服务）也交予国有企业，但是也面临较多质疑和阻力。

“（由国有企业承接居家养老服务）这个事区政府和民政局是不赞同的，之所以能推进是因为服务购买的费用由镇政府承担，所以镇里能做主……他们（ZY 养老公司）的状况好一些，有区里的大力支持，但是仍然有街道不认同他们，一直顶着区里的压力没把服务交给他们。还有我们在属性上不属于社会组织，因此很多政府的公益创投项目和其他社会组织能够申请资助的项目都无法参与。”

访谈对象：H 镇市政公司社工部负责人 L 先生

访谈编号：20201213

最后，合法性挑战还体现在第三方评估要求方面。由于社区居家养老服务的标准是全市统一的，因而对国有企业提供服务的评估方式和评估标准也跟其他社会力量提供服务是一致的。但是作为企业化运作主体，尤其是国有企业，有着自身的一套管理流程和标准，这种差异在第三方评估时就会显现矛盾。从调研来看，第三方评估专家质疑较多的是机构管理问题、文书材料问题、财务规范性等。这些质疑实质上是一个成熟行业对一个特殊服务主体的合法性质疑。

“去年（2020 年）受 H 镇公共服务办公室委托给 H 镇市政公司评估时，竟然被明确告知不需要评估其财务管理状况，这在我们行业是不可想象的。”

访谈对象：C 市 JT 社会工作服务中心总干事 Y 女士

访谈编号：20211228

“我们有自己的审计要求，国有企业的财务管理制度跟社会组织完全不同，如会计凭证和发票管理方面的一些规定，在第三方评估的时候就会被质疑，这个目前来说是短时间难以统一的。”

访谈对象：ZY 养老公司居家事业部负责人 L 先生

访谈编号：20210913

三、关系互动困境：服务主体专业发育受限

在原来逐渐发育成熟的社会力量纷纷退出社区居家养老服务后，同时离开的还有一批经验丰富的专业人员和管理人员。加上前文所述的经费缺乏问题、人员占用问题等，导致承接服务的国有企业短时间无法配备能够匹配其扩张速度的相关专业人员，也就无法在短期内达到较高的服务水平。与服务统合进程不相匹配的服务过渡，也极大地考验着政府与权威代理的互动互帮效果。另外，政府对国有企业统合服务所提供的支持并不涵盖专业支持，服务的重新布局需要服务机构具有较强的吸纳整合能力，而这些能力恰恰是缺乏服务积淀和专长的国有企业所欠缺且无法从政府支持中获取的，显然政府的支持与国有企业的需求之间存在明显的结构性矛盾。就 C 市两地的服务实践情况来看，对国有企业承接服务的第三方评估结果并不理想，其中专业人员配备数量和社会工作者的专业性受到较多质疑。

人员问题是影响服务主体专业性的一大因素，并也体现了政社之间的互动困境。在 ZY 养老公司，持证人员的比例不高，但作为区属国有企业，政府对其人才要求的规格则相对较高，许多关键岗位需要符合事业单位招聘要求，对人才进口设置了较大限制。虽然近两年一直坚持从大专和本科院校招录员工，但在短期内无法招募足够的管理和服务人才，在企业内身兼数职的情况较为普遍，同时人员流动性也较大。人才问题对于身处城乡接合区域的 H 镇市政公司而言更为突出，由于地理区位和待遇问题，全职社会工作者和持证社会工作者的缺口较大。在岗人员中，相当部分都是没有社会工作者从业资格证的家庭主妇，甚至还有一些来自母公司、街镇和社区各种层面的人员“关系户”，服务机构并不能像一般的市场和社会组织一样拥有完全的用人自主权力，先上岗再培训、再考证的现象也不鲜见。

“整个（H镇市政公司）社会工作部，有本科学历的在岗人员3人，有社会工作者从业资格证的也是3人，大专、本科的社会工作者实习生也很难留住，因为待遇不算高，入编无望，但工作压力却不低，所以大批机构‘撤场’以后，人才成了很大的问题。”

访谈对象：H镇市政公司社工部负责人L先生

访谈编号：20201213

另一个发展中的问题是服务的专业性无法保障。以ZY养老公司为例，除了街镇级的综合中心可以搭建相对健全的服务团队，社区居家养老服务站通常只有1个驻点社会工作者，基本上只能顾及长者饭堂和服务站的日常场地服务，无法进行每日上门服务和经常性探访。在H镇，在服务站点提供康复护理服务的医护人员或康复师，其来源主要是退休的医院医护工作者，在服务精力上也难以兼顾上门服务。总体而言，之前由社会组织提供社区居家养老服务时存在的一些缺陷和问题还未得到有效解决，反而因服务能力、管理体制、扩张速度等方面的原因导致人才紧缺，而这些方面的政府支持又较为欠缺，或者由于街镇政府的权限难以调动更多的市区的专业资源，从而使服务的专业性也无法有效保障。

上述问题在过去社会组织提供服务的阶段也存在，但是统合体系加快了服务版图扩张的速度，使原本就不足的专业服务资源短时间内难以迅速满足需求。并且，专业能力和专业人员的培育过程也因为社会组织的“离场”而失去土壤。尽管国有企业在资金资源、薪资待遇等方面具有一定的比较优势，但是也无法在短时间内组建专业服务力量，更无法转型成为专业服务组织。调研也发现，尽管薪资待遇比一般社会组织高，但是人员不足、业务庞杂、国有企业工作压力大等整体情况，让许多高素质人才无法合理有序地发展其专业能力，就又会选择离职。最终，跟其他社会力量一样，人员的无序更迭使得服务的专业性难以确保。

第五章 社区居家养老服务中的契约型政社关系模式及其困境

从当前的国家政策导向和各地的服务实践情况来看，政府通过购买服务的形式委托社会力量提供服务，仍是当前社区居家养老服务供给的主流方式。国务院办公厅《关于全面放开养老服务市场提升养老服务质量的若干意见》，进一步鼓励和支持社会资本进入养老服务领域，开办营利性养老机构，把养老服务从纯公共物品、准公共物品转化为由私人部门提供的私人物品。[①] 契约型关系正是基于社区居家养老服务的市场治理实践，由政府在社区居家养老服务中引入市场竞争机制而形成的一种典型政社关系模式。

与统合型政社关系模式所表现的主体替代方向不同的是，在契约型政社关系模式中，独立于权威体系的社会力量在相当程度上替代了政府部门在社区居家养老服务供给中的主体作用。同时，政府也更倾向于运用市场规则激发社会力量的服务功能，体现其作为社区居家养老服务的

① 张思锋. 中国养老服务体系建设中的政府行为与市场机制[J]. 社会保障评论, 2021, 5(1): 129–145.

政策规划者、服务购买者、监督评估者等方面的角色，并通过直接资助或间接补贴等形式，引入营利组织和非营利组织等市场化主体具体承担社区居家养老服务，形成“政府购买—市场供给”的契约化服务供给合作架构，进而减轻政府服务压力，提升服务效率和专业性，推动政府职能角色从“划桨者”变为“掌舵者”。同时，因为社区居家养老服务仍有较强的兜底属性和公益属性，因而在契约购买体制下，政府对社区居家养老服务的市场化供给仍应采取充分的规制手段，保证社会力量的服务规范性和绩效。

第一节　契约型政社关系的逻辑演进

契约关系的构建基础是政府与社会（市场和非市场主体）达成互惠合作的市场契约。对于政府而言，其基本的政策目标是引入社会力量承担公共服务，弥补行政主导的缺陷并提升公共服务绩效。为此，政府将原先所掌控的权力、资金和资源下放，在向社会赋权的过程中通过社会力量向社区居民提供更优质的公共服务，其本质是通过契约化的市场机制，推进公共服务的市场分工，将原本由政府生产的公共服务交由社会力量生产，但同时也区别于一般商品和服务的市场规则，政府对于社会力量有较多的服务规范要求及约束手段。因而，其演进逻辑是逐步建立市场化的契约方式，转变政府投资模式，提升服务的社会化程度和整体效率，并在契约框架内对社会力量提供服务的绩效进行有效规制。

一、契约型政社关系的逻辑起点

契约型政社关系模式形成的第一个关键问题是“何为契约”的问题。在以市场化安排为基础的契约关系中，契约类型可以分为显性契约、隐性契约两类。其中，显性契约主要指政府通过招投标等公开方式与承接服务的社会主体达成合作协议并形成的合同文件。在显性契约中，激励效应来自双方达成的交易金额（服务购买费用）、服务便利支持以及明确约定的奖励措施等，而约束效应来自契约条款设定的服务标准与惩罚措施，激励效应和约束效应叠加成为政府对社会服务主体的规制手段。隐性契约是对显性契约不完全性的补充，其一般作用在于规避风险、加强监管、降低交易成本等，而在社区居家养老服务的契约型政社关系中，隐性契约一方面还被用于强化政府的服务规制能力与掌控能力，另一方面也被政府用于分担行政事务压力。在社区居家养老服务的购买过程中，政府运用隐性契约的规制能力可以通过声誉机制、任务传导等方式对社会力量形成激励约束效应。例如，政府可以通过检查、评估、评奖、示范推广等声誉机制，向服务机构传递政府的选择偏好，或者通过信息搜寻效应影响公众对服务机构的声誉认知，又或者通过政府部门自上而下的任务要求，实现政府的规制目的。需要注意的是，当两种契约以非均衡的方式达成和推动时，就可能使契约关系及其效应发生变化。

契约型政社关系模式形成的第二个关键问题是“如何实施”的问题。契约型政社关系实现方式主要有三种形态：第一种形态是政府出资以合同外包、拨款/补贴、凭单制、行政许可等竞争或非竞争的方式，把社会力量引导至公共服务供给体系中。[①]其中，由财政资金推动的服务外包，即政府直接购买服务的方式最为常见；而近年来各地政府购买服务实践中的一种创新做法则是通过设立公益创投项目和资金实现购买多元化服务的目标，这也被视为政府购买服务的具体方式之一。[②]第二种形态是政府与社会资本合作（public-private-partnership，PPP）模式，政府采取竞争性方式择优选择具有投资、运营管理能力的社会资本，双方按照平等协商原则订立合同，明确责权利关系，由社会资本提供公共服务。[③]该模式通过政府与社会共同出资，或者政府利用政策工具杠杆撬动社会资本投资等方式，按照利益共享、风险共担的原则形成伙伴关系并提供公共服务。政府与社会资本合作既是公共产品以及服

① 王名，乐园. 中国民间组织参与公共服务购买的模式分析[J]. 中共浙江省委党校学报，2008(4): 5–13.

② 王浦劬，HOWELL J，等. 政府向社会力量购买公共服务发展研究——基于中英经验分析[M]. 北京：北京大学出版社，2016: 209.

③ 财政部，国家发展改革委，中国人民银行. 关于在公共服务领域推广政府和社会资本合作模式的指导意见[EB/OL]. (2015–05–22)[2024–12–30]. www.gov.cn/zhengce/content/2015–05/22/content_9797.htm.

务供给的采购机制，又是执行公共政策的重要工具。[①]第三种形态则是政府将社会力量经由制度化的途径（政府公共业务委托和空间供给等）带入服务过程和服务场域（如社区），赋予社会力量合法性身份和参与地位，参与公共服务供给。

在实践和理论探讨当中，较为容易形成混淆的是政府购买服务以及政府与社会资本合作两种形态。虽然两者都表现为政府和市场的积极合作，也大都采用竞争性磋商的选择机制，但是在公共服务提供方式上，前者是政府规划、市场生产，后者是共同规划和生产；在契约关系上，前者主要是买卖关系，而后者主要是合伙关系；在选择对象上，前者直接采购公共服务，而后者则需先选择社会资本方、后由其提供服务。此外，前者的服务周期（合同时间）通常较短，为1～3年；后者周期更长，可达10～30年。[②]

契约型政社关系模式形成的第三个关键问题是“如何维持”的问题。在契约关系下，政府与社会能够维持有效互动和稳定关系的基础应有四点。一是政社双方的“利益共容”。政府需要筛选和规制契约合作方提升社区居家养老服务绩效，政社之间的利益共容程度越高，社会力量在服务竞争的环境中的自主性越强。二是社会力量能在政社互动过程中获取一定程度的政治空间和资源支持，而社会力量对政府资源的依赖在一定程度上导致了契约关系中社会力量的依附性。三是社会力量在依附情况下仍能够保持一定的自主性，具有较强的专业能力和运营基础以赢得契约订立与持续的机会，并具备一定限度的服务议价能力。社会力量自主性程度的不同，既影响其依附程度和方式，又对契约关系的维持和演变产生影响。四是政府在契约基础上对社会力量的合作关系采取的是“规制”而非“控制”“限制”“吸纳”或“替代”，因而需要政府在契约框架内进行一定程度的释权。总之，如果政社互动过程使得社会力量对政府形成过度依附，缺乏应有的服务自主性，或者政府以契约为名行控制之

① SABRY M I. Good governance, institutions and performance of public-private partnerships[J]. International journal of public sector management, 2015, 28(7): 566-582.

② 陈少强. 政府和社会资本合作的概念辨析[J]. 经济研究参考, 2017(49): 6-11.

实，都会限制社会力量对社区居家养老服务的深度嵌入与持续运作，政社双方契约合作的预期目标也将难以实现。

二、契约型政社关系的发展进路

政府与社会契约关系的建立是社会化养老服务转化所产生的结果。从20世纪80年代中期开始，我国政府便开始思考从“包办福利”和“单位福利”中解脱的方式，继而也在社会福利事业的改革中开始市场化实践，“社会福利社会办”的总体思路并始确立。在养老服务领域，老年人福利机构开始走向社会化，民办养老服务机构开始出现，经营思路也开始由福利导向转向福利经营导向。X省的服务市场化探索，也在这一阶段开始展开。以A市为例，1994年A市制定出台《民办社会福利事业机构管理办法》，此后3年间A市由民间力量相继兴办了11所自负盈亏的养老院，为老年人提供了更多的养老服务选择。但是对于市场主体来说，由于老年服务业的盈利空间尚未激发，加上政府的各项优惠政策较难落地，导致这一阶段市场主体参与养老服务的积极性不高。从政府自身来看，由于对“市场化”的认识也比较模糊，社区养老服务在一定程度上被视为政府减负和国有企业改革的手段，政府责任的弱化使得老年人的基本需求难以得到保障。[①] 因而有学者指出，中国从20世纪80年代到2000年所进行的养老服务社会化改革，存在过早让渡、弱化政府责任的问题。[②]

为了建立更完善的服务契约关系，提升社区居家养老服务的市场化水平，X省多个城市相继进行以政府购买为主要方式的社区居家养老服务供给实践。其中，A市2002年起在各街道和社区建立“星光老年之家”，引入社会组织提供老年服务，2004年出台《关于全面推进A市社区养老服务工作的意见》，明确了以街道养老服务机构和组织为依托、以日间托老和上门服务为主要方式、以政府购买服务为导向的居家养老服务模式；B市于2007年发布《B市社区居家养老服务实施方案》，明确了政府主导与社会力量参与相结合的原则以及坚持政府购买服务的原则，

① 朱浩. 中国养老服务市场化改革三十年的回顾与反思[J]. 中州学刊, 2017(8): 66–72.
② 姚俊. 居家养老服务市场化：何以可能与何以可为[J]. 兰州学刊, 2017(8): 152–160.

鼓励社会力量参与社区居家养老服务，并在福彩公益金中拿出首批4 000万元直接补贴老年居民，由老年人自行选择服务机构和服务项目。同时拿出2 000万元福彩公益金用于培育和发展1 000家社会服务组织。可见，各地政府通过购买服务和资源支持初步构建了社区居家养老服务的市场供需体系，社会组织也成为契约化社区居家养老服务的主要供给主体。

党的十八大以来，X省各城市在社区居家养老服务契约化合作方面进行了大量的尝试和探索，契约缔结范围不断扩大，政府也给予了社会力量更大和更精细化的市场空间。C市通过公建民营、购买服务等方式，引进域外知名的社区居家养老服务力量，试点开展面向特定居民的社区居家养老服务。在智慧社区居家养老服务方面，E市H区联合中国电信共同运用智能化平台实施“长者联”行动，实现全区分散特困人员居家养老信息化服务全覆盖；B市G街道依托智慧养老云平台针对性开展线上居家养老服务，打造“街道—社区”联动模式；F市C区以“互联网+”信息化手段打造街道的“微服务中心”社会服务综合体，通过信息收集分析需求，为辖区长者提供紧急救援、定位、服务精准推送服务等。在医养结合居家养老服务方面，A市Y街道在全省率先在街道层面规划建设了40个健康e站（智慧健康小屋），同健康服务企业共同研发签约自助终端机、自助体检一体机和可穿戴设备等，为社区老年人提供自助式的健康管理服务。在社区居家养老服务的新型探索方面，B市F区社会福利中心在2016年与万科通过PPP协议，共同打造集托养、日间照料、居家养老、医养结合“四位一体”的社区养老服务新模式。

X省各城市近年来运用购买服务、与社会资本合作等市场治理导向的政策工具，不断强化和拓展社区居家养老服务方面的市场化竞争机制和途径，形成了政府与社会互动的良好局面。例如，A市在政府资助和政策推动下，自2016年起每年安排1 000万元开展为老服务培育专项公益创投项目，有效鼓励了社会资本和社会力量参与社区居家养老服务的积极性。截至2020年12月，全市85.5%的社区居家养老服务综合体、95%的长者饭堂以及超过93%的家政养老服务都已经由社会力量提供，发掘和培育了一批立足 A 市、辐射全国的品牌养老服务机构，通过与政府合作互动成长起来的社会力量已成为 A 市提供社区居家养老服务的主体力量。B 市利用高新技术、先进制造等产业发达的优势，制定出台了《B 市老年人专用智能产品与服务发展行动计划（2015—2017 年）》，进一步加大了政府对市场主体的培育力度，重点发展居家健康智慧产品和技术。3 年内共投入资金 6 000 余万元，累计扶持项目近 30 项，实现产值约 4.6 亿元。综上所述，X 省构建契约型社区居家养老服务的政社关系模式及其实践具有较为鲜明的特点，其市场化、社会化格局已经基本构建，并有望在政府的带动下，继续发掘市场活力，形成服务市场的规模效应。

第二节　契约型政社关系的实践案例

各地区的实践探索是 X 省众多实践探索的一部分，类似的经验和做法无法一一列举。为更深入了解该地区契约型政社关系模式的基本形态及其内在特征，作者对 A 市 H 街道的社区居家养老服务进行了为期近两年的跟踪考察，在此基础上分析 H 街道政府部门与社会力量合作提供服务的不同阶段及样态。为更好剖析契约型政社关系模式在社区居家养老服务实践中的具体呈现，本案例将按照在 A 市社区居家养老服务政社契约订立和实施的过程中，因社会力量依附性与自主性的差异而形成的关系细分类型及其演进进行呈现。

一、依附式契约关系及其案例

依附式契约关系指的是契约合作过程中，政府在特定场域塑造正式或非正式制度的能力较强，而使得社会力量的独立性、自主性较弱。[①]加上社会力量本身发育程度不够使得本身的自主能力也相对不足，最终表现为社会力量对政府较强的依附性。具体而言，在依附式契约关系中，社会力量在社区居家养老服务契约中的议价空间较小，服务多按照政府

① 王诗宗，宋程成．独立抑或自主：中国社会组织特征问题重思[J]．中国社会科学，2013(5)：50–66，205．

的统一规划采用打包化、标准化的方式生产，这一阶段的契约购买行为类似于政府花钱雇用市场“帮手”的做法。因此，社会组织获得政府资源时却往往以丧失组织独立性和自主性为代价①，甚至成为依附于政府的“寄居蟹”。②

KS社会工作服务中心（以下简称KS机构）于2019年与A市B区H街道签订了3年服务协议，承担H街道居家养老综合服务中心（以下简称H街服务中心）的运营和服务，地址位于某小区的两层开放商铺物业。按照服务协议，KS机构须为居民提供街道规定的10项必选居家养老服务项目（必选项目由街镇统一规定，各街镇略有差异），分别是：上门生活照料、助餐配餐、日间托管、上门医疗、康复护理、临时托养、文化娱乐、临终关怀、精神慰藉、安全援助。除了运营街镇级的居家养老综合服务中心，按照服务协议KS机构还需承担街道下辖16个社区的老年人活动站点（站点名称不统一，KS机构将其命名为社区养老服务站）的运营管理。

在履约过程中，政府对契约内容和服务过程施加制度和资源的双重影响。在制度性影响方面，H街道通过政府购买的方式赋予了KS机构参与社区居家养老服务的合法性身份，并将社区原有的家庭综合服务中心、老年之家、长者饭堂等服务设施站点的运营资格交予KS机构进行服务整合，KS机构也可以通过政府将部分运营难度较大、服务负担重的老年之家进行关停或整顿，获得开展社区居家养老服务的制度性便利。在资源性影响方面，政府在服务经费上给予了有力支持，KS机构按照契约可获得200万元/年的打包费用，政府还对辖区内符合要求的八类特殊老年人，给予每月200～600元的服务补贴，并把该部分服务对象交由KS机构提供定向服务。此外，政府在KS机构开展社区居家养老服务过程中提供了登记注册、税费优惠、运营场地、社区协调等方面的诸多便利。总之，政府在制度和资源上的双重支持，是KS机构顺利推进服务的关键要素。

① 朱健刚，陈安娜．嵌入中的专业社会工作与街区权力关系——对一个政府购买服务项目的个案分析[J]．社会学研究，2013，28(1)：43–64，242.

② 邓宁华．“寄居蟹的艺术”：体制内社会组织的环境适应策略——对天津市两个省级组织的个案研究[J]．公共管理学报，2011，8(3)：91–101，127.

但是也正是由于政策工具和政策资源的政府专有属性，形成了在履约过程中社会力量对政府较强的依附性。以 KS 机构与街道政府部门的合作为例，机构在经费、信息、宣传、合法性等方面都对街道政府部门产生依赖，乃至牺牲服务自主性，搁置组织目标。例如，将部分一线服务人员派驻到特定岗位从事非常态性事务，或者在服务项目结束后，仍把部分服务人员留在养老服务站点继续从事与社区居家养老服务无关的事情（如为政府部门写各类工作报告和其他文件等），服务人员的实际工作量远超合同规定成为常态现象，造成了表面上服务人员配备充足，但在实际服务中却人手不足的境况。

“我们人不多，但是事情很多。除了为长者提供服务，还有很多行政性事务或者其他各级部门临时交办的事项。比如说各种政府政策的宣传、动员，各种社区检查活动等。我们有同事做志愿者连续 1 个星期站岗 12 个小时以上的都有……就我所知这是各个机构很普遍很常见的情况，我们机构算是任务少的，但是该做的事很多还是没做。”

访谈对象：KS 机构驻 H 街服务中心项目副主任 D 女士

访谈编号：20200705

社会力量在契约范围内能获得一定程度的自主性，但又受限于自身的能力没有得到充分彰显。在 KS 机构与政府签订的服务契约中，除了提供政府要求必须提供的 10 项服务，KS 机构可以额外承担两项自选服务（一是长期护理保险定点服务，包括解答老年人/家属咨询、协助申请长期护理保险及申请后的服务跟进；二是康复辅助器具社区租赁服务），从而获得一定的市场自主空间。KS 机构作为社会组织，还可以依托 H 街道居家养老综合服务中心申请 A 市的公益创投项目，依托资助开展附加的专项服务。但是，由于主要完成政府限定的服务内容和考核指标，KS 机构的服务主动性及自主能力还存在不足。例如，KS 机构在平台及各站点主要提供社区养老服务，真正的上门服务（如家政、上门护理等）通常需要对外进行转介，或者因为人员不足等问题而未全面开展。可见，社会力量在契约关系中的自主性受限，既源于政府契约委托服务的负担较重，也同社会力量自身的发育水平及主动性有关。

“我们这里实际上已经是几个地方的功能结合在一起了，包括社区长者饭堂、GG老年之家、社区日托中心，还有我们自己按合同要具备的社区居家养老服务中心的功能，以及十多个捆绑在一起的社区养老服务站。因此，基本上不太主动去拓展服务项目，除非街道（政府）有明确要求。”

访谈对象：KS机构驻H街服务中心项目副主任D女士

访谈编号：20200705

二、趋附式契约关系及其案例

趋附式契约关系是指社会力量主动寻找社区居家养老服务的供给空白点，在局部的契约购买过程中尝试解决政府的服务难点，试图获得行政体系的认同进而争取更大范围的政府购买服务与发展空间，并由此形成的契约关系。趋附式契约关系中，社会力量对政府仍具有一定的依附性，以迎合政府的政策目标作为组织提供服务的首要考量，而其自主性则体现为社会力量主动开拓市场空间，并寻求政府资源支持的体制化策略。

经过多年的服务实践探索，H街道已经在各社区配备了养老服务站以及日托中心等社区养老服务设施，也通过购买KS机构等社会组织的服务搭建了社区养老服务的基本框架。但政府购买的整体性社区养老服务在实践中面临着两大问题：一是服务站点的空间、人员有限，导致服务专业性和延伸性不足，尤其是专业护理服务难以满足需求；二是仍然无法满足不愿离家但又需要照护服务的失能半失能老年人及其家庭需求。“居家建床”的服务模式，被视为是解决以上供给空白点、进一步强化养老服务居家属性的可行办法。因而，A市自2019年开始在老龄化程度较深、老年人口较为集中的部分城区开始提供家庭养老床位服务。其基本形式是：依托现有的社区居家养老服务力量和市场建设主体，对居家长者的家庭居住环境进行适老化、智能化改造，在其家中配备专业护理功能的养老床位，并根据长者需求提供市场化护理服务。在服务构建过程中，政府改变了粗放的服务购买方式，只对部分困难老年人家庭予以兜底，鼓励承接家庭养老床位服务的服务主体挖掘潜在需求，拓展市场利润空间。

社会力量的趋附性在家庭养老床位服务中体现为对政府政策资源的远期依附。从短期来看，家庭养老床位的费用标准较低，实行每张床位适老化改造项目不超过 1 500 元、智能化改造设备不超过 1 500 元的标准，由老年人家庭支付相关费用，政府只对部分困难老年人（如低保户、孤寡老年人等）提供建床资金补贴，并为部分在老年人照顾需求评估中被评定为 2～3 级（轻度失能）、4～5 级（中重度失能）的老年人提供每月 200 元至 500 元的护理补贴，以及基础护理服务包。总体来说，建床的成本收益比较小，服务机构的盈利空间较小甚至需要“贴钱做服务”。从长远收益考量，服务机构需要争取让老年人购买个性化、价格不等的护理服务包。而按照按 A 市的现行规定，家庭养老床位服务机构为长期护理保险协议定点机构的，其家庭养老床位服务对象发生的符合长期护理保险规定的支付费用，按照长期护理保险有关规定结算。从长远来看，在老年人主动购买服务比例偏低的情况下，服务机构的收益仍主要取决于政府服务补贴范围与长期护理保险的定点资格。因此，社会力量在政府实施资源支持的体制化策略过程中逐渐形成对政府的依附性。

由于社会力量趋附性的存在，在服务开展的过程中也就必然形成对政府规制的服从。一是按照政府的要求进行组织建设。按照 A 市的统一规定，提供家庭养老床位建设支持及服务的机构应当具备服务区域内的固定服务场所以及相应的设施设备，能够对老年人的需求实现 24 小时响应，并且配备能够提供上门护理服务的专业团队，包括家政人员、养老护理员、专业医护、康复理疗师、专业社会工作者等，因而其准入条件也相对较高。为了达到政府要求，H 街道目前提供家庭养老床位支持的主体都进行了相应的组织建设。二是服从政府的服务要求。包括按照政府指令设定的机构服务半径、基础服务项目、验收标准、拨款周期、建床指标数等。

“政府要求是在机构服务半径的 15 分钟区域范围内，自己去拓展家庭养老床位的客户。按照文件，我们主要提供适老化改造、智能化改造、护理服务三类，前两项服务政府给我们的补贴标准是每项 1 500 元，后一项护理服务主要看老年人的照顾等级，结合人次、时数和失能等级收费。改造的费用机构要先垫付，1 年服务期满并验收通过了才能收到款项。建床的数量街道是有指标的，必须满足一定的指标数才能达到拨款要求。”

访谈对象：A 市 SS 医疗护理有限公司总经理 L 先生

访谈编号：20210312

在趋附过程中，社会力量也尽力争取其自主发展空间。例如，服务机构可以根据市场方式设置护理服务包，并自主定价。或者通过建床的过程依靠服务认同拓展其上门居家服务的种类和受众群体，尤其是具有医疗背景的服务机构，探索将医疗保险报销、长期护理保险报销、市场化收费服务等收益进行结合，实现“一次上门，多种收益”的服务局面。但在契约合作和服务开展的过程中，社会力量面临的自主性受限问题也较突出。一是服务的收益受限于体制性资源的供给，如对建床补贴、护理资助、长期护理保险、医疗保险、重度残疾人护理补贴等体制性资源的依赖；二是受限于政府非市场化目标的任务压力。例如，家庭养老床位的建设指标数并未考虑市场需求与老年人实际需要，而且政府指向的建床对象又往往是低保、残疾、不能自理等存在特殊困难的老年人，因此承接服务的机构一方面难以按照市场方式提供服务，另一方面还面临开拓市场的困难。

三、选择式契约关系及其案例

选择式契约关系是政府在竞争性导向下对参与社区居家养老服务的社会力量进行选择性支持，使社会力量以服务契约为基础开展自主服务和拓展市场空间的过程受到政府选择性、差别化约束。相应地，社会力量同样根据自身情况和政府要求进行选择性合作，形成选择式的契约关系。具体到社区居家养老服务领域，这种选择式契约关系体现为政府对社区居家养老服务中的契约订立和契约内容持有既鼓励又限制的审慎态度，在组织层面和服务内容层面进行对社会力量的选择和筛选，并由此影响社会力量自主性的发挥。

2020 年起 A 市基于提升医养结合水平、减轻养老院压力、增强示范效应等现实考虑，在全市推进社区居家养老服务机构的升级建设。按照统一的部署，B 区将 Y 康中心的建设列为全区十大民生实事，H 街道随之也进行了相关工作的推进。Y 康中心是原有的街镇级居家养老综合服务中心（即 H 街服务中心）的功能升级版，选址仍接近或位于居民小区，建好开始运营之后替代了原有的街镇级居家养老综合服务中心，为老年人提供更专业的医养结合居家养老服务。作为居家养老与全托服务的综合体，Y 康中心可以为社区老年人提供涵盖生理、心理的全生命周期的社区居家养老服务，不仅场地更新更大、设备更全更先进，还能实现全托、日托和居家上门服务，承担指导社区服务、统筹服务资源等综合职能，在服务方面可以实现生活照料、助餐配餐、医疗保健、康复护理、日间托管、精神慰藉、文化娱乐、紧急援助、辅具租赁、家庭养老床位建设等居家养老服务内容的全覆盖，为社区居家老年人提供一站式综合养老服务，并且重点加强了以往在社区养老服务体系中较为薄弱的医养结合服务，能够承担全托护理服务、临终关怀等专业服务。到这一阶段，H 街道的服务购买对象已经由原来的 KS 机构换成了一家规模较大的养老服务企业，承接街道 Y 康中心及各社区站点的建设与服务。

在 Y 康中心的契约合作中，政府的选择性在组织层面体现为政府对特定服务组织赋权，并通过入口控制和资源倾斜选择具有竞争力、自主能力强的契约合作对象，并据此赋予合作对象较大的支持力度和自主权利。例如，为了激发市场参与热情，政府提供了免费场地、延长租期、租金优惠、资金补助、保险政策等方面的政策扶持。在 Y 康中心的承接资质方面，H 街道也按照 A 市的统一要求，为 Y 康中心的承接方设置了较多准入门槛，例如，站点面积至少要达到 1 000 m^2，至少 5 年的签约时长，以及需要先行垫付部分经费等。另外，社会力量承接项目后需要一并承担场地建设、设施配备、日常运营等方面的费用。由于其成本更高、前期投入更大，因此参与 H 街道项目投标的基本都是专业的养老服务企业，或者有医疗背景、房地产背景的企业，规模较小的社会组织多数难以承担相应成本。

“我们肯定没办法承担这种投入，结果只能选择退出这个服务项目。而且 Y 康中心一般一签至少就是 5 年，我们可能会长久性地失去服务空间……未来也许我们会寻求跟养老服务企业合作吧，或者转型做其他领域的有偿市场化服务，如游学服务、军营服务、评估督导、人员培训等，这也没有办法的啦！”

访谈对象：KS 机构驻 H 街服务中心项目副主任 D 女士

访谈编号：20210603

在 Y 康中心的契约合作中，政府的选择性在契约内容层面体现为政府对提供服务的差别化支持。在此情境下，社会力量的自主性较强，能够以服务组织能力、信息能力、市场拓展能力等赢得政府支持，但也受到正式契约及非正式契约的双重约束。在正式契约方面，政府对承接服务的机构在服务开展方面仍持有审慎态度，始终没有下放对站点和主要服务项目设置的选择权，也更愿意支持服务机构进行自身建设，或者进行以提升服务水平为目标的公益性自主服务。而涉及对服务对象收费的项目，或者与服务对象产生经济关联的非收费服务项目，则一般不予支持。在非正式契约方面，政府也会通过行政传导，将市、区、街道等各级政府的服务偏好和绩效要求向服务机构传输，对服务机构的服务重点产生无形的选择性导向。

“街道允许我们建设了老年人的信息数据系统，在评估当中也受到了好评，但也只是我们机构内部的封闭系统，没有向外推广，还有对我们进行站点升级提供了支持。但是站点的选址是街道决定的，哪怕从服务开展需要的角度来看，选址并不合适，一般也不能自己决定和更改。在服务方面，一些收费服务，如机构链接的收费性的上门医疗康复服务、上门生活照料，街道也没有允许我们开展。还有我们想办‘老年人趁墟日（二手交易）’这种类型的活动，同样不被允许。”

访谈对象：A 市 LH 社区颐康服务站项目主管 T 女士

访谈编号：20220616

政府对社会的选择性支持策略，既有积极作用也有消极作用。从政府的角度来说，为了社会安定，政府需要增强对社区居家养老服务社会化、市场化过程中的整体性把控，选择更具市场竞争力的社会力量承接服务一定程度上能够减少政府的管理成本。另外，在需求满足压力提升和政策资源有限的情况下，采用集约化的服务供给模式也能更有效地满足社区居家养老服务需求。但是从社会组织的角度来说，获得支持的组织或项目能够迎来发展空间和机会，但是契约订立和契约合作的范围也因此受限，最终也会对社会力量的自主性发展产生消极影响。

总的来说，A 市 H 街道在近几年通过街道居家养老综合服务中心展开基本社区养老服务，通过家庭养老床位延伸居家养老服务，通过 Y 康中心推进社区居家养老服务水平升级，以上实践探索反映了政府充分释放社会活力方面的尝试。不同阶段的服务购买在本质上都以服务契约为基本实现手段，在客观上也确实大大提升了该地区社区居家养老服务的总体水平和服务针对性。从政府资金投入的角度可以清晰看到：社区居家养老服务的水平和体量在增加的同时，政府直接购买服务的比例在下降，而对应地市场化的程度在不断提升。随之形成的契约关系变化则是社会力量对政府依附性的下降和自主性的提升。在这一过程中，政府逐渐建构竞争规则，强调社会力量的风险自担能力，对自身与社会力量的合作关系进行动态调整。因此，不同阶段的服务实践在服务形式、契约目标、契约对象主体、政策工具等体现了一定差异，展现了不断发展变化的政社互动过程（见表 5–1）。

表 5–1　H 街道社区居家养老服务实践探索案例对比

契约关系	服务形式	契约目标	契约对象	主要政策工具	依附性	自主性
依附式	居家养老综合服务中心	满足基础性社区居家养老服务和兜底保障	非营利组织（社会工作机构）	购买服务 公益创投 场地支持 税费优惠	较强	较弱
趋附式	家庭养老床位	为需要专业照料且不愿离家的老年人提供居家护理服务	企业及社会工作机构	业务委托 财政补贴 保险政策	中等	中等
选择式	Y 康中心	为社区老年人提供功能全面、专业化程度更高的居家养老服务	养老服务企业、医疗机构、养老服务机构等营利性组织	购买服务 免费场地 延长租期 租金优惠 资金补助 保险政策	较弱	较强

资料来源：作者整理。

第三节　契约型政社关系的特点

作为政策制定主体和责任主体，政府在购买养老服务中承担何种角色，国内外相关研究有一个基本共识：养老服务市场化并非政府责任的“卸载”，持续追踪并及时改善养老服务质量，提升服务的公众满意度，依然是政府不可推卸的最终责任。[①] 在此基础上，政府通过购买服务的方式提供服务，其出发点和落脚点均为追求居民需求的满足和满意。但同时，在社区居家养老服务供给过程中，通过市场竞争策略引入服务能力较强的社会力量并构建契约关系，继而提供优质的社会化社区居家养老服务，并对服务合作过程进行适当约束和有效规范，是契约型政社关系模式的基本特征。

一、关系格局：多元主体契约关系

契约型政社关系模式下，公共服务跳出了传统的政府和居民之间的二元供需结构，社区居家养老服务中供给者和生产者两个角色不再由政府独自承担，服务的供给和生产变成了两个独立的环节，社区居家养老服务的供给主体结构也由传统行政垄断服务模式下的政府单独供给、公众被动接受的二元主体结构转变为政社契约关系，但是由于政府在契约关系中的优势地位，使得公共服务的契约关系区别于一般市场主体的相互契约关系，政府在契约内容和履约条件等方面具有优势主导权，因而形成一核四元的契约关系结构。

其中，政府是契约服务的购买方和业务委托人，并由计划体制下的唯一提供者和生产者转变为服务的购买者或投资者，将社区居家养老服务以市场的方式、通过购买契约交由符合资质的社会力量进行生产，政府责任也从具体的服务规划者和实施者转变为服务规划者和服务监管者。而按照政府的层级及其在社区居家养老服务体制中的履职作用，又可以将政府细

① 叶托，薛琬烨. 政府购买公共服务的责任风险与问责模式[J]. 地方财政研究，2018(4): 17–22.

分为市级政府、区级政府以及街道政府部门。具体来说，在社区居家养老服务购买过程中，由市级政府主要负责服务规划，区级政府主要负责领导实施，街道政府部门才是服务建设和进行契约合作的具体政府主体。因而，社区居家养老服务的供给质量在很大程度上就取决于街道办事处。有论者认为，街道作为服务购买的中间层，既扮演上级政府的“代理人”角色，又扮演服务购买实施的“委托人”角色，但本身不是公共服务的规划者，不享有公共服务的社会效应收益，因而缺乏对社会服务主体进行监督约束的动力，甚至为了使社会力量成为自己的公共事务帮手而达成合谋，形成攻守同盟，产生“代理风险”。[①] 而在 A 市的实际调研中发现，街道政府部门虽然在购买服务过程中具有较大的裁量权，但养老服务大都作为街道的“一把手工程”，在政绩压力下，街道政府部门和主要领导仍会对服务机构的选取、服务供给过程与质量有着较高的要求，并以规制手段（拨款制度、服务评估等）保证服务的绩效。

而作为契约关系中的代理人和服务实际提供者，社会力量主要承担站点运营、服务实施、需求引导和资源链接等服务职能，并在服务过程中接受来自街道政府部门日常监管与更高层级政府服务规划的双重约束。在社区居家养老服务中，社会力量的“两难”是按照正式契约专业提供服务，抑或是为了生存目标承担合同之外的街道、社区事务。现实调研的情况是，社会力量总是在试图与各级政府达成价值偏好上的兼容。例如，专注做好兜底服务，保证政府在养老服务方面的“政治安全”，更多地链接服务以满足政府在成本效率方面的考量。而这种试探的前提，是政府、社会力量都并非只有单一的价值偏好，而是如德胡格（Dehoog R H）所言，购买服务系统中很少只体现一种理念，充当主要角色的参与者必须与其他参与者达成折中意见。[②]

除委托—代理关系以外，社区老年人也由社区居家养老服务的被动接受者转变为免费或付费的消费者，并可以通过主观满意程度和客观参

① 陈天祥，郑佳斯．双重委托代理下的政社关系：政府购买社会服务的新解释框架[J]. 公共管理学报, 2016, 13(3): 36–48, 154.

② DEHOOG R H. Evaluating human services contracting: managers, professionals and politicos[J]. State & local government review, 1986, 18(1): 37–44.

与程度进行需求表达，从而能够影响政府规划服务的形式及内容；第三方评估者产生于服务提供与服务生产相分离的客观局面，是政府对社会力量进行服务规制的主要力量之一。基于政府绩效考核的常态化、市场化服务的专业性、居民需求的多层次性对服务效果进行客观评价，并向服务提供者（政府）和服务生产者（社会力量）进行双向反馈。以政府向社会力量购买社区居家养老服务为例，结合对相关案例的考察，可以将这种一核四元的主体契约关系用图 5–1 来表示。

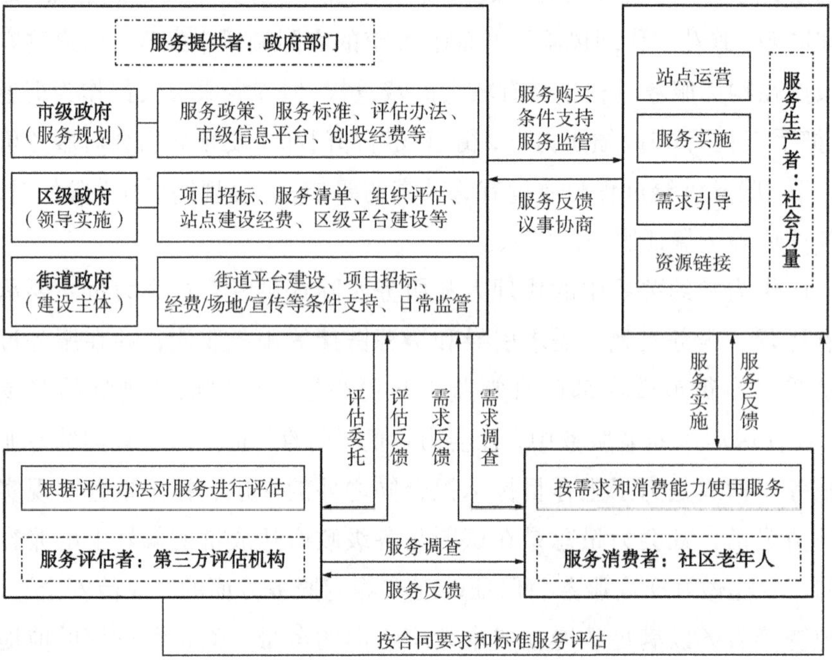

图 5–1　社区居家养老服务的多元主体契约关系格局

资料来源：作者整理。

各地的实践在各主体具体分工方面存在一定差异，但在总体上都是通过四元主体结构形成契约合作模式来供给社区居家养老服务。社区居家养老服务实质上正在变成以项目评估和项目管理为中心的契约服务。从 X 省各地的实践来看，伴随自上而下的政府资金运用规模的日渐扩大和政府治理能力的提升，在社区居家养老服务领域以社会化项目供给和管理为中心的法规、制度、政策以及运作方式也迅速丰富起来。在这个过程中，政府同样以合作的方式向社会力量提供资金及各项支持，同时也提升了自身监督和管理的责任。以契约为基础的项目制方式既能使政府联结并适当加强对社会力量的控制，又保证了社会力量能从政府这里获取较多资源实现其价值追求和满足社区老年人的服务需求。最终，政府的职能角色由科层管理传统下的服务垄断者转向为项目管理范式下的多重身份，包括：服务规划者、费用补贴者、规范制定者、服务监管者以及服务革新者。

二、嵌入方式：社会力量嵌入政府

社会力量对政府的正向嵌入是政府职能转型下的政社契约关系的构建结果。政府按照职能转型要求，引入私人承包商来供给服务，虽然较大程度上保留了资金提供者的身份，但不再是社区居家养老服务的生产者和直接实施者，本质上是对政府职能边界的重新划分和角色重塑；从社区居家养老服务的体制安排来看，契约型社区居家养老服务政社关系的构建过程也是将市场竞争和其他私人部门制度安排引入公共服务的过程，其结果是在社区居家养老服务领域形成以私人部门为主体的社会化服务体制；从行为者关系的视角来看，契约型政社关系模式，是以政府部门作为服务发包方，把原先自身承担的服务承包给有关社会力量的民事行为，本质上是一种基于服务契约的委托—代理关系。契约型政社关系模式体现了政府权力边界收缩、社会边界扩张，以社会力量为主体、采用市场化的委托—代理关系等显著特征，在政府政策目标导向上，有着明显的公共服务社会化的取向。

契约是社会力量嵌入政府公共服务的主要途径。政府通过服务购买合同约束缔约参与者，具体安排服务内容、服务形式和服务投入。政府在社区居家养老服务中的契约订立方式具体可以包括公建民营、民办公助、PPP 合作模式等，本章 A 市的案例主要呈现了前两种契约方式。在这些契约方式的作用下，以资源控制为中心的政府供给服务模式开始转向以“绩效提升”为中心的社会化服务模式，因此也能看到在不同类型的契约中，政府最为关注的契约条款便是社会力量的服务绩效承诺与绩效评估权力。但是，无论政府采取何种契约方式，客观上都在社区居家养老服务中引入了市场机制，并将服务对象从政府包揽模式下的“被动的接受者”变为“主动的消费者”（兜底对象除外）。对于政府而言，通过契约方式形成竞争机制，可以降低服务成本，提高服务效率，培育社会服务和供给主体的多样性，提升社会化养老的整体水平。

规制是政府对社会力量嵌入政府公共服务的约束策略。社区居家养老服务的社会化只是手段和阶段性政策目标，而不是最终目的。若将社会化作为社区居家养老服务的最终目标，是对政府政策目标的片面理解，契约型关系模式并不是一方对另一方的完全替代，如果在该问题上存在认知偏差，那么在实践中就会导致政府职能角色的混淆和错位，最终将导致社区居家养老服务市场发展的明显滞后，尤其是当前我国私人部门参与公共服务能力不足的情况下，可能会导致参与社区居家养老服务的四方主体均无法实现预期目标。因此社区居家养老服务社会化的进程中，服务“提供”与“生产”的分离也应以政府职责强化为前提。调研中也能够发现，各级政府在不断加强对履约行为和过程的规制，以政策引导与约束为实现社会化养老服务创造竞争而有序的环境。尤其是街道政府部门，大都采取竞争化的合作方式[①]，将社区居家养老服务委托给信誉好、能力强的社会力量，或通过公办民营、公建民营等方式合作开展服务。市区两级政府也在加强对服务状况的客观评估，监督服务过程，实现养老服务的严谨管理。

三、互动机制：多重契约约束机制

在社区居家养老服务的契约购买过程中，政府赋予了社会力量一定的自主空间，通过一些市场化的手段支持社会力量进行服务空间的拓展，这都可以视为是政府对社会的释权。但是，社区居家养老服务与一般的市场商品和服务有显著差异，具有政府的兜底性、需求的普遍性、对象的特殊性等特点，因而从政社关系互动方式来看，必须形成异于一般商

① 即便街道政府部门采取形式性购买、指定性购买等非竞争方式选取契约合作方，或者通过对评估结果的干预实现自身的主体选择目的，仍是建立在社会力量具有服务竞争力的基础之上。

品与服务市场管理的独特市场约束体系，并通过其作用发挥实现市场服务主体的进入与退出，维系市场服务关系的构建与存续，保证服务的公益导向和递增性市场收益，最终实现政府和社会力量在社区居家养老服务中的持续有效互动（见图 5–2）。

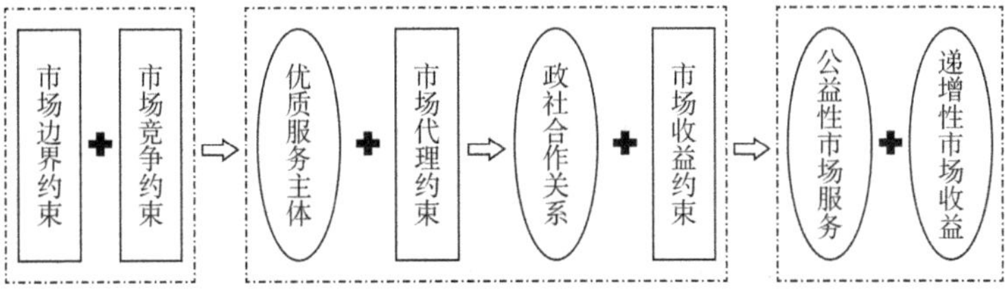

图 5–2　契约型政社关系模式的约束机制

资料来源：作者整理。

首先是市场边界约束。公共问题治理的边界规则确立了个体取得或者脱离某种身份的程序、标准、要求和费用，它可以是一种"邀请"，即具有特定身份的参与者可以"邀请"其他参与者并确定他们的身份；也可以是一种"竞争"，即个体通过考试、竞拍等方式取得某种身份。同时，参与者的身份并不是一成不变的，在符合条件的情况下，参与者的身份可以转变，例如，某个体由买家变为卖家。[①] 在社区居家养老服务供给中，已经被政府邀请加入服务体系的社会力量，也还可以继续邀请其他主体共同参与服务供给，以整合优势资源提高供给效率。但是，社区居家养老服务不是自由进出的市场领域，进入其中的服务主体须经过政府的授权与选择。在本章社区居家养老服务供给案例中，政府可以通过市场引导、业务授权、公开招投标等方式邀请社会组织或企业进入服务领域，而已经被允许进入服务领域的社会力量也可以实现"被邀者"向"邀请者"的身份转变，通过转发服务邀请将更多的服务主体纳入社区居家养老服务体系。最后，所有纳入服务体系的主体都需要在政府既定的服务目标下对接老年群体需求，并接受各种形式的服务评估与考核评价。

"H 街服务中心的项目是我们投标获得的，（获得政府青睐）主要也是靠多年服务积累的口碑吧……有的服务也会转介，比如说上门送餐，

① 王群. 奥斯特罗姆制度分析与发展框架评介[J]. 经济学动态, 2010(4): 137–142.

原来我们主要通过自己的社会工作者或者实习生，以及自己招募的志愿者来做，但志愿者也经常不够用，于是我们也积极通过邀请其他机构的志愿者，还有通过社区的草根组织、志愿团体等方式解决人手短缺、资金不足等困难。”

访谈对象：KS机构驻H街服务中心项目副主任D女士

访谈编号：20200705

其次是市场竞争约束。政府对于通过市场边界约束进入服务领域的服务主体，需要有一定的筛选和淘汰机制。也就是说，政府无法通过简单地引入竞争机制解决服务效率和服务成本问题，应该围绕充分竞争和自发满足这两个基本前提建立有效的竞争机制。契约型政社关系模式的四元主体结构和社会化服务目标，实质上赋予作为消费者的公众更多选择空间，即“用脚投票”的选择机会。社区居家养老服务民营化的本质不在于公营对民营，而是竞争对垄断。通过竞争，可以不断升级和优化社区居家养老服务的满足能力和辐射能力。从前文的案例中也能发现，市场化程度越高的服务主体越多地参与到社区居家养老服务领域，越能提升服务的专业化程度和服务延伸能力，竞争机制的建立也会将一部分体量较小、管理和服务体制较弱的服务主体优胜劣汰。

“这几年，我们各级政府都在大力鼓励社会力量进入养老服务行业，一次次拉低服务门槛，但伴随的情况肯定是竞争更加激烈，从施政的角度来说，就是要采用市场的优胜劣汰，发挥市场在养老服务资源配置中的作用。”

访谈对象：B市F区民政局社会福利科科长T先生

访谈编号：20201009

再次是市场代理约束。市场边界约束和市场竞争约束作用于服务主体的选择，而市场代理约束决定了政府与社会合作提供社区居家养老服务的主体关系。并且，这类主体关系是一种有别于一般市场交易中委托—代理关系的特殊约束。具体体现在：市场代理约束中，政府属于较为强势的服务委托方，社会力量属于具有依附性的服务代理方，传统政府权威在市场化服务关系塑造中仍然具有显著影响。从本章案例来看，社会力量需遵循政府规定的项目和标准提供社区居家养老服务，其服务自主性和自主程度都较低。通过走访和访谈发现，地方政府向社会力量购买社区居家养老服务项目时，通常都会对服务内容、服务标准、经费使用等作明确限定，尽管社会力量在一定程度上可以对服务内容提出协商，但其话语权也比较有限。

“坦率地说，政府购买服务很多时候是只购买人头，而不是服务，也不会重点关注服务机构的专长与优势。对于我们（服务机构）而言，需要专注的是政府购买合同中的任务，而不是服务，这也是目前政府购买养老服务中的普遍情况。”

访谈对象：KS机构驻H街服务中心项目主任Q女士

访谈编号：20200505

最后是市场收益约束。在特殊的市场代理约束限定下，政府与社会合作提供社区家养老服务也具有特定的市场收益约束。一方面，政府购买社区居家养老服务的目标是通过最小成本获得最大收益。服务的成本与收益是其服务政策的主要考量依据；另一方面，尽管参与社区居家养老服务的社会力量大部分具有非营利性、公益性等特征，但同样也应遵守趋利避害的基本原则。因而，对于政府而言，实现有效治理的途径是在既要保证基本服务供给，又要通过激发服务主体的公益精神和志愿精神维持服务项目的保本微利运作。从案例来看，政府仅会在合作过程中提供基本条件、制度保障，保证兜底服务的实施等，而参与其中的服务主体，则需要通过自身的服务能力和运营能力拓展市场范围，并实现公益服务和营利性服务的有机融合。

以案例中的家庭养老床位为例，大部分承接服务的机构在家庭养老床位建设中可以按照政府的要求，对老年人的生活空间实施必要的适老化、智能化居家改造，这类服务的收费有明确的标准，因而对于服务机构而言没有太多的市场利润空间。对于服务机构而言，通过居家改造满足差异化需求，持续提供上门专业照护服务，是其获取更多收益的基本途径。

在市场代理约束和市场收益约束的合作框架内，政府希望做服务的

“加法”，而社会力量倾向于做服务的“减法”，在增减之间，老年人的服务需求就决定了市场收益的扩展空间。但就目前我国社区老年人的居家服务需求与消费习惯而言，该扩展空间实际上比较有限。那么，对于政府而言，就需要强调市场供给服务的公益性，并为之设置具体约束规范。而对于市场主体而言，则需要在实现政府公益性服务目标的同时，逐步扩展有偿服务的接受度，实现合理收益。但也不排除的一种情况是，政府在实现服务兜底保障后，将更多原本完全由消费者“买单”的服务内容和项目纳入购买范围，为参与其中的社会力量提供更大的收益空间。例如，A市H街政府在自身政策目标逐步实现的前提下，为更多的市场主体提供了更多的参与机会，并且通过政府信用逐渐培育社区老年人的服务黏性和消费倾向（如家庭养老床位服务、社区嵌入式养老院的照护服务），最终形成市场服务的公益导向和市场收益的递增趋势，而这两个要素，也是政府与社会在社区居家养老服务领域能够合作的关键条件。

第四节　契约型政社关系的困境

从调研来看，政府在与社会力量通过契约合作供给社区居家养老服务的过程中还存在诸多的问题或困境。这些困境来自政府层面、服务对象层面、服务力量自身等各个层面，但本质上还是因为政社契约关系的不适配和模糊。在以契约关系为核心构建的服务四元主体结构中，由于核心主体在关系互动过程中产生的一些现实矛盾，影响了老年居民的服务需求满足和政府政策目标的实现。

一、关系构建困境：契约双方的权责不匹配

如前文分析，契约型政社关系模式虽然推动了服务的社会化、竞争化，但是作为合作方的政府，其在服务供给体系中的职能并不能因为已经出资购买服务而成为“旁观者”，仍然需要为社会力量提供制度性支撑、资源性支持、风险责任分担等必要帮助。但在作者考察的部分案例中，由于契约双方的权责不匹配，使得服务供给主体无法获取足够的政府支

持而陷于困境。

一是政府的制度支撑不够。其一，政策支持方式不合理，相互矛盾。其二，政府忽视对社会力量的业务培训，服务“只交而不教”“只考核不指导”“只买服务而不协调服务”的情况较为常见。例如，关于日托、全托等服务，卫生健康部门和民政部门缺乏协调及相应的政策指导，家庭养老床位与颐康中心的托养服务能不能同时享受，老年人不清楚，机构也不清楚。再如，民政部门按照专业养老机构的标准考核养老服务对象的健康档案情况，缺乏医疗基础的社区居家养老服务机构存在建档困难，但又得不到适当指导，等等。其三，在招标采购等方面存在制度操作性问题。由于政府采购服务和招标活动及合同文本等出自区、街道等不同层级政府，相互之间缺乏系统协调，如未列明责任分担、争议解决方案等方面的具体规定，导致操作性不强，容易引发后续问题。

“（政府购买居家养老服务）合同文本不统一，条款表述模糊，细节没有明确规定，这些问题都很常见了。还有有些项目的招投标也缺少准入门槛，过程不够透明公平，只要有些领导看好的机构，哪怕缺少专业能力和行业经验，也能拿到一两百万的项目。”

访谈对象：A 市 B 区社会组织促进会会长 P 先生

访谈编号：20210418

“有些服务内容缺乏明确指引，例如上门护理服务，虽然民政部门有下发服务标准的通知文件，但是没有相应的培训或指导，机构只能自行解读，按自己的理解来操作服务，直到第三方服务评估的时候，被告知机构做的是更接近卫生健康部门家庭病床的服务标准，才知道做得不对，但是负面的评估结果已成定局。”

访谈对象：KS 机构驻 H 街服务中心项目副主任 D 女士

访谈编号：20210603

二是资源性支持不够。在城市中心区域，场地的缺乏让很多打算在社区居家养老服务领域施展拳脚的社会力量难以发展壮大。服务机构在业务开展过程中面临的一大困难就是场地问题，因为选址导致的纠纷时有发生。部分市场主体的场地成本较高，以Y康中心为例，1 000～1 500平方米的运营场地，在城区的场地租金每年就需要60万～80万元，导致机构的运营压力较大。甚至在服务合作前，民政部门承诺水电费用减半，但是供水供电部门并不认可相关文件，一年至少数万元的水电费用仍由服务机构承担。除了硬件设施，配套的软件支持也面临诸多障碍。例如，服务数据，卫生健康部门的健康档案系统和民政部门委托的服务机构的数据系统无法打通，服务机构如果要建立老年人的健康档案，需要先跟社区医院沟通获取资料，然后再把服务对象的健康档案资料录入自己的管理系统，面临低效率及重复建设的问题；再如，政府购买的平安通监控数据和家庭养老床位的监控数据也无法共享。服务机构更迭之后，政府往往没有统筹类似的服务资源予以共享使用。

三是风险责任化解机制没有建立。由于社区居家养老服务的服务对象多为老年人，且政府购买服务的受惠对象多为低收入老年人、残疾老年人或者失能失智老年人，其生理和心理两方面都存在一定特殊性，所以服务过程中不管是对服务对象而言还是对于服务提供者而言，都存在较大的不确定风险。特别是上门护理服务，很多疾病需要辅助检查，上门护理过程中的风险较大，而这些风险目前在各地的政府实践中，还缺乏明确的风险分担政策和相关机制，这也让社会力量在服务过程中存在较多顾虑，只能建议服务对象去医疗机构检查，服务过程往往“有始无终”。在调研中也遇到，某位处于生命末期老年人，希望能在家输营养针，求助了社区医院，医院只可巡诊但不能静脉注射，需要注射则必须去医院；康复服务也面临类似的责任风险，有专业康复需求的老年人只能去医院进行专业康复服务，居家医养也就失去了意义。

“自己（机构）觉得还比较弱小，有的服务没有标准容易有争议，有的服务有标准但是具体操作中还是有风险。特别是高风险的老年人服务项目，比如失能老年人助浴这种，我们都不太敢做，导致老年人对我们也有意见，陷入恶性循环。还有上门做护理，很多老年人的生活环境确实比较差，一般上门一个阿姨都不太敢去，两个阿姨成本又兜不住，我们也是两难。”

访谈对象：KS 机构驻 H 街服务中心项目副主任 D 女士

访谈编号：20210603

四是政府普遍缺乏对服务成本的充分考量。政府倾向于用整体打包的方式将服务场所和服务项目一并交由某个机构或企业整体运营，但是往往由于历史原因和现实制约，社会力量只是得到了运营资格，还需花大量的成本用于场地、设施的升级改造等方面，而这部分成本通常不在政府资金支持的考量范围内。例如，前文列举的 A 市家庭养老床位的案例，调研发现，一些老年人希望承接服务的企业做场地改造时能够把蹲厕改为坐厕，但是光这一项的成本大概需要 2 000 元，而适老化改造政府补贴的标准只有 1 500 元，显然企业不会亏本改造以满足老年人的需求。因此成本高、利润空间较小的现状也直接制约了高质量社区居家养老服务的推进推广。

“我们运营的 16 个社区养老服务站，其中有超过一半的站点设施都比较落后了，如果按照评估标准，我们这些站点都难以达到基本要求。但是如果升级改造的话，街道也没有安排专项费用。以前 GG 老年之家还有专项经费，现在也取消了，所以这个升级改造的成本只能我们自己承担。”

访谈对象：KS 机构驻 H 街服务中心项目副主任 D 女士

访谈编号：20210603

社区居家养老服务虽然带有一定的公益性导向，但是合理的市场利润是保证社会力量良性参与的基础。政府虽然在社区居家养老服务中已经安排了专门经费，但是只输血的方式显然不够，总体上仍呈现出“强风险、高成本、弱激励”的不相匹配性。老年服务具有一定的特殊性，其市场盈利点主要是“养”和“医”，现实情况是，大部分参与服务的机构只有“养”即养老服务的能力和资质，缺乏“医”的回报，并且由于“医”的缺失，使得一般的服务机构难以开展全托服务，进而又失去一部分盈利空间。由于政府缺乏对服务机构盈利机会的考量，一直未有效帮助养老服务机构介入医护服务，也始终未将医疗保险、长期护理保险等长效性资金支持与养老服务机构有效对接，使得社会力量无法获得其适当的市场利益。

二、关系嵌入困境：政社不分引致契约失灵

正如杰索普（Bob Jessop）所言，公私关系的安排既有让私方利用国家资源谋求私利的危险，同时也有政府出于政治利益把手伸到市场经济和民间社会的危险。[①]从调研情况看，无论是草根组织与政府之间带有偶然性的"权宜共生"，还是基于公众满意度达成制度性的"利益互勉"，都显现出政府"放权于社会"的"名实不副"，社会力量因为其被动的依附性导致服务自主性的缺失。尽管契约关系的建立让社会力量参与社区居家养老服务具备了一定的参与空间，但是在服务项目设计、服务对象、服务目标、服务价格、运营方式等契约内容方面，仍然不具备与政府对等的协商地位，服务关系实质上仍是政府单方意志主导的单向性契约关系，因而导致政府与社会力量之间的契约性、社会力量服务的自主性流失严重。在社区居家养老服务契约关系中，由于契约双方地位的不对等，导致合同文本执行不严、流于形式的情况较为常见。这种由于政府不严格履行契约，致使合同文本空有形式意义而缺乏实质效力的情况，就是政府购买服务过程中的"虚文性"现象，导致契约性流失。

对于政府而言，传统的行政地位和服务垄断惯性使其理所当然地认为，购买社会力量的社区居家养老服务是政府适时选择与权利让渡的行为。对行政系统而言，作为政府招标而来的"外来者"，其运用专业方法为老年人提供社区居家养老服务仍是新鲜事物，无论是出于服务效果监管职能还是行政规制传统，都倾向于更多地介入和摊派。因而在国家与社会界限还不够清晰的情境中，强势团体对弱势团体有着较强的控制。对于社会力量而言，政府购买服务的资金支持偏好仍然具有"关系依赖"的特征，获得行政系统的关注和认可进而获得服务经费或授权，甚至包括后期在社区的服务递送也都离不开行政系统的支持，所以其服务供给不可避免会受到原有街道、社区治理秩序的制约。虽然社会力量也有基于专业能力的自主性"抗争"，但总体呈现强政府、弱专业的权力不对等

① 鲍勃·杰索普，漆蕪．治理的兴起及失败的风险：以经济发展为例的论述[J]．国际社会科学（中文版），1999(1): 31–48.

状态，特别是街道政府部门作为服务和建设主体，倾向于将社会服务力量作为其治权的延伸，通过“行政吸纳社会”的方式干预服务，将契约服务变为“类科层化治理”，导致契约合同并未使政社真正分开而各司其职，使得社会力量面临专业身份的弱化。

对于社会力量而言，政府主导的服务购买模式使社会组织为了生存会选择“搁置”其本来的服务使命，花较多的精力和时间完成“正式契约”之外的“附加任务”，变成了政府延伸其社会管理职能的帮手。而且，与统合关系模式下国有企业自觉、主动地依附有所不同，本应以契约关系为基础的服务机构往往是被动地迎合处于强势地位的购买方与基层合作方（如街道、社区等）。由于购买方和基层街区是各种资源的实际掌握者，当其向服务主体提出各种要求时，服务主体为保持项目合作和资源给予，只能按照其要求做一些在招标合同里未列出的工作内容，甚至有些居家养老服务购买合同加入了服务组织承担行政性工作任务的非合理硬性要求，使得社会力量面临专业服务的弱化。

另外，第三方评估机制受政府干预较多，对社会力量的服务评估未能完全按照市场契约的方式进行。处于强势地位的购买方还存在随意更改评估时间和标准的行为；或以视察意见作为服务评估的主要依据，继而更换服务承接方的现象也时有发生；部分服务机构因为评估问题，也无法完全确保服务资金的按时到账。调研发现，政府部门存在对服务价格调整较为随意的现象；或者事先没有明确标准，有些服务完成后，再要求降低服务补贴标准和服务价格的情况也时有发生。契约履行的随意性不仅影响服务主体的正常运作，对于社区老年人而言，如果服务提供者将更多时间花在非服务性行政事务和关系维持上，将导致服务资源的浪费和服务质量的下降。换言之，契约失灵产生于政社不分，最终又引致服务失灵。

三、关系互动困境：契约僵化产生不当规制

各地社区居家养老服务的开展方式具有一定共性，即按照契约内容由政府自上而下强力推动。这种展开方式的优点在于有较高的推动效率，

以及服务项目与管理过程标准化，而弊端则是契约僵化，服务机构开展服务面临诸多操作性障碍，且服务内容也无法完全契合社区老年人的需求，使得服务供需脱节，无法改变服务机构和服务对象在契约关系中的被动地位。契约僵化在服务过程已有多方面显现，主要包括以下四个方面。

一是服务设置要求僵化。在社区居家养老服务项目方面，政府通常会对服务项目、服务场地、服务人次等方面进行统一限定，但未充分考虑社区居民的差异化需求和服务机构本身的专业特点，导致服务出现偏差。例如，Y 康中心的选址须满足 1 000 平方米的最低面积要求（目前已确定将来须达到 3 000 平方米以上），还要符合消防等各类标准，使得服务机构的选址难上加难；在服务项目方面，A 市统一要求承接服务的机构须开展 10 项基础服务，其中包括全托服务等相对专业的服务项目，而大部分社区的全托需求较低，导致大量的全托床位空置和浪费；在不同区域，社区发育程度和居民结构有较大差异，但是服务设置却高度雷同，不仅服务机构没有较多的服务自主权，甚至对于街道等基层政府而言，在服务推进的速度和标准方面同样没有适当的自由度，诸多服务项目因为政策要求而一刀切地匆匆上马，显然与养老服务建设的长远性目标相悖。再就是服务摊派现象仍然存在。例如，在 A 市推进家庭养老床位的过程中，为了完成上级目标任务，不管失能半失能老人数量如何，服务机构必须在每个街道要完成 33 张床位的建床任务。最后，在服务开展中，机构也缺乏应有的服务灵活性。

二是经费管理制度僵化。例如，在财务制度方面，由于政府购买社区居家养老服务的费用全部来自政府的财政预算，有的服务项目经费由不同层级的政府部门共同提供，因为政府部门严格的财政审批程序和不同政府层级间的协调沟通问题，导致拨款周期过长，社会服务力量经常只能在没有按时拿到经费的情况下开展服务。而且养老服务属于投资长、收益低、见效慢的事业，如果购买时间太短，运营机构的投入可能短期内无法回本。而按目前《中华人民共和国招标投标法》关于购买服务的规定，政府购买服务的年限不可以超过三年，承接方一旦三年后竞标落选，不仅没有获得盈利回报甚至前期投入都无法收回。经费僵化的另一表现还在于服务购买经费的确定标准方面。以A市为例，一些街道社区居家养老服务的经费补贴标准按照户籍老年人人数确定，而非由服务人次或服务难度、质量等服务标准确定，具有明显的不合理性。

“按照往年的情况，(区)政府一般分两次拨款，区级财政规定服务购买经费只可预付30%，经过我们多方争取也只能拿到不超过70%的经费，因此机构和各站点在做服务的时候经常面临垫钱服务的问题。我们没办法，也不能总是催促，因为给我们的回复基本上都是说程序规定之类的。”

访谈对象：C市H社区居家养老服务站项目主管K女士

访谈编号：20200612

“(政府的)财务管理要求是非常严的，不是说我100万元经费给你了，我购买的服务有多少项，你把这个服务全部完成，验收又合格了就可以了。而是明确规定经费哪项是百分之几怎么用，百分之几怎么用，都是有条条框框的。”

访谈对象：A市LH社区颐康服务站项目主管T女士

访谈编号：20220616

三是服务评估要求僵化。服务评估通常交由第三方机构按照市级评估标准进行，对于完善服务质量具有重要作用。然而，当前的评估要求仍偏重于服务人次，而非服务绩效。这就导致服务机构只看重服务人次指标，而不是满足服务对象的真实需求，这也导致了服务过程中服务对象的客体化和唯名化现象，服务对象多次“被服务”的情况突出。即便不以服务人次限定服务机构的工作重心，也存在评估标准与实际不符的情况。例如，调研中有服务机构表示，评估机构按照统一的场地、人员、设施、财务等要求对服务进行评估，给予不理想的评价结果，但是提出的改进建议又往往是服务机构难以达到的客观标准，尤其是对人员、场地设施等要求，在缺乏足够支持的条件下，是难以企及的。而如果评估结果不理想，又将影响政府的资金拨款，因此陷入难以突破的服务困局。

四是存在“压任务”式的规制措施。服务机构要拿到全部服务经费，除了要满足契约内容，往往还要满足政府“压任务”式的服务要求。例如，某个街道的服务机构要被摊派建设 7 个福彩支持的家庭养老床位，对象要满足“低保 + 特困”的双重要求，而整个街道一共就 6 个符合条件的户籍老年人，为了完成合同任务，机构往往在做服务的同时，还需要“自掏腰包”去发动居民，甚至“盼望着”能多几个低保和特困老年人。再如，家庭养老床位既要求建床数量，又要求服务时数，而服务项目的政府收费标准普遍压得很低，机构每做一次服务都在贴钱，但是不做服务的话，连 3 000 元的建床补贴都拿不到。即便可以拿到补贴，中间的资金回流时间也较长，给服务机构带来较大的运营压力。这种情况的存在，既反映了政府对社会力量盈利压力关注不够，更反映了契约的僵化及不合理。

第六章 社区居家养老服务中的协作型政社关系模式及其困境

协作（collaboration）是 20 世纪后期在西方开始流行的政府管理理念，是对科层制传统下“命令—服从”的政府管理模式的超越。协作理念主张构建公私伙伴关系，以实现官民协力合作的政府变革。协作的基本内涵是不同的组织发挥各自优势，以促进那些单个组织难以解决的特定议题的有效解决。[①]因此，协作可以看作是跨域、跨界、跨部门的利益相关者，在公共权力的引导下参与复杂公共事务的制度安排。在协作理念的影响下，发达国家养老服务实践的一个重要趋势是将不同部门的老年服务资源整合到一个统一体系中，以最具效率的模式满足老年消费者的各类不同需求。[②]基于协作理念形成的政社关系模式，其基本要素包括：多元化的政策目标、多元化的服务供给主体，

① GRAY B. Collaborating: finding common ground for multiparty problems[M]. San Francisco CA: Jossey Bass, 1989.

② MYRTLE R C, WILBER K H. Designing service delivery systems: lessons from the development of community—based systems of care for the elderly[J]. Public administration review, 1994, 54(3): 245–252.

以及协作性的政府与社会关系。敬乂嘉等认为，协作是居家养老服务体系的灵魂，通过有效协作，可以提高养老服务提供的效率，减少服务生产成本和服务对象在各类服务之间转换的成本，满足老年人多元化的服务需求。①

协作型政社关系模式兼有统合型政社关系模式与契约型政社关系模式的部分特征，主要体现为：参与服务的既包括由政府购买服务引入的服务主体及其联结的其他主体，还包括通过政府动员的其他社会主体与社区等多元力量。而相较于前两种关系模式，协作关系又有三项独有特征。一是设定与政府管理目标相契合的协作体系目标。协作型政社关系模式的构建目标，是为了解决以往由权威力量或市场力量无法有效解决的服务多元需求和复杂问题，实现政府解决复杂服务问题的目标。二是需要由政府推动构建多元化服务主体网络。没有任何一个公私部门可以垄断社区居家养老服务供给，政府需要引导社会力量提供多元服务，增强社区老年人服务的可选择性和满足需求的能力。三是需要协作主体间建立基于共同服务价值的多元化协作网络功能（信任功能、参与功能、沟通功能等），并通过对社区居家养老服务资源的组合优化以维持网络关系及其功能。结合以上特点和要求，本章对 X 省协作型政社关系模式构建过程中的协作体系目标设定、多元化服务主体网络构建、多元化协作网络功能发挥等协作要素进行具体考察，以分析协作型政社关系模式的基本特点和存在问题。

第一节　协作型政社关系的逻辑演进

一、协作型政社关系的逻辑起点

构建协作型政社关系模式的首要问题是“因何协作”。随着社会发展与政府职能转型，我国的养老服务体系构建也呈现出从福利性目标向社会化目标转变、政府单一主体向多元协作主体转变、单一服务样态向多

① 敬乂嘉，陈若静．从协作角度看我国居家养老服务体系的发展与管理创新[J]．复旦学报(社会科学版)，2009(5)：133–140.

元服务样态转变的特征。促成政府与社会进行协作的动因既包括新治理理念的兴起和实践，也包括复杂社会事务中的政府与社会力量间的资源相互依赖。一方面，在新治理理念和新公共管理理念影响下，政府将大量公共服务交由市场和社会组织来完成，协作变得普遍而实用，且对经济社会的发展具有显著的正外部性影响，推动着"'空心国家'变成'协作国家'"[①]，因此，跨机构的（cross agency）、跨域的（cross boundary）、跨部门的（cross sector）协作成为政策实践的新关注点；另一方面，复杂的外部环境使得社会问题突破了政府公共部门的能力范围和极限，来自民众的多元需求也要求政府链接更多社会资源进行回应，这进一步凸显了协作的必要性和重要性：通过跨部门间的资源协作，解决现代社会的复杂问题。[②]总之，政府已经不可能完全通过购买、统合等方式获取和建立这些服务资源，因此建立服务的协作体系是政府的必然选择。可以说，多元主体相互依赖性在很大程度上决定着政府构建协作关系的行动必然性。

构建协作型政社关系模式的第二个问题是协作关系"有何独特之处"。社区居家养老服务的传统供给方式主要包括政府供给、市场供给以及第三部门供给。政府供给方式强调普惠性和服务兜底，追求服务宽度，在服务深度和服务个性化方面不具有优势；市场方式强调契约性，也较能满足个性化服务需求，但市场主体的效率优先原则和盈利动机，容易引致服务的道德风险与逆向选择；第三部门方式由于强调志愿和互助，在部分特殊老年人群体的服务满足上可以发挥一定功能，但是其服务宽度、服务专业性又无法保证，因而只能起到有限的补充作用。建构协作型政社关系模式，要求政府充分依靠市场机制和社会机制，通过引入市场主体和社会多元主体合作，共同提供社区居家养老服务。从这个意义上说，协作关系是契约关系和统合关系在供给主体和协作方式上的进一步扩充和升级，是对传统服务路径的完善。协作型政社关系中，政府不

① AGRANOFF R. Managing collaborative public performance[J]. Public and management review, 2005, 29(1): 18–45.

② MCGUIRE M. Collaborative public management assessing, what we know and how we know it[J]. Public administration review, 2006, 66(6): 33–43.

再是社区居家养老服务的唯一推动主体，而是成为被推动的对象；社会力量也不再仅是被推动的对象，也成为服务过程的重要参与者和关键联结者。各部门能够在协作的框架下，融合各自优势提供多元服务。但是政府仍可以综合运用服务购买、资源统合、社会动员等政策工具，成为协作关系中的核心主体。

构建协作型政社关系模式的第三个问题是“政府如何做”。协作关系的构建并不意味着政府完全退出，而是要大力推动形成服务协作的基本格局。另外，仅仅依靠多元主体间的自发行动并不足以保证服务的有效推进，各主体的协作依然需要在政府指导下有序开展。哈德利（Hadley）指出，福利多元主义框架对政府能力提出了更高的要求，其作为服务提供者的角色应该缩减，但是作为服务购买者、推动者、最终质量控制者的角色应该加强。[①] 社区居家养老服务体系的建立需要动员来自各方面的社会服务资源，倡导政府、市场和社会等多部门的企业家精神，为此政府要善于运用各类政策工具来促成服务目标的实现。但协作关系又对政府运用权力的恰当性提出了新的要求。缺乏适度自治权的多元主体仍然无法摆脱自上而下的官僚控制和公权力的干预，仅能在政府限定的范围内和条件下开展公共服务，与协作关系的内涵和要求相背离，导致有效协作无法实现。如奥斯特罗姆（Ostrom）所言，在多层级系统内，除非适当的自治权被授予每一级，否则多中心体制的优点将不能被充分实现。[②] 因此，协作型关系能否实现有效治理的关键，是政府是否能够构建和维持良性的政社互动，以提高服务协作体系的包容性与承载力。

二、协作型政社关系的发展进路

老年人社区居家养老服务的多元需求，是构建协作型政社关系模式的推动力。21 世纪初，X 省各城市开始逐渐迈入老龄化社会，因此各地

① EVERS A. Part of the Welfare Mix：The Third Sector as an Intermediate Area [J]. Voluntas: International Journal of Voluntary and Nonprofit Organizations, 1995, 6(2): 159–182.

② 奥斯特罗姆，等. 制度激励与可持续发展[M]. 余逊达，译. 上海：上海三联书店，2000: 234.

也纷纷加快推进社区居家养老服务建设和制度创新。各地早期的协作探索虽然较多地体现为购买服务的方式，但是已经开始注重多方服务主体的竞争性参与。X 省自 2005 年初正式启动社区居家养老服务起，便明确了以多元投入（政府购买服务、福彩公益金资助、社会慈善捐助等），多渠道整合（社区居家养老服务机构、星光老年之家、社区卫生服务资源等），多维度满足需求（社区为老服务、家庭综合服务、到户服务等）的社区居家养老服务建设思路，X 省各地的多元化、社会化社区居家养老服务实践也相继展开。

协作型政社关系模式也是政策推动的结果。2005 年，X 省民政厅发布《关于开展社区居家养老服务示范活动试点工作的通知》，在 X 省选择 A 市、F 市启动了全省养老服务社会化以及社区居家养老服务示范活动。其中，A 市各区和街道结合实际情况，利用多元资源积极探索社区居家养老模式创新，形成了以物业公司、社区服务中心、星光老年之家、民办福利机构等多元主体共同参与的社区居家养老服务供给体系；F 市按照运用政府出资、社会经营的形式，由区、镇（街道）分级负责经费，街道与劳动保障部门及市社会福利院联合培养服务人员，各镇（街道）设立多主体运营的示范活动服务站等方式，推进社会化社区居家养老服务。2006 年起，B 市 L 区按照“载体多元化、养事不养机构、养服务不养人”的基本思路，推进居家养老服务供给创新，在每个社区建设至少一个服务机构，构建多元主体网络。B 市民政局从福利彩票基金中拿出 2 000 万元，重点资助提供社区居家养老服务的 1 000 个社区民间组织，加上各类社会福利机构、医疗机构、社区健康服务中心等，共同为社区老年人提供居家养老服务。随后，B 市于 2007 年出台《B 市社区居家养老服务实施方案》，要求动员和吸纳民间资本投资兴办居家养老服务事业，鼓励单位、个人对养老服务业进行慈善捐助，促进投资主体、投资方式多元化发展。

X 省的协作型政社关系模式构建仍重视市场机制的作用。2008 年 12 月，国家发展改革委要求 X 省 Z 地区要建立多元化的投资机制和规范高效的运营机制，逐步放开公用事业的建设和运营市场，拓宽社会组织参政议政渠道，构建政府、公众和社会三方共同参与、有机结合的监管评价体系，形成多元化的公共服务供给模式，鼓励社会组织和企业参与提供公共服务，提高公共服务的能力和效率，积极培育志愿服务队伍。为贯彻相关要求，2009 年 7 月，民政部与 X 省政府签署“共同推进 Z 地区民政工作改革发展协议”，要求完善政府向社会组织转移职能、购买服务的相关制度，扩大承担公共服务的社会主体范围，引导社会组织积极发挥作用，并开始允许境外服务提供者在 X 省以民办非企业单位的形式开展居家养老服务。这一时期，S 市开始探索将公办养老服务机构和服务设施的经营权以承包、租赁、委托经营、联合经营等多种方式转交于企业、社会组织、个人、外资等经营主体，提供更多元化的养老服务，并在镇村构建由居家养老服务站、社会工作站、社区卫生服务部、爱心企业、义工等多元主体构成的社区居家养老服务网络。

协作型政社关系模式的构建体现了多元力量的共同作用。2010 年，由 C 市民政局推动、C 市 C 街道办事处发起，并联合 C 市某高校及一家境外服务组织共同签订了“社会服务合作协议书”，成立了一家非营利性的非政府组织（NGO）——C 市邻里互助社，带动高校学生社会工作者、境外服务组织的志愿资源在社区开展兴趣小组活动、心理咨询、午餐、日托、康复等多项服务。B 市自 2011 年起开始构建全覆盖的社会化“大配餐”服务体系，积极引导企业、慈善组织、社会团体、社区、家庭和个人等多方参与，通过“政府补一点、企业让一点、慈善捐一点、个人掏一点”的多元筹资方式，调动多元力量参与老年人助餐配餐服务，逐步形成政府、社会、家庭、个人等协作的“大配餐”格局。

协作型政社关系模式加快构建的原因在于地方政府对社区居家养老服务的充分重视。2016 年以来，X 省的 A 市、B 市、C 市、H 市四市先后被确定为全国居家和社区养老服务改革试点地区。各地在政府主导、多方参与的基本理念下，加大力度引导和支持社会力量参与各类社区居家养老服务设施建设，满足社区居家养老服务新需求以及解决复杂问题和应对服务整合的要求，推动各地政府充分发挥社会组织的专业性和社会自治潜能，凸显多元治理的特点。2016 年起，A 市在全市推行“3 + X”服务项目[①]，整合助残、助老等公共服务资源，将政府、企业、社会组织的各类资源引向社区居家养老服务供给体系，实现政府购买服务、市场有偿服务、志愿公益服务的紧密衔接，建立人人有责、人人参与、人人共享的服务机制以及全覆盖、多层次、多支撑、多主体的服务体系。

协作体系的形成也充分体现了政府的主导作用。H 市 2019 年率先在全国建立养老服务资源整合的专门政府部门——长者服务局（筹），并在 2020 年发布《H 市居家和社区养老服务改革试点实施方案（2020—2022 年）》，鼓励培育多元化社区居家养老服务机构，支持社会工作机构、公益组织、物业企业、医护机构、家政企业等多元主体提供多样化的社区居家养老服务，形成以社会力量为主体的多元供给格局。B 市于 2019 年起进行 X 省居家养老服务信息化平台试点，该平台由互联网科技公司研发、利用 X 省民政厅 12349 热线和中国电信呼叫中心等资源，共同打造“互联网 + 居家养老”新型模式，运用物联网、云计算、大数据等技术，将老年人服务需求与各类服务供给主体进行对接，实现个人、家庭、社区、机构与养老资源的衔接，向老年人及其监护人提供紧急救助、智能定位、线下人工服务、社区上门服务等，构建政府、行业、社会等在内的“三位一体”社区居家养老服务格局。

总体来说，各地的协作探索，改变了以往依赖直接提供或政府购买服务的供给模式，实际上也体现了政府治理能力的提升。多元主体的参与也进一步提升和优化了社区居家养老服务的质量，并且在应对一些较为复杂的服务治理问题方面，具有以往供给模式所不具备的资源整合优势，为社区居家公共服务的实质性改进和供给模式创新提供了一些新的经验，也初步编织了一个以政府为主导，政府职能部门、基层群众性自治组织、社会团体、市场主体、公益组织等多元主体参与的社区居家养老服务网络，逐渐构建了协作型政社关系模式。

① “3 + X”服务项目是指：全面开展 3 个基本服务项目（助餐配餐、医养结合、家政服务），同时鼓励各区、街镇根据辖区实际选择若干项目试点。

第二节 协作型政社关系的实践案例

为进一步认清协作型政社关系模式的特点和探索经验，本节从协作目标的设定、协作网络的构建和协作功能的发挥等三个剖面，结合具体案例进行分析。在案例的选取上，由于协作型政社关系模式要应对的服务问题主要是复杂、新型问题，因此，本节选取社区居家养老服务中相对复杂的医养结合服务案例进行分析，通过典型地区的服务实践，描画协作型政社关系模式的基本特征，并对实践过程中遇到的政社关系困境进行归纳。

S 市是国家卫生计生委和民政部确定的第一批国家级医养结合试点城市之一，自 2016 年起 S 市围绕医养结合服务进行了诸多探索：一是在医院增加养老服务功能，鼓励综合性医疗机构依托现有医疗资源兴办养老服务病区，或转变主体业务为康复护理；二是在养老服务机构增加医疗服务功能，鼓励有条件的养老服务机构增加卫生室，提供医生定期出诊、医护查房等专业化医疗服务；三是直接创办公立医养结合机构，由政府主导建设公办医院护理院，集医疗、护理、养老、社会保险费用报销等功能服务于一体；四是引进专业养老服务企业，建设非营利性的新型医养结合养老服务机构。

2017 年 4 月，承接 S 市 F 镇（下辖 30 个社区）社区居家养老服务运营的 DY 社会工作服务中心（以下简称 DY 社工）通过调查走访发现，辖区内长者由于健康保健意识不强，许多老年人患有高血压（61%）、风湿关节病（30%）、冠心病（14%）、糖尿病（8%）、白内障（7%）以及老年痴呆（5%）等多种疾病①，且许多居家老年人缺乏子女照料和日常陪伴，或者即便有家庭护老者照顾也无法提供有效的医养照料。S 市先期进行的医养结合服务的四种模式均未体现居家特性，是“医”和“养”的低水平结合，并且过于侧重“医”的部分，其服务要么面向兜底老年人，要么收费较高，难以向更多社区老年人普及医养结合服务，无法有效解决

① 数据来源：2017 年 DY 社工机构居民需求调研报告。

社区老年人的医养服务复杂需求，因此需要在社区层面进行服务补缺。2018 年起，S 市 F 镇社会事务局以 DY 社工为支撑，以政府公益创投资金驱动，构建政府间协作网络，并以政府力量协调联动多元医养服务力量，开展了“医务志愿者守护高龄长者”的医养结合社区居家养老服务项目。

一、设定协作目标

医养结合服务具有多元需求的基本特性，协作体系需要分别构建对“医”“养”以及“医养结合”三个基本层面的服务协同。在“医”的目标上，“医务志愿者守护高龄长者”项目，按照医院—社区—居家无缝衔接的框架，突破专业和机构界限，搭建“医社共建”医疗服务平台。其中，医疗机构的医生提供“上门诊治 + 移动 V 站[①]”的医护服务；社区驻点的社会工作者精准反馈服务需求，进行上门探访；居家的家庭护老者通过健康知识讲座、问诊随行等方式掌握基本医疗知识，并在家庭护老者互助小组内交流、实践、总结。通过“医生 + 社会工作者 + 家庭护老者”的多主体协作网络，保证居家老年人能够在需要医疗服务时及时进入“医疗模式”。在“养”的目标上，“医务志愿者守护高龄长者”项目以“养老不离家、便捷一公里”为目标，依托长者日间照料中心打造社区嵌入式小型养老综合服务平台，开展居家照料、精神慰藉、文化娱乐、助餐配餐等服务，实现居家的“养老模式”。在“医养结合”的目标上，“医务志愿者守护高龄长者”项目，将社区老年人分为“能力完好长者”以及“失能长者”两类，根据“医”和“养”的不同需求提供不同类型的服务。服务内容的目标为：健康期重在预防，疾病期重在治疗，康复期重在锻炼护理，不可逆期则提供舒缓治疗和安宁疗护。通过两大服务平台不同的服务侧重和设置，能够保障两类老年人在自己熟悉的居家环境中度过治疗、康复、养老、终老等多个阶段，同时极大地缓解了家庭护老者的照料压力（见图 6–1）。

① 移动 V 站是社区就近选择建设的方便长者到达的服务地点，以利于轻度失能的居家老年人在陪伴下接受社区医养结合服务，一般由服务机构联合家庭医生提供服务。

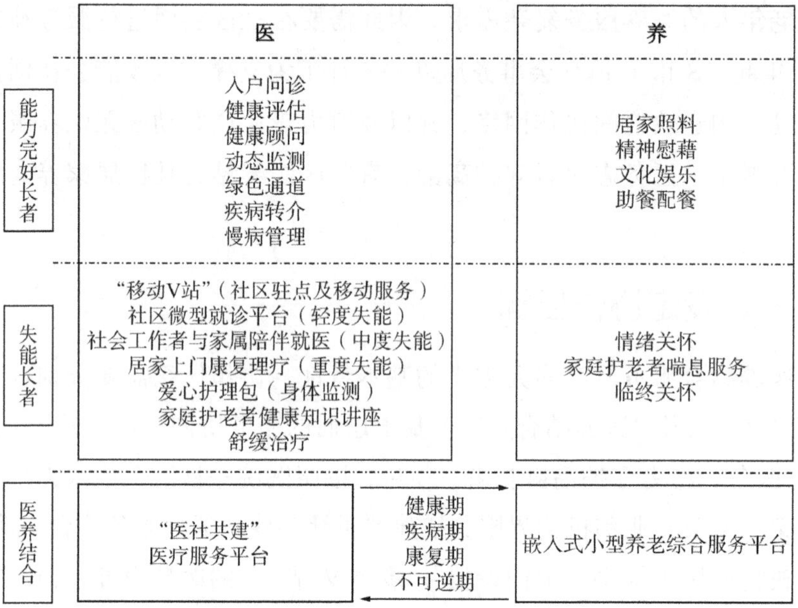

图 6–1 “医务志愿者守护高龄长者”项目服务体系

资料来源：作者整理。

二、构建协作网络

“医务志愿者守护高龄长者”项目的有效运行，依托于政府推动，社会工作机构链接专业医护 + 家庭护老者 + 志愿者多元参与的多元服务主体网络构建。围绕多元化服务主体网络的服务资源，以社区居家长者的医养服务供给为目标，打造互助康养社区建设、社会工作服务、居家照料服务、医疗护理服务、志愿互助服务于一体的服务网络（见图 6–2）。

其中，政府部门（社会事务局、民政部门、卫生健康部门等）需要构建部门间的协作联动，发挥资金供给、资源整合、政治动员、服务评估、社区宣教等作用；社会工作机构是医养结合服务网络的关键联结者，承担着需求反馈、资源链接、关系协调和个案服务等具体职能角色。专业医疗机构提供专业便捷的居家医护服务，主要包括定期上门诊疗服务与社区“移动 V 站”的定期驻点服务。为提升医护能力，在政府有关部门的协调下，项目已经与 F 镇医院、F 镇中医院 DX 分院、F 镇 NS 医院（私

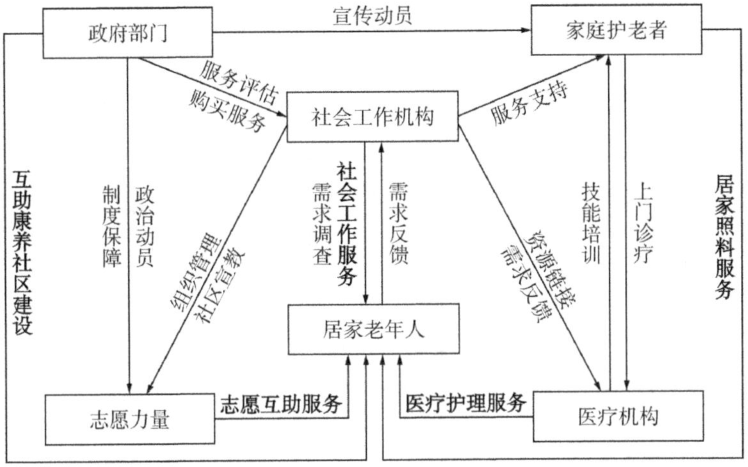

图 6-2 “医务志愿者守护高龄长者”项目的多元主体网络

资料来源：作者整理。

营）等街镇综合性医院签订战略合作协议，开展双向转诊、绿色通道、疾病防治等专业服务，并与各社区卫生站合作提供上门随诊、健康检查、康复理疗等居家服务。家庭护老者是居家医养服务的关键参与者，在政府部门的宣导下积极承担家庭老年人的医养责任，接受专业机构的技能培训和服务支持，并参与到日常的问诊随行中，提升居家医养的能力。社区志愿者、爱心企业等志愿力量通过参与“长者居家安全改造”“爱老敬老服务”“低龄志愿者守护计划”“公益医疗援助”等志愿医养服务项目，为社区居家老年人提供跨代共融的互助医养服务。最终，通过多主体的共同努力，整合居家养老服务及医疗服务，构建“政府牵头、社工牵手、医院延伸、社会支援、居家接续”的多元化社区居家养老服务支持体系。

三、发挥协作功能

F 镇的“医务志愿者守护高龄长者”项目在政府的推动和引导下，通过医养结合服务网络中的多元主体，建立信任机制、参与机制以及协调机制等，采取集体行动对社区长者的医养服务需求进行有效治理（见图 6–3）。

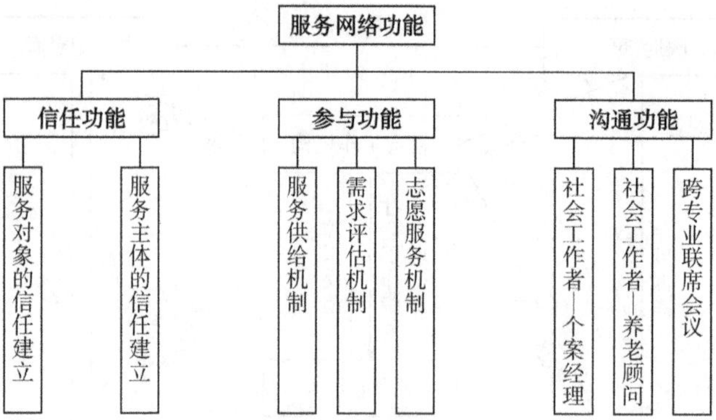

图 6–3 “医务志愿者守护高龄长者”项目的协作功能

资料来源：作者整理。

一是信任功能方面。信任关系既包括服务主体与服务对象之间的信任，也包括服务主体间的信任。信任有助于减少多主体协作过程中的交易成本，维护关系的稳定性，实现知识、资源的交换，避免相互责备等。

建立信任关系的任务之一，是与服务对象建立信任关系，通常是通过满足其理性计算、争取群体社会认同等信任要素展开。在项目运行初期，确实有部分长者对于项目的实际效用产生怀疑，但是服务主体通过服务成效[①]和费用减免为服务对象及其家庭带来了实在的服务收益，逐渐使社区长者通过理性计算形成对服务项目的群体认同。

“你们老是过来帮我检查身体状况，我很感谢你们，但是如果查出来有什么问题，我也没有钱去医院看医生啊，这有什么用呢？”

访谈对象：DY 社工 W 女士转述 GF 社区 Z 婆婆走访记录

访谈编号：20190714c

“我们不强迫长者看病，假如身体状况还可以我们就建议以养为主，通过社会工作者和家庭护老者日常护理和食疗控制就可以。但如果检查出较大的健康问题，我们就强烈建议及时就医。在费用方面，医院与基金会有合作，只要通过医生和社会工作者的双重评估，就可以免费就医，

① 据 2019 年底 DY 社工对项目运行前后的服务对象测评结果显示：社区长者的慢性病预防能力、就医观念以及自我健康意识明显提升，心理孤独感人数明显下降（心理正常比例由 68.5%上升至 99%）；家属陪伴时间、掌握的护理技巧数量显著增加，压力舒缓效果也较为突出。

有特殊情况我们也可以争取减免。”

访谈对象：F 镇中医院 DX 分院 L 主任

访谈编号：20190714a

建立信任关系的任务之二，是服务主体之间建立信任关系。其信任关系往往受各主体的社会声誉、能力、交往经验等因素的影响，且有过成功合作经验的社会组织往往更容易建立信任关系。DY 社工在 F 镇深耕专业服务超过 5 年，历年第三方服务评估结果均为优秀，与政府职能部门、社区、志愿团体以及医疗机构都开展过多次合作，帮助相关政府部门完成过不同类型的社会服务项目，因而作为项目的核心链接者，可以与各服务主体迅速建立信任关系，这在项目运行初期尤为重要。

“如果一个项目的经费不高，或者刚刚上马，我们会先找合作过的组织或机构，一是背景了解，二是专业上也信得过。如果熟悉的组织或机构没有能力，我们会跟政府协商通过其他的渠道，比如说招标或供需对接等，去寻找有能力的主体。从第三方评估机构的反馈情况看，他们对我们的链接能力也是有信心的。”

访谈对象：S 市 DY 社会工作总干事 T 女士

访谈编号：20190714b

二是参与功能方面。一方面，政府围绕社区医养结合服务，通过购买服务和资源整合，建立“一个项目、两个平台”[①]的服务供给机制。两个平台的建立，既能满足老年人养老不离家的意愿，又能解决大部分居家医疗服务需求，并使养老资源和医疗资源在社区层面得到充分利用，最大限度实现医养服务一体化。另一方面，以居家长者和家庭护老者为中心，建立需求评估机制，对老年人及家庭护老者进行适时需求调研和走访。针对不同片区老年人的不同情况，社会工作者与医护人员会带着不同的检查设备上门服务，并根据反馈结果实行服务定制和有序介入，实现老年人的健康监测跟踪和实时跟进；在此机制下，社会工作者与医护人员还会为家庭护老者提供及时的技能训练、心理干预、认知刺激、压

① “一个项目”指医务志愿者守护高龄长者项目，“两个平台”指“医社共建”医疗服务平台、嵌入式小型养老综合服务平台。

力释放等多元服务。此外，社会工作者还会整合社会志愿服务资源，建立时间银行等志愿服务机制，组织社区志愿者、当地企业志愿力量定期慰问和服务高龄、失能老年人，构建志愿服务时间换取他人服务回馈或用银行积分兑换礼品的激励机制，形成社区护老服务爱心循环系统，使志愿医养服务走向常态化、专业化、精细化。

三是沟通功能方面。DY 社工的一线社会工作者除了承担专业服务提供者的角色，同时也扮演了“个案经理”和“养老顾问”的角色。作为个案经理，社会工作者通过个案工作的方法，在提供日常服务的同时将长者的医疗服务需求向医疗机构进行精准反馈，省去了医疗机构进入社区了解服务的过程；社会工作者还会在服务供给过程中沟通联动老年人家属参与服务，培养家庭护老者的照顾意识、责任意识和照料技能。通过社会工作者这一中介，可以在开展个案工作的同时，实现居家老年人、家庭护老者和医疗机构的有效联动。作为养老顾问，社会工作者一方面为老年人提供持续专业的居家养老服务，另一方面自身也不断接受技能培训，能够根据老年人状况进行需求评估和提供服务建议，当社区老年人入院治疗时为其链接医疗资源，老年人出院后则能够迅速链接照料资源，成为老年人的养老专业顾问。

此外，DY 社工根据项目需要，在服务供给前与政府部门和合作主体一同协商制定服务清单，并在服务过程中定期举办跨专业联席会议，与家庭护老者、志愿者定期召开总结会议，沟通服务效果、服务问题并进行需求反馈等，以便进行服务改进。

“社会工作者和医生还有志愿者、家庭护老者有例会制度，沟通的内容包括定期跟踪回访的情况、医生随诊发现的问题、家庭护老经验、志愿者服务总结等，甚至每一次去哪一位长者家里应该带什么仪器设备都会有所交流沟通。”

访谈对象：S 市 DY 社工机构一线社工 W 女士

访谈编号：20190714c

总的来看，“医务志愿者守护高龄长者”项目构建的协作关系，比对医养服务进行简单“配合”（配备与合作）有明显优势。该服务体系拥有真正且确定的非正式照顾者（家庭护老者、志愿者），是多元主体中没有被忽略且接受了良好训练与专门服务的重要主体。而不仅仅是由专业机构（社会工作机构、医疗机构）提供定期的支持性服务，实际上这些支持性服务（如送餐、家政、体检等）往往也不是老年人所最迫切的。而“医务志愿者守护高龄长者”项目形成的服务体系，将老年人家属、志愿者甚至邻里等主体整合进来，可以给老年人提供日常的、长期的基本服务，结合专业机构提供的支持性服务，真正能够在多元合作的框架下将“医”和“养”的效用发挥至最大化，同时也没有因为过于强调“医”而忽略“养”造成“以老养医”的局面，参与主体在医、养、护等方面实现了多重资源嵌入和多元协同，行政性主体履行了协商监督职能，社区、社会工作机构、医疗机构等平台性主体实现了资源共享和责任分担，服务性主体积极参与医养服务，与其他各类主体一同构建“政—社—医—家”多主体服务协作体系。

第三节　协作型政社关系的特点

协作型政社关系模式的核心要点之一，是将政府以外的多元主体引进社区居家养老服务问题的解决过程之中。从关系格局来看，协作型政社关系模式是通过政府引导各类社会主体发挥各自在社区居家养老服务中的优势作用，构建一个多主体的功能交叠格局；从嵌入方式来看，协作型政社关系模式的建立，需要社会力量，既要积极参与政府协作体系，又能够为协作体系的有效运转提供资源链接、沟通协调等支持，达到政府希望有效利用各类养老服务资源的良好期望；从政社互动机制来看，多元行动者组成的行动网络应能通过一定的安排实现跨部门、多主体间的服务协作。

一、关系格局：差序化的协作体系

“多元”与“协同”特征，赋予了多元协作主要的理论意涵。[①] 在协作关系中，政府与社会关系也由“管控与被管控”向以多元参与为特征的

① 何文炯，王中汉．论老龄社会支持体系中的多元共治[J]．学术研究，2021(8)：73–80，188.

“协作关系”转变。政府部门不仅在协作体系中承担着服务发起人、资源调配者的职能，而且也掌握着事务的最终决定权，因此仍是社区居家养老服务协作关系中的核心，但协作关系的建立，也在一定程度上弱化了对其他利益相关者、服务参与者的强制性。虽然如此，协作体系中的各参与主体仍不是同等地位、同等程度地参与社区居家养老服务，而是基于一核多元的差序化协作体系。费孝通将中国乡土社会的基层结构概括为“差序化格局”，人们按照亲属的伦常次序、亲疏关系组织社群和经营事业。乔东平、高克祥也按照亲疏差序化格局，将我国政府与社会组织的关系划分为强伴生模式、伴生模式、弱伴生模式、无伴生模式。[①] 在社区居家养老服务中，以政府为起点，可以将亲疏关系视为政府对其他主体的服务授权程度，划分第一种差序化格局；以社区老年人为起点，可以按照服务关系的疏离程度，划分第二种差序化格局，并可以在差序化协作体系中，考察不同层级协作者之间的关系互动。

S市F镇“医务志愿者守护高龄长者”项目的协作关系具有鲜明的差序化特征，且这种差序化协同及其关系互动不仅发生在不同层级之间，也发生在各个层级内部。F镇社会事务局、民政部门、卫生健康部门等多个基层政府部门作为决策层，依据管理职能和管理权限的共同延伸，在层内形成跨部门协作体系，在层外建立了制度化的项目协作体系，并以其管理权力推动街道政府部门、评估机构、招标机构等主体进行医养结合服务的项目推进和监管；街道、评估机构、招标机构等主体，按照政府授权和自身的资源支配能力、评估督导能力，在层级内具体组织和实施评估，在层级外形成对社区、社会工作机构、医疗机构等主体的配合，同时也向上传递信息，履行监管职能；社会工作机构、医疗机构、社区等主体作为服务的支持层，对下一层级提供服务的项目社会工作者、医护人员、社区志愿者、家庭护老者等主体提供资源链接、服务指导、信息记录、风险化解等支持功能，同时也接受上一层级的任务安排、服务指导、服务评估等任务；服务的实施层各主体，根据自身的参与能力和上一层级的资源支持提供多

① 乔东平，高克祥．政府与社会组织的合作：模式、机制和策略[M]．北京：华夏出版社，2015：117–118．

元服务，并向上一层级反馈老年人的服务需求和服务问题。

最终，所有利益相关者，在多元主体构成的服务链中，分别扮演了服务决策者、服务配合者、服务支持者、服务实施者、服务接收者的不同层级角色，构成差序化协作体系中的主体元素，通过层级间、层级内的互动形成社区居家养老服务的差序化协作体系（见图 6–4）。

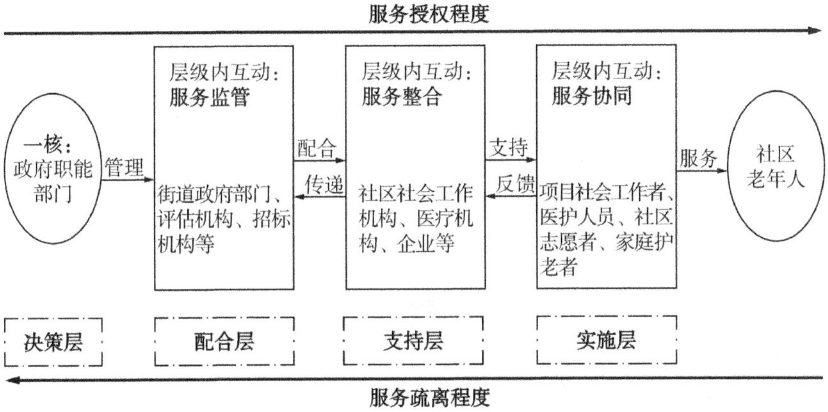

图 6–4　社区居家养老服务的差序化协作体系

资料来源：作者整理。

差序化的格局形成于一核多元政社格局中的内外部互动过程。在协作体系内部，角色分工是差序化格局形成的主导因素。在角色分工因素中，社区居家养老服务项目化的管理体系赋予了每个参与主体不同的任务分工。当行动者因相同的总体目标把各自不同的活动整合为一个整体时，便会形成一种社会秩序。并且各参与者会采用各种项目规则允许的策略，满足自身的目标。[①] 因此在服务项目推进过程中，沿着协作的总目标主动找寻自身的角色定位，采用差异化的参与策略，在自身角色分工范围内与其他主体形成固定关系，形成角色分工上的差异化地位。

S 市的案例中，在政府项目分工的基础上，各类主体在老年人服务中进行各自的角色拆分，从医养服务的政策落实，到医养服务的资源支持，再到医养服务的具体递送，形成了各主体在服务疏离程度上的差序

① GOFFMAN E. Communication conduct in an island communit[D]. Chicago: The University of Chicago, 1953: 33–36.

化格局；在协作系统外部，主体能力因素是差序化格局形成的主导因素。各主体由于支配权力、资源占有、社会地位的主体能力要素不对等，在行动主体间形成了不对等的互动关系，在项目合作过程中形成类似于科层制体系的协作模式。当科层制与项目制混合时，就会产生“科层为体、项目为用”的差序化授权体系，进而又再度强化服务中的资源支配能力与话语权。街道政府部门、评估机构拥有对医养结合服务项目更多的支配权和话语权，能够对社区、社会工作机构、医疗机构的服务资源进行充分调动，进而驱动项目社会工作者、医护人员、志愿者、家庭护老者等参与医养结合行动，其根源是政府在服务授权的差异化安排与科层制渗透，导致的主体能力差异，继而形成各主体在政府服务授权程度上的差序化格局。

二、嵌入方式：社会力量双重嵌入

在协作型政社关系模式下，嵌入关系不是单一的社会嵌入国家或者国家嵌入社会。在市场化、社会化、政府购买服务的背景下，嵌入主体仍是承接服务的社会力量，在多元关系中则应是协作体系的联结核心，即在本章案例中以 DY 社工为代表的社会组织，而社会组织嵌入的对象，则是政府和社会双重层面。张紧跟使用双向嵌入的概念论述社会组织的双向嵌入策略：一是通过嵌入国家体系获得“强合法性”，并争取更多的资源支持；二是通过嵌入社会，寻求民众的认可和支持。[①]而在其他研究中，也有人使用双向嵌入表明政府与社会之间的互相嵌入。纪莺莺使用双重嵌入这一相近概念用以说明社会组织同时调用国家与社会资源。[②]为避免概念混淆，也结合本章案例的实际情形，本书选择使用双重嵌入概念，形容社会力量在国家和社会层面的双重嵌入。

社会力量的第一重嵌入是对政府资源的联结和调用。作为社会组织，DY 社工按照传统契约购买的方式，往往无法调动契约合作方之外的政府

① 张紧跟. NGO 的双向嵌入与自主性扩展：以南海义工联为例[J]. 重庆社会主义学院学报，2014(4): 86–94.

② 纪莺莺. 从“双向嵌入”到“双向赋权”：以 N 市社区社会组织为例[J]. 浙江学刊，2017(1): 49–56.

资源，调动医疗机构的参与，在社区建设“移动V站”、社区微型就诊平台等，都需要DY社工嵌入政府服务体系，或者获得足够多的政府资源。通过第一重嵌入，协作体系能够克服碎片化服务与资源壁垒，进行服务体系再整合。另外，通过DY社工的联结，可以提升政府职能部门之间服务目标和资源配置的协调性，以改变二元契约关系存在的系列问题，包括服务经费缺乏统筹，服务规划实施的“碎片化”和“部门化”，不同部门的服务政策和标准界定缺乏协调和衔接，缺乏成熟的、不受部门职能与工作人员变动影响的协作服务体系，等等。总之，社会力量嵌入政府供给体系形成和维持协作格局，能够帮助不同的政府部门理顺服务协商机制，形成服务合力，减少社区居家养老服务的重复建设，进一步弥合“医”和“养”的割裂，联动居家服务与社区服务，减少政府服务资源浪费，改变服务供给的碎片化、无序化状态。

社会力量的第二重嵌入是对社会资源的链接和调用。DY社工对社会嵌入的主要贡献是将脱离于传统服务体系的老年人家庭成员、志愿力量、社区、公益企业等多元社会主体纳入协作体系，通过自身的吸纳活动使老年人家庭成员成为“训练有素”的家庭护老者，促进服务供需间的理性沟通与“政—社—家”合力，既有助于培育家庭的养老服务能力，也能增强提升社会自治素养，还可以提升老年人的服务满意度。另外，吸纳老年人家庭成员成为服务协作力量，能够直观地检验服务体系的有效性。以社会组织（社会工作机构）作为协作体系的联动主体，参与构建复杂的医养结合服务项目，改变以往供给体系浅层次、低频率、形式化的服务常态，既减少了社会组织自身存在的“等、靠、要”思想，又可增强其服务供给能力。在社会组织的联动下，其他社会主体能够在协作体系中发挥各自优势，在层级间和层级内进行有效互动，通过层级间的信息传递机制克服服务信息零散、失真的问题。协作体系可以从多角度、全方位掌握社区老年人的多样化需求，实现服务协作主体间的共享与共益，最终实现服务体系的优化，提升服务成效。

但是社会力量的双重嵌入，需要政府在体制内资源和社会资源两个层面的支持。从这个意义来讲，案例中的DY社工进行的双重嵌入效果，在很大程度上与政府支持力度相关。在体制内资源层面，社会组织对医疗机构的调动是否具备足够的效力，特别是在医疗机构无利可图或者任务压力较大的情况下，能否得到长期支持，取决于政府是否一直“在场”提供支持。但是在服务实践中，政府体制之外的社会组织一般不具备长期调动政府资源的能力，甚至在与社区的互动中也往往处于弱势地位。而在社会资源层面，社会组织的联动能力主要体现为社会关系层面的动员和互益，但在调动志愿力量、公益企业、老年人家庭成员等社会主体时，更长效的机制仍是政府的制度性安排和权威带动。例如，政府建立的时间银行平台、服务补贴制度、党建活动等。因此可以说，社会力量只是双重嵌入体系中的执行主体，但双重嵌入体系中的中心主体仍是政府。

三、互动机制：多元主体协作机制

协作关系重视政府、市场、社会组织、社区、家庭和公民及其自发形成的各种自组织等的多主体参与，实现各参与主体的有效配合，才能够实现“1 + 1 > 2”的治理效果。[①]而且协作关系构建的服务体系需要的是多元主体的功能联动而非机械堆砌，由于主体间的利益分歧与结构张力，多元行动者通常难以形成自觉协作状态，需要政府切实履行核心职能，并有效构建行动网络。结合 S 市的实践案例，可以进一步认识多元行动者协作网络的构建及作用机制，对协作型政社关系模式中的多元主体的互动方式进行更深入全面的认识。

多元主体的协作方式是现代管理理论研究的重要议题之一。由卡隆（Callon）、拉图尔（Latour）等社会学家提出的行动者网络理论（actor network theory，ANT）被广泛用于分析公共问题的处理过程。拉图尔将行动者网络的核心要素归纳为行动者、网络以及转译。[②]其中，行动者包括在行动网络构建中发挥作用的人类行动者及非人类行动者（如专业能力、技

① 何文炯，王中汉. 论老龄社会支持体系中的多元共治[J]. 学术研究，2021(8): 73–80, 188.

② LATOUR B. Reassembling the social: an introduction to actor network theory[M]. New York: Oxford University Press, 2005: 39.

术、观念、制度等改变事物样态的元素）①；网络是一种连接方法，可以呈现行动者的互动结果，也是促使各类行动者深嵌其中的结构秩序②；转译则是网络构建和组织的过程，用于透视网络关键点彼此联结的态势。行动者网络理论中的行动者与社区居家养老服务跨部门多元供给主体，以及服务理念和能力的发展有现实和逻辑的契合性，社区居家养老服务的急切社会需求和密集政策推动促成了转译机制的发生，对服务需求和政策目标的满足结果（转译结果）和协同产物形成协作网络。在这一过程中，社区居家养老服务体系中边界清晰、关系明确的多元协作网络被逐步构建，各服务主体得以在该网络框架下进行社区居家养老服务的动态协作。

因此，社区居家养老服务协作机制的形成过程，也是行动者的协作网络从无到有的动态过程（见图 6–5）。在这一过程中，首先具备转译动机的行动者是政府部门。在本章的案例中，大量老年人需要慢性病干预和类家庭化养老服务的现实需求，以及作为医养结合试点城市的政策需求，使政府成为核心行动者，最先将医养结合服务形成政策问题，同时形成"医"与"养"相结合的政策目标，这即是第一阶段的转译过程。在核心行动者的引导下，来自市场、社会组织、社区、志愿主体、家庭等资本和服务力量开始进入社区居家养老服务领域，共同构成了跨部门、更多元的"人类行动者"。

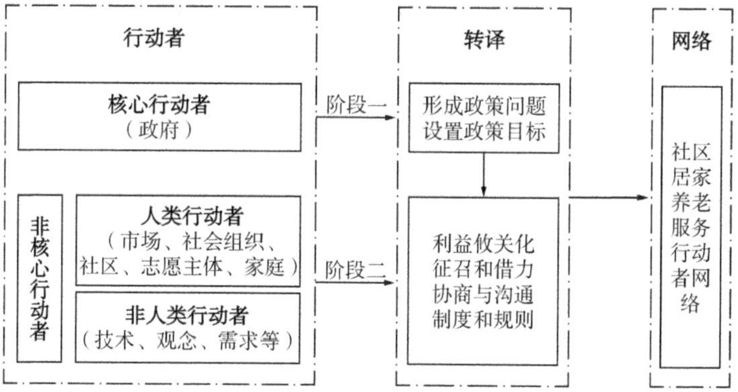

图 6–5　协作型政社关系模式的互动机制

资料来源：作者整理。

① LATOUR B. Science in action[M]. Cambridge: Harvard University Press, 1988: 83.

② LATOUR B. Pandora's hope: essays on the reality of science studies[M]. Cambridge: Harvard University Press, 1999: 172–173.

第二阶段的转译需要多元行动者通过利益攸关化、征召和借力、协商与沟通促成转译的发生。在案例中，政府（核心行动者）对医疗机构、社会组织等专业力量的引入主要通过征召实现，而对社区则使用借力的方式，使之成为平台性的合作主体，提供设施、场地、人员、居民沟通等诸多便利；各服务主体之间基于各自组织目标、价值、技术等（即非人类行动者）提供老年人的“医”或“养”的服务，实现利益攸关化；服务主体与服务对象和社区居民之间、服务主体之间也需要通过联席会议制度、居民走访说服等协商与沟通方式达成整体共识。最终，通过制度和规则（服务契约、时间银行制度等）形成类似于“医务志愿者守护高龄长者”项目的服务体系，构建具备协作功能的服务网络。在整个互动过程中，政府是核心行动者与行动发起人，通过转移机制把非核心行动者带进行动网络，并推动各主体完成第二阶段的转译，实现跨部门的服务协作。

第四节　协作型政社关系的困境

协作关系的稳定取决于协作效果与多元主体的收益实现情况。如果协作网络的参与成本大于收益，参与行动网络的协作主体之间产生的不是“网络向心力”，而是“网络离心力”，进而逐渐形成松散疏离型的协作关系。从调研的情况来看，政府在与多元主体协作供给社区居家养老服务的合作过程中，还存在着一些现实问题和困境，这些困境来自多元服务的支持保障体系、多元主体的合作关系、多元主体间的沟通协调等方面。

一、关系构建困境：主体间的协作关系不稳定

在多元主体形成协作关系前，需要在利益和价值方面达成共识。然而具体到服务展开时，不同服务供给主体仍会将自身要通过项目达到的具体目标作为优先考虑的行动指向，进而“因群体差别而引起的混乱，又加剧了分歧”[①]。结合本章案例来看，医养结合服务本质上就是一种多元异质主体之间进行合作的服务项目，由于协作主体的组织化程度不高，

① 文森特•帕里罗. 当代社会问题[M]. 周兵，等，译. 北京：华夏出版社，2002: 22.

只有松散的协作体系而没有有效的协作组织与载体，使得不同的服务主体在其组织目标、价值取向和行为方式上无法协调一致，继而产生协作分歧，影响多元主体协作关系的稳定性。

从政府来看，政府虽然积极引导多元主体提供医养结合服务，但实质上仍未摆脱政府管控的传统思维。具体来说就是存在“先试试看、做好了作典型，做不好再换”的倾向。因此，政府在政策规定、资金保障等方面存在着鼓励与约束并存、放手与干预相互交错的复杂考量。在项目初期，政府积极地以购买服务、资源链接、宣传动员等方式为项目开展和服务运作提供帮助，但政府的各种帮助通常只是“先扶上马，再遛遛看”，未对项目长期开展和多元主体联结的机制进行长远考虑，缺乏政策连续性和支持缺失也影响了其他服务主体参与的积极性和服务项目的可持续发展。例如，从 2019 年开始，S 市的部分镇区在加速引进专业的商业养老公司、私立医院、高端养老院等市场主体提供嵌入式的社区医养结合服务，这将极大压缩社会组织运作类似服务的积极性。受其影响，其他协作主体也都“权宜从事、各自为政”。

从社会力量来看，取得社区居民的信任和认同是其主要的组织目标。对于很多社会力量而言，期望能够在进入社区时获得支持，那么运作优质项目是拉近与居民距离、获得认可的最佳方式，可以为其相关服务开展或者市场化服务推广建立群众基础。以本章“医务志愿者守护高龄长者”项目为例，社会工作机构希望通过更深度、更在场的医护服务，尝试突破只体检不治病的服务困局，通过优质服务赢得居民认同。但其具体的实施过程又受限于医养结合的项目定位和专业条件限制，缺乏更专业护理能力的项目载体（包括日间照料中心、“移动 V 站”、社区微型就诊平台等）仍无法为失能老年人提供有效的护理服务，最终由于功能单一导致客群不稳定、服务设施被闲置。而一旦无法在免费向居民提供的服务项目上取得居民认同和信任，便无法更进一步推广市场化服务和进行服务更新，进而陷入恶性循环：缺乏有偿服务无法促进组织“造血”，无法“造血”则难以为组织赢得更多服务资源，便更加难以开展各项服务。

“居民在认识上还是有误区，一是认为社区的服务就应该是免费的，二是不愿意花钱购买服务。所以我们也在考虑尝试其他的有偿服务，比如游学服务、军营服务、暑期服务、督导培训等。”

访谈对象：S市DY社工总干事T女士

访谈编号：20190714b

从医疗机构来看，作为市场主体，更注重较短时期内的经济回报，然而从事社区医养结合服务的经济回报却较为有限。因此，医疗机构和养老服务机构之间互惠协作往往建立在政府的引导协调基础上。但是项目开展过程中，回报的延时性、收益的不确定性，决定了三级医院对协同进行医养结合社区居家养老服务的动力必然不足，而基层医疗机构的医疗水平、人员保障都处于相对较低的水准，又决定了类似“医务志愿者守护高龄长者”这样的浅层次医养结合项目，无法通过为老年人提供满意的医养服务而获得长远回报。最终，医疗机构或医护人员在缺乏有效激励的情况下，与社会工作机构之间的服务衔接渠道不再顺畅，并逐渐地退出多元合作体系。尤其是基层社区“医”和“养”的业务压力不同，医疗部分政府有引流措施，社区卫生服务机构有相对固定的业务量和服务对象，例如，想去三级医院住院，必须社区首诊，但是居家养老缺乏这样的引流措施，服务机构对老年人的普遍养老需求无法有效捕捉。从多元主体的生存压力来看，医疗机构合作的动力显然要弱于养老服务机构。

“比较严峻的问题是医务人员的支持不足，因为医务人员平常太忙了，协助做这个项目有时候需要协调很久。虽然项目会给一些补贴，还有项目层面的一些表彰，但是其他的激励还是偏少。”

访谈对象：S市DY社工项目主管M女士

访谈编号：20190714d

从志愿力量和家庭支持者来看，社会组织和社区链接的志愿服务力量以及动员的家庭支持者，由于其自身服务的非制度化、非专业性和非稳定性，令其难以成为社区居家养老服务的核心力量。从调研来看，当前参与多元主体养老服务协作的志愿力量大多来自社区外的组织和机构，如社区辖区企事业单位员工、高校学生志愿者、当地志愿团体等外来志愿力量，这就决定了他们在社区提供的诸如上门探访、健康讲座、文艺表演、心理慰藉、专业咨询等服务，只留在献爱心、做奉献的层面，具有专业性较弱、频率较低、流于形式的特征，如若无法真正形成具有持续影响力的公益品牌，难以保障此类服务的长效开展。而家庭支持者的服务参与也无法稳定和持续，包括部分家庭宁愿请保姆也不愿意或无法参与对老年人的服务协同。因此，这两类主体也难以在多元合作框架中提供持续性、高质量的社区居家养老服务。

二、关系嵌入困境：协作体系的资源支持不足

社会力量的双重嵌入需要同时调用国家与社会资源，尤其需要得到足够的政府支持。但从本章的协作案例来看，协作的体系框架虽已建立，但嵌入水平和效果仍由于政府对协作体系的支持不足，最终导致社会力量既难以有效嵌入多元服务体系，又无法嵌入基层社区获得广泛支持。

一是服务协作体系的资金保障不足。维持多元服务正常运转，需要多维度、多渠道的资金投入。但就目前而言，社区居家养老服务项目较为稳定的资金来源仍主要依赖政府的购买服务经费，辅以公益创投项目、捐赠等其他为数不多的渠道，社会力量自身的造血能力尚待提升。大部分项目经费保障能力仅能满足兜底性、普惠性的服务项目支出，而无法形成对协作项目的长期支持，最终项目的持续性、专业性、稳定性均受影响。以本章“医务志愿者守护高龄长者”项目为例，项目运行两年共获得来自服务购买的经费支持 22.5 万元，这些经费需要维持整个项目的服务运行开支、人员薪资待遇、医护人员的服务补贴等，尤其是社会工作机构对参与项目的医护人员及志愿者等主体的补贴和激励等，没有额外经费支持。另外，由于医养结合服务的特殊性，在额外申请采购大件器械或举办大型活动（如社区体检）时，需要经过街镇会议审议、财政审批、政府采购等系列流程，也给服务主体带来额外的工作负担，并且时常出现活动临近而经费尚未到位的情况。

“不能按时拨付项目经费，或者申请流程过于麻烦，是项目目前的一大困难，经常会影响到日常服务的运作。比如说我们给医生的补贴、奖励，包括我们自己社会工作者的工资，也出现过延期发放的情况，一

旦这样工作就很难开展。”

访谈对象：S市DY社工项目主管M女士

访谈编号：20190714d

二是协作体系中的人员保障不足。资金不足带来的另一个问题是多元服务的人员保障难以满足服务需求。由于缺乏政府的有力支持以及社会力量自身的发育水平较低，当前提供社区居家养老服务的人员中，有相当数量是未经专业技能培训的临时聘用人员，造成开展高水平服务的能力不足。例如，在“医务志愿者守护高龄长者”项目运行过程中，养老或医务专业社会工作者严重不足，日间照料中心也存在服务人员少、专业护理人员紧缺的问题，只能使用兼职的养老护理人员。未经系统培训的服务人员在应对老年人突发疾病时处理能力不足，严重影响救治效率和医养结合服务的水平。

“在项目开展过程中，不断有人员流失，对项目的影响比较大……主要是待遇问题，机构也想提升工资待遇来招募更多的专业服务人员，但一方面资金确实有限，另一方面服务合同书对于人员薪酬有严格的比例控制，基本上也没有提升薪资的空间。”

访谈对象：S市DY社工项目主管M女士

访谈编号：20190714d

三是设施条件保障不足。从调研情况看，部分社区日间照料中心面积偏小，老年人的活动空间和设施条件较为一般，实际上难以支撑开展真正的医养结合服务，只能作为能力完好长者的日间娱乐中心，并未承担起照料的职能。另外，按照“医务志愿者守护高龄长者”项目的设计要求，轻度失能老年人在家庭护老者的陪伴下可以前往“移动V站”接受医养服务，中度失能、重度失能等护理需求较大的老年人则可以由社会工作者和志愿者陪同前往服务场所，但是日间照料中心暂时没有条件提供接送服务，仅能为就近老年人提供轮椅接送。限于服务半径和服务人手问题，服务始终无法大面积铺开。

三、关系互动困境：协作主体间缺乏服务联动

虽然政府部门、企业、社会组织、志愿力量、家庭护老者等多元主体

同为社区居家养老服务的供给主体，但是各方的供给责任和价值理念等存在较大差异，嵌入协作关系时无法跳出原有特定场域和制度惯性下的行为模式，进而产生差异化的行为认知与策略选择，并形成多元主体在行动过程中的转译机制障碍，影响协作关系下协作水平的提升。

一是管理的碎片化。协作型政社关系模式的建立，首先要理顺政府部门间的协作关系，以为整合多种政府服务资源提供多元服务。但是在当前面临着福利资源碎片化所导致的管理碎片化问题，使得协作体系的政策问题不聚焦、政策目标难以统一。一方面是服务管理的碎片化。以医养结合服务为例，该类项目涉及的部门包括卫生健康部门、民政部门、街镇政府等，甚至不属于政府部门的社区也在其中发挥重要作用。一个简单的例子是，民政部门对老年人的年龄认定标准是 60 岁，而卫生健康部门开展老年人公共卫生服务的起始年龄一般是 65 岁，这也使得在实践中，养老服务机构要联合医疗机构开展老年人医护服务时的政策性阻碍较多。另一方面是福利资源的碎片化，导致完成一个协同项目需要与多个部门打交道，缺乏多部门协同的服务顶层设计，同样难以保障服务项目的有效推进。如上门医疗护理服务存在医保报销、开处方等政策性隔阂，医生只能在执业点开处方，上门后老年人还需要去社区医院拿药、打针，上门实际上无法真正解决医疗护理问题。此外，民政部门与消防部门工作也存在协调问题，一些服务场地因消防不达标而推迟营运，或反复整改。

“服务扶持政策和服务资源方面，有的是民政部门说了算，有的卫生健康部门说了算，有的是街道说了算，消防还要达标，有的事情还要跟社区协调，甚至有的社区还有和小区业委会沟通场地等问题……（做这个项目）要和不同部门打交道。”

访谈对象：S 市 DY 社工项目主管 M 女士

访谈编号：20190714d

二是交易成本高。如前所述，多元主体框架中的各方在利益上并非完全一致，而且组织资源的类型、存量和质量等方面也存在显著差异。从交易成本学派的观点看，各方的服务协同实际上是一种多方交易的结果。而在服务项目中，维持交易结果则需要付出一定的交易成本。以“医务志愿者守护高龄长者”项目来说，就是医养结合服务的各方为了实现协同行动，需要沟通协调所产生的成本。具体来看，社会工作机构需要耗费更多服务力量用于跨部门协商，也需要承担一些来自组织职能以外且没有付费的公共事务，而医疗机构为项目提供医护服务同样也需要让渡部分市场效益，还要为医养结合项目培养专门的医务人员，由于交易内容的专用性导致交易成本进一步增加。而政府作为核心行动者，为维持项目运转同样投入了较多的资源，而社会效益则不好评价。一旦项目的预期交易目标没有充分显现，使得利益攸关失效，各主体间的后续交易行为将受到极大影响。

三是资源流通障碍。来自不同部门的项目分包制度，不利于不同服务主体之间展开横向协调和沟通。以“医务志愿者守护高龄长者”项目为例，社会工作机构承接的是政府购买的公共服务项目，医疗机构则主要围绕家庭医生制度实施开展服务协同，而社区居民委员会则负有完成上级政府交办的公共事务具体参与和保障的职能。从理论上来说，社区居民委员会、社会组织、医疗机构之间基于目标一致性是平等、相互合作的关系，然而项目开展中极少能够形成良好的资源互补，在社会工作机构组织的跨专业联席会议机制中，相关主体的经常性缺席导致开展服务时常常缺乏关键资源支持，例如，活动筹备中缺场地、缺志愿者、缺医护人员、缺补贴等情况，资源流通障碍使得服务闭环难以实现，成为协作服务体系建设的一大难题。

四是社区联结能力不足。社区是协作服务行动中，需要征召和借力的重要平台性主体。但在实践中，社区不得不依赖街道等政府部门提供的各类资源，并且在工作方式和内容上也受制于基层政府的职能延伸。在大部分社区，党支部委员会和居民委员会的工作繁重，不能很好发挥多元主体在社区居家养老服务中的联结作用。例如，社区希望社会工作者多帮忙处理重点行政事务，社区无法帮忙协调医护力量提供服务，等等。因此在服务场域中，容易出现多主体行动无序的状态，即多元行动网络的碎片化现象，导致多元主体协同不足，联动效应难以发挥。社区无暇被“征召”也无从“借力”，使得协作的服务目标转译行动存在困难。

第七章 社区居家养老服务中政社关系困境的根源

从我国不同时期的政策制定和当前服务实践来看，政府、市场、社会等在养老服务治理中的关系在不断演变，因此治理理论对分析我国养老服务治理问题中具有较强的适用性和解析力。传统政府管理时期的社区居家养老服务供给体系中，存在政府包揽过多的“职能越位”现象。转型时期，社区居家养老服务体系供给主体，开始由单一的政府向政府与市场合作转变，但是政府仍承担主要责任，其职能开始转变为服务统合与服务购买。为满足老年人的多元需求，社区居家养老服务体系综合考虑了政府、服务组织、支持性机构、居民等多元利益相关者的参与。

当前我国的社区居家养老服务治理也正从传统的政府管理模式向现代化的治理模式转型，并且实践中已具备治理的一些要素，如“引入社会力量”“政社契约关系”“网络化多元主体”等。在对 X 省社区居家养老服务实践的考察中，地方政府将社会力量吸纳进社区居家养老服务的治理体系，引导社会力量参与服务，或通过将社会力量统合到权威秩序的方式，或采取市场化契约购买服务的方式，或主导构建协作关系的方式，实质上都在一定程度上促成了政府与其他治理主体在社区居家养老服务中的治理权力共享，也在不同程度上改变了科层治理传统中政府垄断治理权和公共服务的格局。但是在治理探索中，政社互动仍然存在诸多现实困境。本章以治理理论为视角，分析社区居家养老服务中政社关系问题的根源。

第一节 治理理论视角下的政社关系

老年需求的异质性、养老服务资源占有的差异性，决定了政府制定养老服务政策、实行有效治理时，需要充分调动其他社会主体参与。现有政社关系模式都强调在政府主导的框架内开展服务协作，政府赋予社会力量不同程度的参与机会和空间。从这个意义上说，社区居家养老服务治理的成效，取决于政府在治理过程中对政府与社会关系的判断。在此过程中，治理理论的指导意义在于：政府如何正确认识和处理服务供给过程中与社会力量的合作关系，以及政府在承担必要责任时如何减少治理中的职能错位、越位等现象。

一、治理理论下的政社互动与协作

政府和社会都是治理的主体，因而政府与社会关系也是治理理论的研究焦点之一。国家治理理论的代表性学者米格德尔（Migdal）指出，国家和社会都不是固定的实体，在相互作用的过程中，它们的结构、目标、支持者、规则和社会控制都在发生变化，它们处于不断相互适应的过程之中[①]，并且两者的互动可以为彼此带来更多的权力。米格德尔强调治理过程中政府与社会之间的双向作用，既要看到政府对社会的作用，也应看到社会对政府的影响和制约。[②]由此形成的“政社分开”理念，主张政府与社会应是“互相分开、互不侵犯、独立自主、相互制约”的关系。随

① MIGDAL J S. State in society: studying how states and societies transform and constitate one another[M]. Cambridge: Cambridge University Press, 2001: 57.

② MIGDAL J S, KOHLI A, SHUE V.State power and social forces: domination and transformation in the Third World[M]. Cambridge: Cambridge University Press, 1994: 321.

着研究的展开，西方治理理论更多开始关注政府与社会如何有效共存，并提出传统政府过于依赖“命令—控制”科层机制，在面对复杂问题时容易出现政府失灵的治理问题。对此，政府必须与社会中的其他行动主体展开合作，才能实现对公共事务的有效治理。这也意味着，市场、社会组织、公民等社会力量都可以参与公共事务，成为治理主体乃至治理中心。在不同的治理路径下，政府与社会关系面临多重转变，包括：由政府单中心向政社多中心转变、由政府集权向社会分权转变、由政社对立向政社合作转变，等等。

我国的治理理论研究与西方治理理论脉络基本保持了一致性和同步性，但也在再造政府与社会关系的讨论中，对“治理”“社会治理”“善治”“网络治理”“多中心治理”“合作治理”等治理模式中的政府与社会关系进行了本土化的探讨。而且，在继承西方“governance”基本内涵和理念的基础上，更强调政府之外的社会力量在社会事务中的作用发挥。目前国内学界关于治理视角下的政府与社会关系，在核心观点上具有较强的一致性：在政社关系格局方面，治理要求主体的多元性，要求充分发挥社会力量在治理过程中的积极作用；在政社地位方面，治理强调多元治理主体在地位上的平等，但也承认各主体的治理功能差异；在政社互动方面，认为治理主体之间有较强的互动性，能够采用合作、协调、分享等多种方式进行互动；在政社互动目标方面，治理的目标是实现政社各方的共同利益，并以此带动社会发展；在政府与社会的关系构建方面，治理理论倡导“多主体、多中心”的模式，强调治理的结果须通过各利益主体的有效参与而不是政府的绝对权力来实现。

在我国的宏观施政理念中，也体现了治理理论关于协商、参与、协同、合作、自治、共享等政社关系的基本特征，以及推动社会积极承担公共服务供给职能的治理导向，并且渐次递进、不断深化。党的十六届六中全会把创新社会管理体制，整合社会管理资源，提高社会管理水平，健全党委领导、政府负责、社会协同、公众参与的社会管理格局①，作为

① 中共中央关于构建社会主义和谐社会若干重大问题的决定[J]. 求是，2006(20)，3–12.

构建社会主义和谐社会的重要任务，标志着我国政府对于社会管理体制和规律的认识深化；党的十八届三中全会通过的《中共中央关于全面深化改革若干重大问题的决定》中提出推进国家治理体系和治理能力现代化的目标，明确提出了社会治理的政策理念，标志着"治理"由理论上升为国家宏观政策；党的十九大报告提出，要打造共建共治共享的社会治理格局，"共治"概念的提出是我国政府在治理理念方面的再次深化和创新，也进一步强调了多元力量在治理格局中的重要作用；党的二十大报告中再次强调要建设人人有责、人人尽责、人人享有的社会治理共同体，这是多元主体各尽其责、实现共同治理的理念深化。由此可见，在我国的施政理念中，政社之间始终保持了广泛互动，维持了政府与社会的关系平衡，也可预见政社之间广泛而深入的合作将是我国政社关系的基本趋势。

因此，西方治理理论聚焦于政府与社会二元主体关系的分析和建构，而我国治理视阈下的政社关系不单纯是西方二元主体范式下两者分立的竞合冲突关系，而更关注治理领域中的政府与社会的互动与合作。基于中国治理经验的阐述，我国公共服务治理中，政府与社会关系及其互动目标的基本表达可以概括为：政府、社会和公众通过合作与协商形成治理共同体，合力化解社会矛盾，共同促进和改善民生，实现共建共治共享。共建共治共享具有多元共治、全民参与、共同享有的三层意涵[①]，这也应当是我国社区居家养老服务治理情境中，对政社关系构建方式和政社互动目标的基本阐述。为实现上述善治目标，需要加强政府能力建设，提升社会参与能力，推动政府与社会关系沿着多元、合作、协商的方向发展。多元的治理机制，就是要将所有有助于实现善治的机制或工具综合使用，灵活运用包括层级制、市场制、自组织制甚至家庭制在内的多种治理机制，以最大限度推进共建共治共享。

二、从参与治理到合作治理

"治理"本身已包含"参与"的含义，治理的提出意味着政府一元化

① 江国华，刘文君．习近平"共建共治共享"治理理念的理论释读[J]．求索，2018(1)：32–38.

管理体制的结束与治理主体多元化时代的到来。参与治理与合作治理都进一步强调公民参与、政府赋权、协调非控制等治理要素，因此也有研究将两个概念混为一体。陈剩勇、赵光勇认为，参与式治理是公民、组织和政府共同参与公共决策、分配资源并实现合作治理的过程。①但参与只可以被看作是民主的一种温和的和初步的形式②，在参与治理模式中，感召、授权、协作等非强制性政策工具有所增加，其他治理主体意愿与行动逐渐受到政府的重视，但政府仍然作为治理中心掌握着关键的公共资源和公共事务的决策权。因此，尽管参与治理大幅弱化了科层制的僵化特征，建立了更具开放性、包容性的规则系统，但本质上遵循的仍然是一种自上而下的政府与社会互动关系路径，在参与的过程中，社会力量对决策事件的影响程度上存在固有局限。

伍德（Wood）和格雷（Gray）在 1991 年首次提出了“合作治理”（cooperative governance）的概念，并将其内涵界定为集中多个利益相关者于一个共同的议题，并由公共机构作出一致同意的决定的治理模式。③罗兹（Rhodes）在其 1996 年出版的《新的治理》中提出过关于“治理”的六种定义，其中第五种定义（社会控制体系的治理）将其界定为政府与民间、公共部门与私人部门之间的合作互动。④维戈达（Vigoda）指出合作包含了协商、参与、互助、沟通等要素，是合作主体在相互理解与包容基础上达成共识以及权力、资源的公平分配。⑤美国治理研究的权威学者库伊曼（Kooiman）进一步在《将治理关系当作一种治理》（Governing as Governance）一书中提出三种治理模式，即层级节制治理（hierarchy-governance）模式、自我治理（self-governance）模式以及合作治理（co-governance）模式。⑥由此可见，合作治理源于治理。但合作治

① 陈剩勇，赵光勇.“参与式治理”研究述评[J]. 教学与研究，2009(8): 75–82.

② 俞海山. 从参与治理到合作治理：我国环境治理模式的转型[J]. 江汉论坛，2017(4): 58–62.

③ WOOD D J, GRAY B. Toward a comprehensive theory of collaboration[J]. Journal of applied behavioral science, 1991, 27(2): 139–162.

④ 俞可平. 治理与善治[M]. 北京：社会科学文献出版社，2000: 86.

⑤ VIGODA E. From Responsiveness to collaboration: governance, citizens, and the next generation of public administration[J]. Public administration review, 2002, 62(5): 527–540.

⑥ KOOIMAN J. Governing as Governance[M]. New Delhi: SAGE Publications Ltd, 2003: 79-131.

理更加强调政府与其他治理主体共享裁量权①，从根本上改变政府中心主义的治理架构，将更多的社会力量纳入治理体系，发展和形成以“多中心”为特征的治理格局。安塞尔和盖什（Ansell & Gash）在研究了127个合作治理案例之后，指出合作治理行动能够达成和推进的要素包括可信承诺、信任关系、谈判协商和互相理解。②

因此，虽然同属于治理理论体系，参与治理应当归结为对民主行政的治理目标追求，而合作治理则强调社会自治与共治结果缔结，其理念内核是实现对参与治理模式的扬弃，进而构建全新的、以合作共治为导向的治理体系。在治理场景中，两种治理方式的政社关系也存在显著差异。参与治理仍由某一方（政府）主导，而合作治理则要求所有治理主体基于特定互惠性目标开展平等合作。当然，政府与社会力量在合作过程中的权利和实力基本不可能绝对地形成对等，但是在公共事务中的地位（或者实质影响）及其角色应当是平等的。合作治理希望突破以往自上而下的政府主导模式，在治理中实现更广泛的权力共享。从合作治理与参与治理的主体关系对比来看，合作治理是对任何一种形式的政府中心主义的否定，所欲建构的是一种“去中心化”的社会治理模式。在相互合作的治理过程中，政府仅仅是合作治理体系中多元主体中的一元③。因此，可以说参与治理是“中心—边缘”控制结构的延续，而合作治理则是基于自主、平等和互惠理念聚合而成的治理方案，是对治理系统中“分工—协作”逻辑、科层制传统路径以及“中心—边缘”结构的全面扬弃与超越。

两者的治理分歧，是源于参与治理与合作治理不同的建构基础，即制度主义与行动主义的区隔。由于政府在参与治理中的中心地位，因此天然地具有制定规则和划定参与界限的权力，而政府限定框架内的一切合作都是制度化的合作，有具体的流程、规范和标准，共同行动中的各方须在行动前达成基本共识和满足程序正义。而对于行动主义而言，行

① 约翰·D. 多纳休，理查德·J. 泽克豪泽. 合作：激变时代的合作治理[M]. 徐维，译. 北京：中国政法大学出版社，2015: 51.

② ANSELL C, GASH A. Collaborative governance in theory and practice[J]. Journal of public administration research and theory, 2008, 18(4): 544.

③ 张康之. 在后工业化进程中构想合作治理[J]. 哈尔滨工业大学学报（社会科学版），2013, 15(1): 51–60, 4.

动者不是由制度所规定的，不会由制度来设定标准和划出界限，以允许某些人或排除某些人参与社会治理过程。更进一步看，任何个体或组织都无法仅仅凭借制度的规定就能够成为行动者，而是必须通过自身的行动实践具行动者的角色，也不会有任何制度去确认谁可以成为行动者或什么样的行动者。[①] 合作治理作为一种新型社会治理模式，将更多地突出分散的、随机性的治理行动。[②] 因此，合作治理的建构基础是行动主义，通过行动建构合作，摆脱前置性制度困囿，是合作治理实现的重要途径和基本方式。

不同的建构基础又导致了两者的治理方式差异。合作治理更强调政府与其他治理主体在平等基础上进行的协商、谈判过程，是一种共同决策、共同承担责任的治理方式。敬乂嘉认为，合作治理要通过治理主体之间对各方治理性资源进行的交换和共享来实现公共事务的共同治理[③]，政府可以采用默许、邀请、授权或其他方式，支持社会组织参与公共事务的咨询、决策、实施、评价和监督，共同实现对公共需要和社会矛盾的发现、形塑和回应。[④] 合作治理强调通过权力与自由裁量权的共享，在公共部门、非营利部门以及私人部门等治理主体内部或跨部门之间建构合作基础，进而改变参与治理模式中存在的社会力量与公众被迫参与、被动参与的现象。所以合作治理的实现前提是政府对治理主体多元化的充分接纳，承认政府之外的社会主体在公共事务治理中的独立地位，并能够将政府权威和政府资源予以分享。因此，合作治理并非是对以往参与治理的优化，而是在于治理方式的重构。

综上所述，从政府与社会关系的角度看，为了政府治理目标而形成的以政府为主导、各方力量共同参与其中，最终由政府作出决策并承担责任的治理方式，其特征都是政府作为治理中心，将社会力量纳入并作为治理的参与主体，由此而形成的治理特点具有参与治理的共性特征。

① 张乾友. 行动主义：合作治理的神髓——兼评张康之教授的《公共行政的行动主义》[J]. 河北学刊, 2017(3): 189–194.

② 张康之. 公共行政的行动主义[M]. 南京:江苏人民出版社, 2014: 222.

③ 敬乂嘉. 合作治理再造公共服务的逻辑[M]. 天津: 天津人民出版社, 2009: 172–173.

④ 敬乂嘉. 从购买服务到合作治理——政社合作的形态与发展[J]. 中国行政管理, 2014(7): 54–59.

作为对参与治理的超越，合作治理强调政府与社会力量的平等合作，促使政府职能由管理向服务根本转变，而服务型政府将成为治理体系中的恰当引导者，通过复合政策工具的使用和逐渐成长起来的多元行动者开展有效合作。因此，在治理模式的诸多要素上，合作治理与参与治理存在着明显差异（见表 7–1）。总之，合作治理建立在多元参与的基础之上，但又超越了参与治理范式。

表 7–1　参与治理与合作治理的差异

治理模式	主体关系	治理结构	驱动因素	理性基础	建构基础	治理要素	参与意愿
参与治理	存在主导者具备依附性	中心—边缘 封闭/半封闭	参与者自利	工具理性	制度主义	权威 契约 法治	被动
合作治理	平等互信 共同协商	去中心化 开放	公共利益	价值理性	行动主义	协商 道德 信任	主动

资料来源：作者整理。

第二节　参与治理：政社关系困境的根源

在社区居家养老服务中，政府的强势地位和以自我为中心的施政导向，使得社会力量仅扮演了参与者的角色，导致不同政社关系模式的关系构建困境、关系嵌入困境、关系互动困境。从问题形成的根源来看，不同的政社关系模式的关系困境又具体体现为支持问题、沟通问题、依赖问题、认同问题、规制依附问题、部门失灵问题等。本书认为，在社区居家养老服务的治理实践中，政府维持和强化了“自身统合、社会参与”的政社关系，使社区居家养老服务的政社关系构建时所采取的统合、契约、协作等政社关系构建方式，仍属于参与治理范畴。然而参与治理模式缺乏平等协商、互信互惠、共担共决等合作治理要素，进而产生政社关系模式构建过程中的诸多合作问题。

一、单中心权力格局

在社区居家养老服务分工格局的建构过程中，由于单中心权力格局并未根本改变，以政府为单一中心的纵向秩序强化了政府的“自在性”立场。“自在性”意味着以自我为中心，限制了一种彻底的去中心化的“他在性”生成。[①]按照合作的观点，“他在性”的政府与社会关系意味着所有行动主体都将作为平等的行动主体而相互建构。放置于政府治理模式下，政府对他者开放是主体间形成合作关系的基本前提，为政府与社会的合作打开空间，实现从“控制”到“合作”的转变[②]，是与合作治理模式相适应的服务型政府模式[③]，可见，单中心权力格局下生成的仍然是有限参与的全能主义政府模式，结合社区居家养老服务的政社关系模式的考察，又可以将社区居家养老服务的治理路径进一步区分为权威治理路径、市场治理路径、网络治理路径以及合作治理路径（见图 7–1）。

	刚性权威	弹性参与
自在性	权威治理路径	网络治理路径
他在性	市场治理路径	合作治理路径

图 7–1　社区居家养老服务的治理路径差异

资料来源：作者整理。

前三种路径契合了本书对 X 省现存的三种社区居家养老服务政社关系模式的考察。而合作治理是一条由“边缘向中心汇聚”的路径，使政府能够真切地倾听“他在性诉求”，为“权威”与“参与”的有机融合提供可能。也就是说，合作治理的路径是需要在参与的基础上跳出自我中心的局限，通过“他在性”认同而建构。但是在 X 省的案例考察中，明显发现政府部门的行为逻辑仍主要基于“自在性”立场而非“他在性”认同，并具体表现为“权力优先”的传统和基于竞争文化的政绩考量。

① 张乾友. 朝向他在性：公共行政的演进逻辑[J]. 中国人民大学学报, 2013(6): 107–114.

② 孙秋芬. 从主体性、主体间性到他在性：现代社会治理的演进逻辑[J]. 华中科技大学学报(社会科学版), 2017(6): 20–26.

③ 向玉琼. 论“他在性”导向中生成的服务型政府[J]. 江苏行政学院学报, 2015(5): 106–112.

“权力优先”的传统，使合作主体（包括政府）的角色地位与专业地位出现异化。例如，在社区居家养老服务购买的规则和考核标准方面，单方面设置规则和改变服务内容、服务标准的情况时有发生。在X省的调研中，一些服务的从业者和第三方评估者反映，在政府主导服务购买的背景下，一些社区居家养老服务项目不做服务调研，社会工作者或企业未按照标书中的服务计划提供服务，甚至没有做服务计划书，因为政府只购买人头而不购买服务。受其影响，服务主体也只专注于任务而不是服务。同时，也存在部分地方政府缺乏完善的服务评估指标体系，或者套用其他地方服务评估标准的现象。加上行政组织具有极易自我扩张特点，政府会有借助服务扩大规模、控制资源，或服务供给主体的遴选体制中扶持“权威代理”的倾向，形成权力对服务的更多干预。

政府竞争文化在社区居家养老服务合作中具体体现为：基于服务绩效的竞争文化，以及基于管理绩效的竞争文化。从服务绩效竞争文化来看，当政府（尤其是基层政府）面临较大的政绩压力时，构建多元合作的服务供给体系对其而言，只能产生类似于“隔靴搔痒”式的政绩效能，因而政府更倾向于用自身更擅长和习惯的方式干预合作过程和影响合作关系。在统合模式中，表现为政府“代理”（国有企业）对社会组织的替代与资源的掌控，在政社合作模式中表现为对服务的过多介入和摊派以及对规则的掌控，在协作模式中则表现为宜从权变式的施政策略。例如，A市推行Y康中心项目的建设，很大一方面的考量也是因为地方政府需要为自身树立示范标杆，哪怕这种标杆主要的示范效应在于硬件水平而非服务质量。从管理绩效竞争文化来看，行政部门在很大程度上没有将合作主体视为潜在的合作者。[①] 在C市的调研中发现，某镇由国有企业承接社区居家养老服务的部分动因其实非常简单，就是镇政府认为每年每个站点投入几十万元的经费，“我为什么不收回来交给国有企业做呢？国有企业来做，成本更低，也更好管理”。在这种思维模式中，政府发现和吸纳服务的“他者”是一回事，与“他者”开展持续合作又是另一回事。而

① 戚建刚. 风险规制过程的合法性之证成——以公众和专家的风险知识运用为视角[J]. 法商研究, 2009(5): 49–59.

其根源，都是政府“自在性”立场上的单中心行政惯习。

然而这种竞争文化带来的，却不一定是服务效果的提升。例如，盲目推动市场化服务，而忽视养老服务及其对象的特殊性。由社会组织运营服务有其独特优势，因其长期深耕于社区服务，擅长老年人的心理健康建设，在组织活动、走访慰问、心理疏导、档案管理等方面有非常完备的工作流程和规范，因此老年人对社会组织服务的认可度往往高于市场主体，而企业运作服务虽然具有专业优势和资源优势，但是由于企业的营利动机，其服务价格往往偏高。以老年人的陪诊服务为例，社会工作机构的服务收费是 100 元，而企业运营的服务收费普遍在 300 元以上，实际上给老年人带来了更高的服务成本，不利于服务的常态化开展。

另外，单中心权力格局的权重还影响着政府和社会力量的合作角色塑造。社区居家养老服务中的“角色”，是指所有进入社区居家养老服务过程中且对社区居家养老服务合作治理产生影响的行为主体。政府与社会力量在合作空间中的角色设定主要取决于两者所处的“地位”，而角色期待又是基于在合作空间中的自身想象。[①] 因而，“自在性”地位的自我固化，又使得政府对自身和对社会力量的角色期待、社会力量对政府与自身的角色期待均产生应然与实然的偏差（见表 7–2）。

表 7–2　政府与社会力量角色期待

	政府	社会力量
政府	**应然**：不分主次的合作者 **实然**：服务主导者	**应然**：不分主次的合作者 **实然**：服务辅助者
社会力量	**应然**：不分主次的合作者 **实然**：服务发包者	**应然**：不分主次的合作者 **实然**：服务承包者

资料来源：作者整理。

具体而言，在合作治理的语境下，随着政府中心地位的淡化，政府对自身和社会力量的角色期待，以及社会力量对政府和自身的角色期待，都应当是不分主次的合作者。为了达到这种角色期待，政府一方面要成

① 石亚军，高红．合作治理中的政社关系与角色期待——以顺德为例[J]．上海行政学院学报，2017, 18(3): 30–37.

为治理改革的主导者和合作资源的提供者，对于社会力量的角色期待应是服务合作者。另一方面在“自在性”高于“他在性”的治理立场下，政府并未很好地完成“角色转变”，在社区居家养老服务的合作关系中，政府仍然扮演着服务主导者的角色，对社会力量则希望其成为服务辅助者，或直接通过行政化主体统合服务。受其影响，社会力量也未能实现不分主次的合作者的角色期待，对政府的认知更多是服务发包者，对自己的角色期待则退缩为服务承包者。在这样的角色期待设定下，显然无法建立去中心化的合作治理主体架构。

如笔者在 S 市的调研发现，类似于“医务志愿者守护高龄长者”这样的医养结合居家养老服务项目具有较强的服务绩效和推广意义，但是通常这一类项目都很难维持超过两个项目周期的时间，原因在于政府大多没有长期合作的考量，在其他的政策目标考量（如激发养老需求市场）下，倾向于压缩对社会组织的资源与经费支持，引入私立养老院、私立医院等其他主体进行服务引流。即便是双方暂时达成长期合作的默契，但是现有政策要求下，由政府发起的服务购买项目大部分只能一年一签，下一年的资金能否持续、主管领导是否调离等，都会影响下一轮的招标，所以类似这样本应长期坚持的项目可能会面临频繁更换承接方和工作人员的问题。一方面，致使很多的服务项目和承接方短时间内由于人员问题、运营问题、服务内容问题等无法正常运行；另一方面，导致很多原本应深耕社区居家养老服务的社会组织普遍存在“当一天和尚撞一天钟”的心态。政策的非连续性、管理体制的灵活性不足，实质上是政府对自身角色认知出现偏差，进而合作双方都未实现应有的角色期待，导致服务合作的基础也较为脆弱。

张康之指出，合作治理需打破政府本位主义，确立“他在性”原则。[①] 然而，在社区居家养老服务合作基础的生发过程中，面临的主要障碍恰恰是治理系统中强烈的“自在性”思维，在现实中则表现为服务中存在“权力优先”和竞争文化，最终服务成了政府权力再生产的过程。在合作主体中，政府仍居于服务体系的中心地位，并由此又导致政府对自身的角

① 张康之. 论主体多元化条件下的社会治理[J]. 中国人民大学学报, 2014(2): 2–13.

色期待和对社会力量的角色期待出现双重偏差。进而，在当前社区居家养老服务的治理模式中，缺乏对合作基础的建构，通过强制性管理制度和政策实施去追求合作目的的路径选择也违背了合作精神，使得服务仍然无法摆脱服务僵化、服务支持不够等行政传统和弊端的限制。

二、互信水平不高

信任可以降低治理主体间的道德风险和交易成本，促进并实现多方合作。合作主体间互信的缺乏，会侵蚀跨部门的合作能力及创造性过程。[①]去中心化的权力格局未能有效建构，使得主体地位非对称格局客观存在，互信不足又进一步强化了政社关系的不对称，因为政府对社会力量主导社区居家养老服务的“信心不足”，使得政府缺乏将服务主导权交给社会力量的“勇气”和实际行动，也就倾向于继续主导合作话语权、决定权以及服务资源的支配权，导致“自在性”立场和授权而非赋权的行政逻辑继续延续，客观上强化了政府对其他合作主体和公共事务的全面主导。尤其是基层政府部门有组织资源与再分配权、政策解释权、自由裁量权等，更容易在服务合作体系中形成差序化格局。

由于政社互信不足而强化的差序化格局，其传导效应之一是形成社会力量对政府的非对称依赖现象。非对称依赖的内涵和表现在于合作的一方更依赖另一方，关系为非对称性资源依赖[②]时，权力将变得不平等[③]，进而导致双方关系的不平等，强势方对弱势方施加影响，而弱势方由于缺乏自主能力，产生权利依赖、资源依赖等，从而表现为对强势方高度顺从，并形成依附甚至成为附属，从而使合作主体无法成为“平等的伙伴”。在“强国家弱社会”的格局下，政府与社会力量拥有的各类资源具有可获得性差异、可替代性差异以及重要程度差异，形成两者间的非对称性的依赖关系。以公共服务供给中政府与社会组织的依赖关系情形为例，社会组织

① 约翰·D. 多纳休，理查德·J. 泽克豪泽. 合作：激变时代的合作治理[M]. 徐维，译. 北京：中国政法大学出版社，2015：4.

② EMERSON R M. Power-dependence relations[J]. American sociological review, 1962, 27(1): 31–41.

③ SALANCIK G, PFEFFER J. The bases and use of power in organizational decision making: the case of a university[J]. Administrative science quarterly, 1974(19): 453.

对政府具有强依赖性，而政府对社会组织的资源依赖具有可选择性。①

根据 X 省的调研情况，非对称依赖在社区居家养老服务合作中的消极影响体现在两个方面。一方面表现为资源依赖下的服务异化。参与社区居家养老服务的社会力量的发展因为合法性和经济资源的双重约束,形成了对政府资源和合法性地位的双重依赖，进而在服务内容、服务形式等专业领域中受政府影响较大,导致社区居家养老服务的递送按部就班难有突破，存在“给多少钱办多少事”的心态，但是服务专业性不明显也使其更容易被替代。另一方面则表现为自主发展能力不强导致的服务异化。相当一部分社会力量的服务认知度不高，从市场渠道获得资金回报的能力不强，从而导致一些参与社区居家养老服务的社会力量出现组织发展的异化。例如，项目投标中的机会主义行为、合同履行的不彻底、服务重形不重实、行政化倾向严重等。非对称依赖下的双重服务异化，也导致社会力量难以获得政府和居民信任进而建立平等互信的合作关系。

从调研情况看，不少社会力量在社区居家养老服务中由于长期的资源依赖和自主发展能力不足，与政府合作提供社区居家养老服务的过程最终异化为“非对称依赖→自主能力不足→政府不信任→逐渐边缘化→被替代”的轨迹。

“目前我们在 A 市已经开业的两家孝 L 堂初步实现了盈亏平衡甚至微利，但如果要收回前期投入成本，仍然需要很长时间。最大的困难是市场推广难，而大部分社区居民现阶段还不认同居家护理的长期高额支出，我们期望政府能帮我们教育市场，让我们更快地获得居民认同……会再坚持，希望能提升自主化、连锁化，但说实话我们也不知道在社区会不会被边缘化。”

访谈对象：A 市 TL 家园养老集团孝 L 堂养老院院长 R 先生

访谈编号：20200721

差序化格局的传导效应之二，是社会力量为避免被替代的命运，会对政府采取一种博弈非合作的互动策略——“政府俘获”。“政府俘获”是

① 虞维华. 非政府组织与政府的关系——资源相互依赖理论的视角[J]. 公共管理学报, 2005, (2): 32–39, 93–94.

由于市场机制不成熟、法律法规不完善、政府工作人员寻租等原因导致公共服务偏离公共利益的现象。[①]在“政府俘获”策略影响下，社会力量（尤其是成规模的企业）总是试图与政府或其工作人员结成利益共同体，资本逐步俘获权力，使权力资本在服务形式和服务建设方面“推着政府在走”。但只要公共服务过程中存在政府被服务提供者“俘获”，公众就难以得到质优价廉的公共服务。实际上，社会力量仅仅是实现了对政府的“单向俘获”，不管是政府还是社会力量，均未在服务方面“俘获民心”，因而建立在此基础上的互信关系并不稳固，反而可能会因为两者一同对居民提供了“不称心的馈赠”，而失去居民对两者合作的认同和信任，最终又压缩了社会力量的服务空间。

在 X 省各地的社区居家养老服务实践中，政府（或其权威代理）与社区、居民之间的不信任现象仍广泛存在。例如，C 市政府与 ZY 养老公司之间的“发包—承揽”式服务，在部分社区和居民看来是服务垄断的一种形式，其结果被认为会提升服务获取的价格而非服务体验。A 市居民对引入嵌入式养老服务机构也并不热情，认为这类机构既不能解决医疗护理问题，又无法提供专业养老服务，且价格高昂。而对于政府力推的“居家建床”的服务模式，也有居民家庭不满意适老化环境改造的价格，还有对上门服务的时效性和价格的质疑，以及老年人的财产安全、隐私安全等问题的担忧，使得现实推进中因为子女反对而不能建床的情况也较常见。S 市“医务志愿者守护高龄长者”项目推进中，医护人员与家庭护老者的参与热情和行动持续性不强，甚至将服务参与视为负担，或者不愿意“为了政府和社会工作机构的门面功夫”而继续合作。

政社信任不足还影响了政府、社会力量、服务对象之间的信任关系的建立。长期处于领导地位的政府在合作治理时由于其本身的治理惯性常常会对社会组织与企业的合作治理能力产生怀疑，而企业与社会组织基于自身利益会对政府采取一种博弈的互动策略而非合作。最终，“单向俘获”行为持续加深了政府与社会力量的不信任、社会力量对项目信心

① 彭婧，张汝立. 如何避免政府购买服务成为公众“不称心的礼物”——基于政府责任视角的分析[J]. 中央民族大学学报（哲学社会科学版），2018, 45(1): 58–65.

不足、居民对服务不认同等矛盾，在社区居家养老服务合作关系中无法建立和巩固政府、社会力量、居民之间的互信关系，也导致服务推进中出现居民认同度低、盈利空间不足、服务项目推进困难等难题。

总而言之，政社之间的互信不足对社区居家养老服务合作关系及合作效果均产生了极大的消极影响，从表面看是政府始终掌握着服务体系，而社会力量则依附于政府部门在服务合作中“亦步亦趋”。从长远看，长期处于强势地位的政府，在合作治理时由于其自身的行政逻辑惯性常常会对社会力量的合作治理能力产生怀疑，继而不信任社会力量能做好服务，影响平等互信关系的延续。为了获得政府的青睐，如果社会力量错误地采取“政府俘获”的单向策略，尽管能够形成两者的短暂合作，但是由于服务产出不被居民认同，最终导致政府、社会力量、居民之间出现不信任局面，阻碍平等互信关系的建立。

三、多元利益冲突

服务主体的多元化，也必将带来利益的多元。在合作过程中，资源互补异化为资源的非对称依赖，因此双向增益的合作动力机制也未能有效实现，各主体在社区居家养老服务中存在较为明显的自利倾向，进而产生合作主体间的多元利益冲突，使得基层服务治理陷入“分利失序”的状态。正如科尔曼指出的那样，行动者只有一个行动原则：最大限度地实现个人利益。[①] 因为参与主体的自利性诉求得不到满足而产生利益冲突，显著降低了社区居家养老服务主体间的合作动力与合作效能。

对于主导服务的政府而言，即便其作为公共部门，也天然有着为组织生存与发展赢得更多有利条件的动力。[②] 政府大量通过市场的方式购买社区居家养老服务，看似形成了服务竞争，但也有可能因为激烈竞争结果的出现导致权力寻租与腐败的风险。当然，政府自利倾向的最主要表现仍是社区居家养老服务的政绩考量。对于一些政府部门而言，社区

① 詹姆斯·S. 科尔曼. 社会理论的基础[M]. 邓方，译. 北京：社会科学文献出版社，2008: 29–36.

② 金太军，张劲松. 政府的自利性及其控制[J]. 江海学刊，2002(2): 106–112.

居家养老服务的核心追求并非服务质量与服务效率，而是把更多精力和投入输出到“看得见的地方”，并因此而组织、购买了大量宣导作用突出但实际效用不高的服务项目，倾向于投建规模化、高端化的社区居家养老服务软硬件设施或场所，而对于关键的服务问题，包括服务主体的选择、服务标准和规范的建立与监管、服务对象精细化需求的激发与满足等则相对关注不足。调研中发现，社区居家养老服务项目购买过程中的巨头圈地、暗箱操作、违规陪标、量身设标等不当现象仍然存在，而根据机构规模拨款、根据社区老年人数量拨款的粗放式管理也是常见做法，其背后原因在于追求“显性政绩”的量化呈现，而忽视难以量化实施的服务质量。

对于承接服务的社会力量而言，尽管承接社区居家养老服务一般被限定为非营利行为或保本微利行为，但仍然存在追求利益最大化的动机和行为。由于政府管理粗放，服务评价偏向量化而非质量，承接服务的主体出于迎合政府绩效偏好和争取组织利益最大化的双重动因，为老年人提供的服务往往是选择性服务、低成本服务、“短平快”服务等，同样偏重量化数据而非服务口碑和质量。尤其是在长期护理保险提供服务支付后，一大批营利动机强的市场化机构涌入社区居家养老服务领域，“跑马圈地”后又因为从业能力不足，只提供基础性的家政服务，既无法满足老年人的服务需求，又背离了社区居家养老服务项目的公益性和公共性原则。

“在社区居家养老领域，打着公益旗号赚钱的机构并不少。近十余年来，X 省大力进行社区居家养老服务购买，从政府的角度来说，基本出发点是提升服务资金的使用效果和治理水平，行业内大部分机构的初衷也是基于社会组织的公益性参与服务，但不可否认也培育了一批以营利为目的的服务机构‘老板’。”

访谈对象：T 市社会工作协会会长 Y 女士

访谈编号：20220315

对于评估服务的第三方评估主体而言，近年来第三方评估在国家治理和社会服务供给中得到频繁应用，这种方式在很长一段时间内被认为是应对“市场失灵”和“志愿失灵”的有效手段。[①] 然而，现实中第三方评估的结果并不尽如人意，出现一系列非预期后果。例如，有媒体就披露了第三方评估的乱象，包括自定评价标准、随意杜撰评价、恶意评价等，看似结果客观的背后是巨大的商业利益。近年来学术界也逐渐指出，第三方评估存在内卷化、社会认可度低、公信力不足等问题，造成第三方评估结果的客观性被逐渐消解。

除了自利倾向，社区居家养老服务各参与主体的背后都有其特定的利益和利益团体，且都有实现自身收益最大化的固有动机，因而服务合作中必然存在较多利益博弈或利益冲突。如多主体合作中的“本位主义”，公私合作中的“讨价还价”行为，既有利益集团对社会参与力量的排斥，合作过程中的低水平协作等。当行动者对能够使其利益获得满足的各种活动并不能实现完全控制，同时发现部分使其获利的活动处于其他行动者的控制之下[②] 的时候，合作双方在形成联合需求的同时也埋下了冲突种子。

以医养结合服务项目为例。在服务供给过程中，医疗机构普遍存在盈利诉求，其主要参与动机之一便是追求在政府牵头的项目中，以较短的时间和较少的资源投入，通过对老年人群较低水平的服务覆盖和服务深度，获取规模化报酬效率。在政府的联动下，其盈利水平与正常医疗服务相比较低，在达不到规模回报与合作成本上升的情况下，医疗机构的合作积极性与参与度就会大大降低。从养老服务机构的组织目标、服务对象、服务流程来看，参与社区居家养老服务的机构作为典型的非营利组织，其盈利能力较弱，转而更强调对社会效益的追求。由此，在医养结合关系中，医疗机构追求理想的经济回报，而养老服务机构则偏重于社会效益，两者由于利益诉求不同而产生了内在冲突。在 S 市医养结合服务项目合作过程中，社会工作主任面临的难题就是经常需要协调医护资源，而医护人员面对繁重的社区医疗任务的同时，对于回报低、风险高的老年人医护服务积极性不高，最终无法实现医养融合的既定目标。

① 莱斯特·M. 萨拉蒙. 公共服务中的伙伴：现代福利国家中政府与非营利组织的关系[M]. 田凯，译. 北京：商务印书馆，2008: 34.

② 詹姆斯·S. 科尔曼. 社会理论的基础[M]. 邓方，译. 北京：社会科学文献出版社，2008: 29–36.

利益冲突更深层次的原因还在于政府对老年人服务需求未进行有力宣导和有效需求对接整合，使得市场空间一直无法激发。当前，社区居家养老服务的政府托底属性仍然较强，而老年人服务市场看似广阔实则有效需求不足，导致整体的利润空间有限。在有限的利润空间中，诸多社会力量的参与水平因其与优势主体的利益冲突始终无法有效提升。在B市的调研中发现，在“养”的领域，民营企业养老服务机构的市场空间被挤占是常态。目前B市社区养老服务大都由国有企业提供，但其提供服务的实效性并不理想，对其评估与考核的机制也并不完善，让民营企业认为公平性缺失；培训及认证的护理员实际能力不足，始终无法提升社区居家养老服务对老年人家庭的吸引力。在“医”的领域，社区老年人的健康需求同样被B市各大公立医院垄断（包括社区卫生/健康服务中心的运营多为公立医院背景），但公立医院由于参与热情不足，对老年人的居家照护服务显然不足，而民营力量却又难以深入社区，即便少量能够“挤进”居民家庭和社区提供服务，但由于健康服务支出尚未纳入医疗保险，导致无法产生规模回报效应，整体利益驱动不够。

四、协商机制缺失

充分协商是合作过程中多元主体达成共识、协调一致和共同行动的基本保证。但是在达成共识过程中，往往会因为多元主体的协商机制缺失导致相互合作变成相互制约。社区居家养老服务领域同样存在政社合作过程中协商不足的问题，除了表现为服务接收端的社区协商矛盾，还包括在服务递送端的各主体无法有效协调等问题。

社区是居家养老服务实施的具体场域，虽然社区作为基层治理单位常被党政部门用于实现服务合作的具体抓手，现阶段社区主要体现的特征仍是居民作为生活的“地域集体”或“功能载体”。但是由于社区协商不足，社区居民尤其是老年居民缺乏融入、利用社区服务的基本意识，与共同体的社区内涵存在显著差异，形成“区而不社”的局面。“区而不社”在社区居家养老服务过程中的成因，在于居民往往将社区居家养老服务视为社区中的“负和”（negative-sum）事项，而其表现形式则是服务合作和服务推进过程中存在明显的“邻避冲突”。其内在关联是：大量居民并未将社区居家养老服务看作是“政社皆利”的“正和”（positive-sum）事项，甚至无法实现“零和”（zero-sum），在缺乏充分有效协商的情况下，一些社区居家养老服务项目在推进过程中面临居民的不合作甚至激烈反对，产生严重的“邻避冲突”。

以A市的Y康中心建设为例，按照现行规定，如果Y康中心的项目建设场地属于业主共有和共同管理的话，要将其改变用途用于养老服务项目建设及服务活动开展，需要得到由专有部分面积占比2/3以上且人数占比2/3以上的业主参与表决，在参与表决的范围内，要有专有面积占比3/4以上且人数占比3/4以上的业主赞成方可实施。而如果建设场地的产权不属于业主共有，则不需要征得业主同意，只需与物业所有方协商一致即可。基于以上现实条件，目前A市已建成的Y康中心绝大部分的场地都不是业主共有，并且在承接服务的社会力量看来，这可以绕开居民直接取得政府认同，协助政府进行服务升级还可以获得项目开展的主动权和政府信任，于是各类企业开始积极与政府洽谈建立Y康中心，或者兴办社区嵌入式的高端养老服务机构。社区居民虽然有居家养老服务需求，但是又在观念上认为就近建养老服务机构会“不吉利”，产生“邻避心理”，还会有“房子卖不出高价，也不好出租”等诸多顾虑。例如，Y康中心项目，在推进过程中即遭受了周边居民的集体反对。

社区的工作人员表示，关于社区养老服务机构选址的投诉还有不少，基本的处理方法就是由政府相关部门对群众做出解释并暂停项目建设。其本质还是居民对切身相关的社区居家养老服务认同度不高，从而使其不愿采取合作的方式与社会力量共同完善相关服务和项目，从而形成了典型的“项目公布→居民抗议→政府协调→项目停建”的“邻避冲突”模式。①

“从政府与社会力量的协调能力角度来说，‘邻避效应’需要政府积极宣传引导来化解，如果政府不加大宣传力度、积极疏导矛盾的话，类似的情况不仅仅会发生在Y康中心的建设上，还包括政府其他的服务设施，如垃圾处理站、社区医院等，这是无法回避的问题。”

访谈对象：A市人大代表Q女士

访谈编号：20220318

① 刘超. 邻避冲突复合治理：理论特征与实现途径[J]. 中国行政管理, 2020(1): 158–159.

"区而不社"的成因，表面看是因为社区异质性增长和公共性衰减的双重效应导致的社区"原子化"，但其根源仍在于行政命令作用下，社区与社区居民治理权不足而导致社区和居民自治能力的双重缺失。

合作供给机制并不是合作伙伴"合意的叠加"。事实上，个体合意并不意味着整体合意，一旦合作主体发生"意而不合"，极易造成非理性竞争和资源浪费。[①]政社合作过程中的协商不足问题，除了表现为服务接收端的社区协商矛盾，还包括在服务递送端的各主体"合意失败"问题。一方面，体现为政府部门间职能交错使得社区居家养老服务缺乏有力协调，进而导致服务过程中出现诸多问题；另一方面，还体现为政府部门未能为社区居家养老服务的参与主体提供足够的议事机会与社区参与空间。

以 A 市为例。一是民政部门与财政部门间的职能协调问题。按照《中华人民共和国招标投标法》购买服务的规定，服务购买年限不能超过 3 年。而养老事业具有投资长、收益低、见效慢的特点，由于购买服务时间过短，服务运营机构的成本投入在短期内可能无法回本，如果在 3 年后竞标落选，就涉及固定资产清算等事宜，也十分不利于激励社会资本参与社区居家养老服务事业。其原因在于，社区居家养老服务的补贴资金一旦列入财政预算，补贴金额就变得刚性，失去了灵活调整的空间。A 市 H 区曾率先探索养老配餐资金从慈善基金中支出，这种支出方式相对灵活并可根据需要进行适时调整。

"统一实行'3＋9'的补贴标准（即市财政补 3 元、区财政补贴 9 元），按照当前的物价水平，12 元的午餐质量就难以保证，也导致老年人即使获得由政府补贴的免费午餐，却越来越不满意。而如果让老年人自费一部分，因享受过免费午餐，现在即使多拿 1 元也不愿意。"

访谈对象：A 市 H 区民政局社会福利救济科科长 W 先生

访谈编号：20211218

二是民政部门与卫生健康部门之间的协调问题。部分规模较大的社区居家养老服务机构涉及全托服务，必然产生一定的医疗问题。在实践

① 党秀云，张丽娟. 公共服务多元合作供给机制有效运行中的政府行为选择[J]. 教学与研究，2020(11): 58–65.

中，由社区卫生服务中心参与共建的居家养老服务机构在卫生健康部门的支持下能够享受长期护理保险报销、医疗保险报销、医生出诊等便利，但是对于养老服务企业等市场主体参与运营的服务机构，卫生健康部门则没有动力在其中设立诊疗点或派驻医生等。这就制约了一批社区居家养老服务站点的医疗资源供给，“医”与“养”始终无法真正有效打通，其原因就在于缺乏协调使得药品和医生均无法下沉。

三是民政部门与街道的协调问题。民政作为服务牵头部门，其行政权力并不具有强制性，而日常服务的开展则需要街道的配合。例如，在选址和财政资金投入问题上需要街道的协调，而且对于场所改造街道也要在固定资产以及外立墙面等方面大量投入，街道的配合程度往往取决于自身的合作动力，最终使得服务站点参差不齐，配合程度高的街道和社区，服务站点的选址地点往往也比较好且交通便利，反之则对服务开展不利。

“合意失败”的另一表现在于政府部门未能为社区居家养老服务的参与主体提供足够的议事机会与社区参与空间。在作者对B市社区居家养老服务的企业调研中发现，政府对企业如何参与服务、如何进入社区缺乏有效引导。

以下为访谈笔录中，参与过B市社区居家养老服务的9家企业提出的诉求：

（一）多家企业表示需要对话和展示平台，需要政府“带入社区”；

（二）与公立养老院或社会居家养老服务机构、专业协会、行业组织缺乏沟通机制或合作平台，联系不够紧密；

（三）希望能与各类养老服务机构进行对接，建立培训及示范基地，参与居家养老服务从业人员的技能培训；

（四）缺乏与政府对话合作的有效机制，政府的行业指导标准缺失；

（五）进入社区，特别是入户推广服务的难度大，企业做需求调研配合度低；

（六）希望政府帮助统计社区失能半失能老年人的准确数量，在服务站点建设嵌入式护理床位；

（七）借助政府公信力开展养老需求调研、老年商品与服务交易洽谈会；

（八）给予房租或办公用房等政策扶持，民营企业缺乏相关养老场地及政策支持；

（九）解决医疗健康服务参与中面临的医疗资质问题；

（十）政府缺乏仲裁鉴定（纠纷）机构，需要政府营造健康的企业发展环境，减少企业与服务对象发生纠纷时的后顾之忧；

（十一）康复技能人才得不到社会认可，工资低，社会评价低，需要政府合理引导，适时提供康复技能人才补贴等。

访谈时间：2021 年 4 月 25 日至 2021 年 4 月 28 日

在社区居家养老服务中出现的认同问题、“邻避冲突”问题、利益冲突问题等，在很大程度上也与合作主体的协商不足有关。以“邻避冲突”为例，《人民日报》文章认为，治理“邻避冲突”要积极搭建政府、民众、企业三方对话的平台，以协商方式解决问题，让权力与权利平等对话、政府与公众良性互动，才可能实现社会利益最大化。[①]社区本应成为联结和合作对话的主要平台，帮助社会力量有效参与社区自治，但是社区在基层治理中同样陷于由政社关系失衡错位产生的功能错位。政府部门采用“费随事转、权随责走”的原则，将大量政府职能转至社区，社区党组织、社区居民委员会实际上成了政府及其各部门的办事机构或分支机构，主导着社区的资源配置。在这种状态下，社会力量参与社区治理的空间较为有限，缺乏社会参与的社区自治体系始终未有效形成，导致社会力量参与的社区居家养老服务也基本局限在娱乐活动、服务兜底等领域，对于居民的重大民生议题无法实质性地参与协同，社会力量参与社区治理的整体效能被进一步削弱。就当前而言，在社区居家养老服务合作过程中，存在着“区而不社”以及“合意失败”的问题，出现了弗里曼（Freeman）所言的合作像是一场听证会，但是没有人彼此倾听的局面。[②]

① 金苍. 用什么终结“一闹就停”困局[N/OL]. 人民日报, (2013-05-08)[2025-01-09]. http://opinion.people.com.cn/n/2013/0508/c1003-21399329.html.

② 朱迪·弗里曼. 合作治理与新行政法[M]. 毕洪海，陈标冲，译. 北京：商务印书馆，2010: 21.

第八章 嵌合型政社关系模式的转换及其构建

当前我国的基层治理秩序，既不是政治集权加上政府包办的秩序，也不是建立在社会自治结构上的多元社会力量参与治理形成的秩序。[①]我国的基层治理秩序应当是建构于政社合作与互嵌基础之上的秩序形态，从参与治理逻辑转向合作治理逻辑。合作治理意味着公共事务治理范式的转向和治理权力垄断的结束，平等、对话、共享等合作共识成为被广为接纳的治理价值，为理解公共事务处理中的政府与社会关系提供了一个新的叙事角度。正如麦克斯怀特（Mcswite）所论，相对于参与治理而言，合作治理被包容在一个可集体表述的概括性问题之内，而且不再有代表他人（主要是政府）去行为的代理人或领导，因此完全避免了（由于政府授权产生的）合法性问题，因而合作治理可视为对公众民主参与模式的一种超越。[②]在合

① 周庆智. 政社互嵌结构与基层社会治理变革[J]. 南京大学学报（哲学·人文科学·社会科学），2018(3): 139–149, 160.

② O. C. 麦克斯怀特. 公共行政的合法性——一种话语分析[M]. 吴琼，译. 北京：中国人民大学出版社，2002: 130–131.

作治理路径下构建政社关系，需要形成服务主体间良好的合作关系，形成社区居家养老服务中的合作治理局面，突破社区居家养老服务中参与式治理路径引发的政社关系困境。

第一节　嵌合型模式中的政社关系转换

嵌入概念与治理理论的交汇点在于共同的合作理念，以合作推动嵌入，以嵌入强化合作，进而构建在嵌入基础之上的关系模式。但嵌入概念及其形式侧重于描述关系主体或要素间的单向“镶嵌”，而忽视了合作主体在互动情境下的融合。社区居家养老服务中各主体的有效互动，需要跳出由上而下的总体性动员导向下政府对社会力量的嵌入，以及由下而上的市场化导向下社会力量对政府的嵌入，转而形成政社之间的动态耦合，以实现社区居家养老服务中的政社关系模式转换。

一、嵌合型政社关系模式的内涵

嵌合（mosaicism）一词源于生物遗传学、免疫医学等领域，指的是在器官移植后，通过多种医疗方法和手段，使得供者和受者两种细胞在受者体内共存的状态。①在社会科学领域，借用这一概念形容系统内部各要素之间的包含、重叠、互补，并且具备内在一致性的一种结构性联系，强调各主体在目标与价值追求上的一致性。②王思斌认为，嵌合意味着互嵌、结合、合作、耦合，是治理主体在关系上的结合、合作与协同作用的过程及机制。③相对于嵌入，嵌合的重点在于“合”，也更能够契合治理理论所强调的多元、回应、协商、共赢等要素。因此，本书用“嵌合关系”描述社区居家养老服务中政社合作主体在整体性联系的基础上进行充分融合与合作，继而采取共同行动的过程中形成的互动关系。从

① 陶绍富，李济宇．嵌合诱导移植耐受的研究进展[J]．广东医学，2011(2)：250–252．

② 张晓岚，沈豪杰．内部控制、内部控制信息披露及公司治理——嵌合治理框架的建构及理论诠释[J]．当代经济科学，2011(6)：109–115，126．

③ 王思斌．社会工作参与公共危机事件治理中专业功能的嵌合性实现——以新冠肺炎疫情防控治理为基础[J]．社会工作与管理，2020(6)：5–11，21．

关系转换的角度来说，嵌合关系主张政社之间改变“悬浮式”“形式化”“内卷化”等关系互动状态，运用合作、互益、互助、信任等方式，强化政社之间在社区居家养老服务中的互动联系，探索二者互嵌共融的关系样态。

合作（cooperate）是构建嵌合型政社关系模式的必然要求。萨拉蒙（Salamon）将合作视为新治理的主要特性，认为公共问题解决的一个显著特征就是其合作性。[①] 合作治理作为合作与治理的有机融合，也是治理理论融合合作主义的再发展。合作意味着更多的协商、平等的参与、机制的创新、主体间互助与自由沟通，在相互理解和包容的基础上达成行动共识。在社区居家养老服务治理中构建合作关系，治理者需要改变传统竞争社会形成的工具理性依赖，放弃对普遍集体认同和公共理性的追求，并鼓励政府对社会赋权，实现包容性、多元化与差异性而又非冲突对抗的服务互动与合作。从这个意义上说，合作关系需重构罗尔斯（Rawls）所构想的“重叠共识”[②]，改变工业社会治理传统中的非人格化趋势，沿着吉登斯（Giddens）归纳的“脱域化”路径，以新型分工与合作关系解构政府管理传统的“中心—边缘”结构，形成统一、扁平化的多主体合作体系。

互嵌（inter-impeded）是嵌合型政社关系模式中合作主体间的互动形式。互嵌是相对于政府与社会的二元对立关系以及单向嵌入形式而言的，表明多元治理主体间既独立又互相紧密内嵌的关系特征，其主要治理效能在于促进政社合作主体间的信任与利益协调。在西方治理理论中，市民社会是一片不许公共权力涉足的“公域”，政府和社会力量之间具有治理权力上的排他性，但强调政社对立使得政社之间严重“脱嵌”，这也是政府与社会之间信任关系无法建立的根源。因此，要在社区居家养老服务的合作主体间形成共建共治共享的共同体意识，在价值认同的基础上推动服务主体的功能耦合，在服务整合的基础上收敛分歧，构筑互嵌空

① SALAMON L M. The tools of government: an introduction to the new governance[M]. New York: Oxford University Press, 2002: 1–9.

② 约翰·罗尔斯. 作为公平的正义——正义新论[M]. 姚大志，译. 上海：上海三联书店，2002: 166.

间，形成政社之间互相支持、功能互补的治理结构。从政社关系互动结果来看，互嵌机制要求政府主动让渡治理空间给社会力量，建构“社会中的国家”；而社会力量则要主动探索社区居家养老服务治理的合作路径，建构“国家中的社会”。

构建嵌合政社关系模式是对现有社区居家养老服务中政社关系困境超越的方向。就治理主体的关系类型改变而言，合作与互嵌可以改变参与模式中的条块关系，将权威、专业、志愿等服务要素有机整合；就治理主体的地位改变而言，党政系统之外的社会组织、企事业单位在参与治理框架下是政府治理的延伸，具有权力派生和权力代理的特征，政社权力互嵌可以促进政府与社会力量之间的治权平等，以合作构建社会自治，以互嵌消解政社二元对立的政社关系，实现对国家权力建构路径的超越。对此顾昕认为，公共治理体系变革过程中，行政、市场、社群机制以互补嵌合方式发挥作用是实现去行政化的要旨。[①] 当嵌合关系得以建立，社区居家养老服务的治理方式便不再是参与治理模式下政府部门的闭环运作或服务领域的有限开放，而是政府与社会力量之间更广泛的交互与融合，随之建构的对话型治理方式也改变了以往的独白型治理方式。

综上，社区居家养老服务的嵌合型政社关系模式应具备以下特征：在服务主体间破除“中心–边缘”结构的桎梏，形成主体平等的治理结构和制度；服务供给是一个互信、平等的合作过程，并构建基于利益共容与伙伴文化的主体网络；服务合作的动力来源于治理权力和利益的共享，各合作主体通过合作活动实现资源、地位、能力等发展；合作过程的充分性保障需要用协商的方式达成行动共识来解决跨部门的服务问题，并通过公开对话机制达成相互理解，最终通过联合行动取得各利益相关方都相对满意的治理效果；多元主体间形成治理共同体，按照各自的服务优势进行资源与专业的充分整合，并可以通过构建服务载体与资源整合主体，发挥共同服务功能。

① 顾昕. 治理机制的嵌合性：公共部门去行政化改革的分析框架[J]. 中国治理评论，2022(1)：23–45.

二、嵌合型政社关系模式的特征

以治理理论为视角，可以将 X 省实践中的社区居家养老服务政社关系模式分别归纳为：权威治理路径下的统合型关系、市场治理路径下的契约型关系，以及网络治理路径下的协作型关系。上述三种类型的政社关系又有着参与治理的共性特征，其共同点在于：治理目标都寻求改变政府一元治理的传统行政主导方式，但同时又没有否定政府在公共服务治理中的主导作用，并在各自的关系格局中让更多服务主体在政府引导下不同程度地参与社区居家养老服务的供给。因此，要实现嵌合型关系的治理升华，需要再审视现有关系模式中政府与社会的关系格局塑造方式，以及由此形成的政府赋权程度差异、社会力量参与程度差异和各类关系行进逻辑的实现条件差异等，以明确超越方向。

统合型政社关系模式是遵循权威主义政治体制而形成的权威治理路径下的政社关系格局，其形成和发展以服务绩效和社会稳定作为首要治理目标和内在驱动力。政府将其权威与治理理念综合运用，使权威主义治理模式既区别于传统全能主义治理模式下垄断公共服务的方式①，同时又与治理理论倡导的将社会力量视为社区居家养老服务的协助者甚至替代者有所不同。治理理论更强调政府只是提供公共服务的多元主体之一，新公共管理理论则更进一步地认为社会力量（尤其是市场力量）对政府职能有不同程度的替代作用，通过竞争性替代提升服务的效率和回应性。从政府吸纳能力的角度看对社会力量的支配方式，统合关系下政府主要通过权力支配、推动建设、组织动员等方式，实现对社区居家养老服务及其资源的管理支配与资源调动，同时把自身塑造成为社区居家养老服务的主导者和核心行动者，并不断强化支配地位。即使政府在某些服务方面支持其他主体介入，也通常会为了主导地位将“公权”贯穿于治理全过程，将纳入服务体系的社会力量塑造为政府权威代理，最终形成的是权威秩序而非自治秩序，客观上也形成了对社会力量参与公共服务的反向替代。

① 周庆智. 基层社会治理转型：权威秩序到自治秩序[J]. 甘肃社会科学，2017(2): 28–36.

契约型政社关系模式，是在市场治理导向下形成的社区居家养老服务市场化契约合作与约束关系，目标在于以市场化方式实现社区居家养老服务的社会化。其市场化关系的表现形式有三个层面。一是供给主体的市场化。政府不再是社区居家养老服务的唯一供给者，而是构建政府与营利性组织或非营利性组织等共同提供养老服务的市场契约关系。二是服务内容的市场化。通常由政府和合作方共同协商确定服务内容，或由政府给出部分限定内容，但是合作方可以有补充服务或者增值服务，最大程度发挥市场活力。三是运行机制的市场化。从供方来说是强调通过企业化经营管理方式供给服务，并且逐步贯彻市场经营的盈亏自负原则；从需方来说是给予老年人更多的自由选择权，以满足老年人多层次、专业化、精细化的服务需求。在实现方式上，主要通过政府购买服务、业务委托和少量项目中的政府与社会资本合作（PPP 模式）等方式加以推进。但政府在契约关系中又不同于一般的服务购买者，而是倾向于使用合作与约束并存的双重策略，实际上服务项目从未完全交由契约代理方自主实施，在不完全契约关系中，政府仍掌握服务的主导权。

协作型政社关系模式是政府在引导社会力量和社区居民在服务有序供给的过程中形成的多元主体协作关系，目标是围绕社区居家养老服务形成多主体功能对接，形成应对复杂服务的集体行动，并以增进各利益相关者的共同利益实现最终目标。在协作过程中，政府可以通过服务联结机制、多功能载体等方式构建协作网络，实现服务协作。在此过程中，政府对社会力量的治理手段是根据服务规划和政策目标而实施分类吸纳。但是在协作型政社关系模式下，政府对其他主体缺乏必要的引导、支持、整合与监管，仅扩大了参与主体的范围，在服务功能上进行多主体堆砌而未能将协作体系中的政府、社会组织、企业、志愿团体、老年人家庭成员等有效衔接并优化参与，导致出现主体多元但结构松散、利益多元但无法调和、有服务参与但无服务实效的情况。

总的来说，嵌合型政社关系模式与现有政社关系模式有较大的治理差异（见表 8–1）。由现有三种政社关系模式建构而来的社区居家养老服务秩序体系具有政治动员型体制和行政压力型体制的惯有特性，主体关系建构于自上而下的政治与行政授权体系之中，服务运作形式仍接近于自上而下的任务摊派方式，契约关系体现不充分，造成大量的“非正式规制”和“变通性任务”，加上基层社区的原子化趋势，使得社会力量的自主服务空间不断萎缩，社会力量的权力缺位又加剧了合作分歧和利益冲突并使之不断外溢，最终导致社区居家养老服务体系的整体满足能力不足。而嵌合关系建构的是多中心主体合作基础上的自治秩序，通过不断解构政府单中心治理结构，改变摆脱传统政府管理的路径依赖，减少服务中的“政府指令”“政府统合”等手段，在社区自治秩序下探知老年人服务需求，在需求导向下形成服务合作，在服务合作中构建合作载体，并通过非政府、非营利的方式运作，实现社区居家养老服务的合作共建。

表 8–1　社区居家养老服务中政社关系模式的治理差异

政社关系	治理类型	治理手段	治理策略	治理方式
统合型	权威治理	政府授权	反向替代	·权力支配 ·推动建设 ·组织动员
契约型	市场治理	服务契约	双重策略	·政府购买服务 ·业务委托 ·政府与社会资本合作
协作型	协作治理	协作网络	分类吸纳	·服务联结机制 ·多功能载体
嵌合型	合作治理	合作共建	社会自治	·非政府合作载体 ·非营利运作组织

资料来源：作者整理。

三、嵌合型政社关系模式的优势

我国政府与社会关系的基本样态，大体可以归纳为政府控制社会、政府引导社会以及政府联合社会等，实质上是政府是否以及如何吸纳社会力量的区别。从这个意义上说，政府与社会关系的区分，可以从关系形塑根源——政府吸纳能力，以及关系表现形式——社会参与程度，这两方面进行类型划分。

政府能力指的是政府“能干什么”以及“会干什么”。[①]具体可以将政府能力分为获取资源的能力、配置资源的能力、整合资源的能力。[②]米格德尔认为，政府能力可以具体体现为渗入社会的能力、调节社会关系的能力、提取资源的能力、以特定方式配置或运用资源的能力等四个方面。亨廷顿（Huntington）认为，一个正在进行现代化的制度还必须具有将现代化造就的社会势力吸收进该体制中来的能力。[③]吸纳的具体表现在于将政府自身以外的治理元素融为己用，而吸纳的过程则是政府主动地通过各类手段或政策工具建立与社会力量的互动关系并进行治理渗透、事务协同、资源掌控的过程，也是政府将其基础性权力不断扩张的基本方式。

国内学者在政府吸纳能力研究方面，也探讨了政府对社会力量采取的吸纳策略。康晓光等在我国地方政府治理实践考察的基础上，提出“行政吸纳社会”的概念，认为政府通过“控制”和“功能替代”的手段实现治理目标。[④]唐文玉在此基础上提出“行政吸纳服务”的概念，认为“行政吸纳社会”更强调政府对社会的控制与替代功能，而社会力量在服务中主要提供支持与配合。[⑤]田毅鹏等认为，我国政府的吸纳能力主要体现为控制支配与资源整合两类特征。[⑥]基于上述分析，结合 X 省的具体实践，本书认为在社区居家养老服务供给中的政府吸纳能力是权威影响能力、资源支配能力、服务整合能力等方面的综合，并且最终反映在吸纳社会力量供给社区居家养老服务的规范性和有效性上。基于政府吸纳能力与社会力量参与社区居家养老服务程度的二维向度，也可将我国社区

① 汪永成. 经济全球化进程中政府能力的供求变化及平衡战略[J]. 武汉大学学报（哲学社会科学版）, 2002(2): 215–221.

② 张钢, 徐贤春, 刘蕾. 长江三角洲 16 个城市政府能力的比较研究[J]. 管理世界, 2004(8): 18–27.

③ 塞缪尔·P. 亨廷顿. 变化社会中的政治秩序[M]. 王冠华, 等, 译. 北京: 生活·读书·新知三联书店, 1989: 129.

④ 康晓光, 卢宪英, 韩恒. 改革时代的国家与社会关系——行政吸纳社会[M]//王名. 中国民间组织 30 年. 北京: 社会科学文献出版社, 2008: 333.

⑤ 唐文玉. 行政吸纳服务——中国大陆国家与社会关系的一种新诠释[J]. 公共管理学报, 2010, 7(1): 1319, 123–124.

⑥ 田毅鹏, 苗延义. “吸纳”与“生产”: 基层多元共治的实践逻辑[J]. 南通大学学报（社会科学版）, 2020, 36(1): 82–88.

居家养老服务政社关系模式进行类分（见图 8-1）。

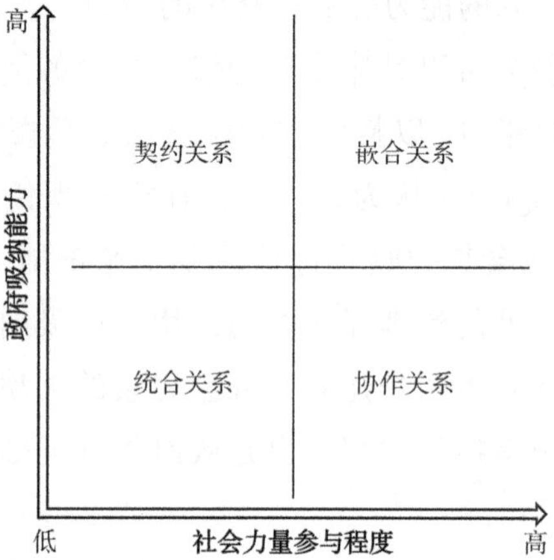

图 8-1 我国社区居家养老服务中的政社关系模式类分

资料来源：作者整理。

在上述二维体系下，统合关系在社区居家养老服务中更强调政府的一元权威和资源掌控，无法对社会力量的服务资源进行有效吸纳，也限制了社会力量的服务参与空间，甚至造成了政府与权威代理之外的社会力量的二元关系对立。契约关系通过市场化的形式安排，将社会服务力量以契约化的方式吸纳进服务体系，体现了政府在服务社会化方面采用正式制度吸纳社会力量的能力，但其不足在于过于强调政府主导，导致社会服务主体并未获得应有的契约地位，成为政府吸纳体系的附属，导致服务体系“脱嵌”于契约的规范性而未有效运作。同时由于政府的吸纳范围有限，也限制了更多元主体的参与机会。协作关系赋予了社会服务力量更大的参与空间，但从政府吸纳能力的角度看，吸纳的数量多但吸纳的质量不高，多元主体结构松散、利益冲突、服务整合程度低等问题的存在，说明政府的吸纳能力仍需提升。

嵌合关系实现了对政府吸纳能力及社会参与程度的治理要素超越。互嵌是“破”与“立”的动态关系调整，嵌合关系要求政府不断明晰自身角色和权力边界，破除对原有权威体系的治理依赖，主动为社会力量进入合作体系“清理”出部分权力空间，这本身需要更强的政府吸纳能力。米格德尔等人认为，国家能力不应该单纯归因于政权的发展，国家和社会的合作关系同样关系到国家自主性的建构和自身能力的提升[①]，进而实现“社会中的国家”的建构目标。因此在政府吸纳能力方面，互嵌关系的建立可以进一步稳固政府与社会力量的有效合作关系，在服务目标与利益耦合的基础上实现主体关系互嵌，在共建共享和合作共治的理念下实现价值互嵌，在专业对话和优势互补的体系中实现功能互嵌，最终达到政府吸纳社会过程中的互嵌式结构稳定；在社会力量参与空间方面，嵌合关系通过政府更广泛地向社会赋权，构建了更开放的合作空间，允许更多的服务力量更深度地进入社区居家养老服务领域。因此，在政府淡化权威主导的合作服务体系中，社会服务主体在参与的广度和深度上均可显著提升。

第二节 嵌合型政社关系模式的构建路径

合作是建构的过程，而非自发的秩序。结成治理共同体的前提是连结与团结的共生互动[②]，其内核在于多元主体、共同目标、自主认同、亲密合作等因素的完备支撑。[③]合作共同体是嵌合型政社关系模式的基本形态，形成合作共同体是该模式中关于各主体地位、关系、功能的理想样态，而要在实践中进一步构建嵌合型政社关系，需要刻画与构筑其与现有典型关系模式的差异化要素结构，并且通过具体的社区居家养老服务递送，使之能够从构想成为现实。纪莺莺认为，服务合作中的政府与社会关联方式已经超越了服务递送与资源整合等狭义目标，而出现了价值观递送的重要面向，并最终导致权力再分配。[④]结合X省现有模式的实践经验与困境启示，按照合作治理的根本要求，构建嵌合型政社关系模式应有以下几个方面的基本着力点：一是通过多主体的关系互嵌重构合作

① MIDGAL J, KOHLI A, SHUE V. State power and social forces: domination and transformation in the Third World[M]. Cambridge:Cambridge University Press, 1997: 321–322.

② 冯仕政. 社会治理与公共生活：从连结到团结[J]. 社会学研究, 2021(1): 1–22, 226.

③ 许文文. 超越行动者网络：基层社会治理共同体建构的本土路径——基于社区养老场域的田野观察[J]. 学习与实践, 2021(3): 100–110.

④ 纪莺莺. 从“双向嵌入”到“双向赋权”：以N市社区社会组织为例——兼论当代中国国家与社会关系的重构[J]. 浙江学刊, 2017(1): 49–56.

关系；二是通过多主体的价值互嵌重塑合作动力；三是通过多主体的功能互嵌构建合作载体，以此实现社区居家养老服务的去中心化，形成非营利导向的合作驱动力，建立有联动能力的服务载体，最终构建嵌合型政社关系模式（见图 8–2）。

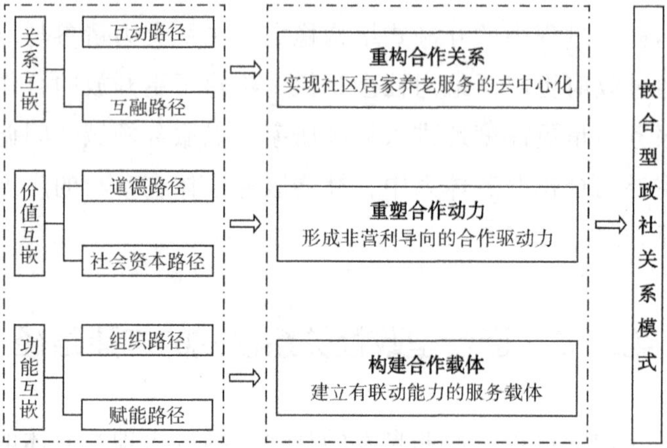

图 8–2　嵌合型政社关系模式的构建路径

资料来源：作者整理。

一、关系互嵌路径

关系互嵌主要通过合作主体之间的互动路径、互融路径实现，其目标则是实现社区居家养老服务的去中心化。其一，在互动路径方面，政府可采用联合、邀请、授权、认证等方式支持社会力量参与社区居家养老服务的规划、决策、实施、评估与监督等过程，通过与政府的平等互动实现服务治理过程和效果的改善。在此路径下，政府还需充分激发社会组织、民办非企业单位、集体企业、志愿团体、家庭护老者等各类社会力量的服务能力，通过放宽政策限制、突破服务购买传统、让渡服务决策权、创新服务评价方式等做法，逐步实现政府与社会力量之间的高水平互动。其二，在互融路径方面，需要将政府机制与市场机制相整合，市场方式与社会合作相融合。具体来说，就是要在社区居家养老服务的环境营造、项目设计、风险防范、评价标准等方面，整合政府与市场的准入标准和交易规则，改变传统服务招标模式辐射范围小的弊端，实现医、养、护等多重资源的嵌入和责任分担，行政性主体与其他各类主体共同形成职能融合的“政－企－社－家互构”服务伙伴关系。在服务主体关系的具体形式上，互融路径可以采取“社会企业”这种集市场运作特点与公共利益目标为一体的组织形式，构建业务中心化而非权力中心化的服务融合关系。

二、价值互嵌路径

价值互嵌通过道德路径、社会资本路径实现，目标是形成非营利导向的合作驱动力，同时也可以对合作关系重构目标形成呼应。其一，道德路径是通过道德和价值引导各主体的合作行为，推动信任关系的建立，进而维护、提升合作关系，赢得社会认同，增进合作各方的合法性地位。社区居家养老服务过程中的道德建设具体可以通过明确各主体的首要价值目标加以规范和建立，即政府应树立其服务型政府而非管制型政府、合作型组织而非命令型组织的基本认知和行为规范，市场主体应承担自身企业社会责任，明确居家养老项目的服务属性而非商品属性，从由政府主导养老服务供给逻辑走向价值认同基础上的治理要素嵌合。其二，社会资本路径的目标在于改变当前建立在契约（市场利益）和统合（权利依附）之上的驱动要素。为此，政府部门应当塑造“服务者的服务者”角色，减少对社会力量的过多束缚，对合作伙伴予以充分信任，推动长效服务规范和载体的建立（如在社区中深耕细作的服务项目，或者为服务合作机构提供长效支持等），对合作伙伴赋予更多的社会资本支持，降低其短期逐利动机，减少对政府的“单向俘获”行为，增加公众对服务项目及服务主体的认知和信任。

三、功能互嵌路径

功能互嵌可以通过组织路径与赋能路径实现，其目标在于形成具有联合行动能力的服务载体，进而满足不同类型老年人的社区居家养老服务需求。其一，组织路径以转变服务组织“分工—协作”的传统体制为目的，即横向上的服务条块分裂（由不同的服务主体承接不同的服务项目），纵向上各级政府的控制与干预。合作治理要求根据合作行动的需要建立合作型组织，政府要将各类社会力量不同程度地分类嵌入服务的“条”

"块"以及党群行动主体中，或分层嵌入政府的不同层级中，参与对服务的统一规划和实施，并在此基础上形成多功能联动的具体服务载体，并在其中设立固定的合作管辖机构或非常设的跨部门协调制度，提升社会力量在社区居家养老服务提供中的自主性。同时区别于科层制组织的设计原则，在组织功能上体现去中心、去层级的横向结构，建立非官僚化、扁平化的组织形式。其二，在赋能路径上推动服务有效合作的重要保障之一，在于赋予服务载体一定的服务弹性，各类合作主体应在服务场所之内构建多元化、收费性与公益性服务相结合的服务平台。在平台外部，则应当增强枢纽型社会组织的功能拓展，建立服务场所之外的资源整合平台，政府通过服务项目化购买或者补贴、资助等方式，为社会力量的服务能力建设提供公共资金支持，以政府激励机制带动志愿力量、家庭成员、特殊服务供应主体等融入合作体系，构建以场内功能为主、场外功能为辅的社区居家养老服务功能互嵌体系。

第三节　嵌合型政社关系模式的动力机制

要在实践中推进和运行嵌合型政社关系模式，需要建立服务的跨部门合作机制，实现政府、市场、社会组织、社区、家庭、志愿团体等多方主体在嵌合型政社关系模式下的有效联动。在此基础上，本书尝试从社区居家养老服务中政社关系的困境入手，以治理问题为牵引，分析嵌合关系的治理要素、治理机制，以进一步明确嵌合关系的治理逻辑（见图 8–3）。

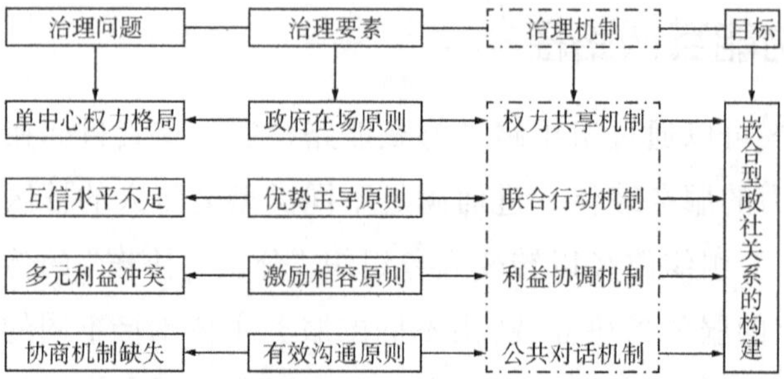

图 8–3　嵌合型政社关系模式的动力机制

资料来源：作者整理。

一、权力共享机制及其举措

权力共享包括赋权与增权，是对政府治理方式的革新，从合作治理的视角来构建嵌合关系，首先应强调来自政府权力体系的治理权力共享。具体而言，嵌合关系要求政府在不退出社区居家养老服务、承担基本监管和兜底责任的前提下，习惯于扮演其他主体“合作伙伴”的角色，并根据其他合作者的需要适当进行权力共享。一般情况下，跨部门合作治理中，可以共享的资源主要包括权力资源、物质资源和信息资源三种，其中权力资源居于核心位置。① 为此，需要确立“政府在场而不控场”的原则，包括政策在场、资源在场、监督在场，在此前提下政府要在合理范围对其权力进行共享，淡化政府参与的广度和深度，约束政府（及其代理）对社区居家养老服务资源的“虹吸效应”和向合作网络边缘转移风险的行为，承担社区居家养老服务的风险兜底责任。另外，“政府在场”还应当体现在政府对社会赋能、政府权力自限上，前文已论述了政府赋能对实现功能互嵌的意义，嵌合关系需要政府在服务中强化契约意识，以规范性文件做基础减少权力“越位”或者“缺位”。对社会赋能与政府权力自限，是在政府优势地位的客观现状中，减少非均衡互嵌，实现良性合作。

为有效运作社区居家养老服务的权力共享机制，首先需要对当前多数实践中的政府服务逻辑和权力配置方式进行重新规划，建立类似于蜂巢结构的扁平化合作网络，取代蛛网型以政府为星点的合作网络结构。其次需要构建和完善社区议事制度，为居民、社会力量和其他相关基层组织表达各自的利益诉求提供平台，激发多方主体参与共建共治共享的热情。最后，政府不应将社区居家养老服务的其他合作主体视为管理对象，并减少因其“自在性”而滋生的服务“越位越权”行为，允许合作主体通过自由裁定的方式提供与合作目标相匹配的服务，并时刻向其他合作者开放权力信息和权力资源，以合作串联者的身份支持发展新型服务

① 孙涛. 社会治理体制创新中的跨部门合作机制研究[J]. 云南民族大学学报（哲学社会科学版), 2016(2): 68–73.

载体和服务形式，以“增权”的方式改善非政府治理主体资源不足、治理权缺失等问题，提升社会力量、社区及居民的服务合作能力及参与度。总之，嵌合关系的一个重要转变是政府必须习惯扮演服务体系的“支持者”乃至“服务者”角色，减少服务的行政化色彩。

二、联合行动机制及其举措

联合行动机制可以建立以专业优势为联动主导因素的服务协同体系，其目标是提升互信水平和互动效果。政社互信水平不足的根源在于政府始终掌握服务主导权，导致本应以分工优势参与服务的其他行为主体最终无法专注于专业服务，而将自身的合作行为异化为对政府的非对称依赖与“单向俘获”行动。更进一步看，实现权力共享机制也需要专业力量（如社会工作机构）与政府优势互补，形成社区增能的外力推动。因此，需要确立优势主导的联合行动原则，在社区居家养老服务合作组织、合作机构等合作载体中，形成基于不同服务对象需求和服务项目特点的差异化选择机制。根据服务提供者的优势确定服务主导者，而淡化主导者的性质、规模、与政府关系等。换言之，政府、企业、群众自治组织、社会组织等合作者都能平等获得合作主导权，并根据自身优势与服务目标承担起联合行动的主导者角色，从而淡化对政府资源、行政决策的依赖，减少服务中的无序博弈和分散行动行为。

具体而言，社区居家养老联合行动机制中的优势主导者，通常应当根据老年人的主要服务需求的回应能力进行选择。例如，根据老年人的医护需求运行的服务项目，应当由医护人员和医疗机构作为联动主导者，同时也意味着在主要面向慢性病老年人、失能半失能老年人的社区居家养老服务机构，或者其他形式的合作载体中，应当以医护主体为核心组建服务团队，将其他复杂性、风险性较低的项目一并交由此类主体共同运作，以实现在统一组织系统内的高效联动，进而提升互动和互信水平，提升居民对服务的认同感和满意度。此外，为保障联动效果，政社力量都需要围绕优势主导主体构建完善的社区居家养老服务资源协调机制。政府根据服务体系的要求将多元政府资源有效分配给服务参与主体，社会力量按照参与能力提供组织的优质资源。最终要推动政社之间以服务体系和关键主体的资源需求为资源驱动要素，减少因为部门条块分割、组织目标差异等问题导致的资源流通不畅、分配不均等情况。

三、利益协调机制及其举措

利益协调的核心在于多元主体放下自利观念、让渡合作空间，通过共同、持续的协商寻找利益冲突的解决方略，并实现共同理性及合作共赢目标。如果说权力共享机制是合作治理下嵌合关系建立的起始，那么利益协调机制则是维持嵌合关系的基本保证。利益协调机制可以减少合作过程中的自利行为和利益冲突现象。从一定程度上说，政府的权力共享机制和联合行动中的优势主导原则，能够对合作主体的服务积极性产生正向的激励作用，但要建立利益协调机制，仍需构建一个关键要素：基于激励相容原则的合作得益分配制度。在社区居家养老服务领域，包括服务供方和服务需方在内的众多主体，因而也不可避免存在切实的利益冲突，如政府政绩考量、服务主体的成本收益考量、服务对象的“邻避心理”、街道社区的旁观心态等，对于社区居家养老服务的服务质量和服务过程带来明显的影响。

对此，基于激励相容原则的合作得益分配制度应包括：政府或出资主体根据服务主体的服务绩效在固定报酬给付的基础上加入弹性给付的部分，以专业第三方评估主体作为分配依据，形成以服务绩效为导向的利益分配；允许合作主体在限定范围内获得利润分配以保障社区居家养老服务项目的长效稳定发展；政府应当为其他利益相关者（社区、居民、志愿团体等）创造利益分享机会，通过公益奖励、环境改造、就业机会、服务项目分红等方式，形成社区居家养老服务的合作激励。此外，政府应当继续推出和落实社区居家养老服务的优惠政策，降低不切实际的政策期待与不合理的考核要求，减少附加的行政事务，为社会力量专注于社区居家养老服务提供条件。最后，在服务标准评价方面应当改变以往过于侧重政府目标的定式思维，提升服务效果、增进服务认同，进而实现多元合作主体利益目标的可行路径。

四、公共对话机制及其举措

在X省的社区居家养老服务实践中，服务项目更多是采用单向的推动逻辑且缺乏自下而上的交流机制，服务规划是政府进行自上而下的规划，缺乏多元主体间的信息沟通与反馈机制。公共对话机制目标在于形成合作主体间的有效对话，促进共享理念和共享结果的实现。社区居家养老服务有效沟通的含义，其目标不在于所有主体关于所有合作共识的达成，而应强调通过对话沟通减少分歧、避免失误，并在一定程度上形成合意，不断实现服务体系的局部改善。在实践中，不少居家养老服务项目难以有效推进，除了浅层次的资金、场地、人员等问题，深层次的矛盾还包括老年人需求回应度低、“邻避冲突”、人际关系矛盾、政策限制等，需要通过构建关系支持网络予以回应。

因此，完善社区居家养老服务的公共对话机制，首先是要使合作主体间保持动态合作交流和开展常态化供需对接活动，政府应当支持社会力量对社区老年人服务需求进行深度调研，对服务供应主体进行行业调研；其次是通过在合作动机方面的有效沟通了解各主体利益偏好，并通过民意代表（人大代表和政协委员等）、积极理性公民、社区调解力量等主体向政府、企业、社会组织等主体进行表达，构建简约、高效的基层服务对话体制；再次是在部门的职能分工和基层政府及社区的服务配合方面，要通过组织有效对话，明确“条条”的属事责任和“块块”的属地责任，将服务中“条条”的专业优势与“块块”的属地优势结合起来，减少跨部门服务合作中存在的条块分割现象；最后是要加强服务合作体系的信息化、智能化建设与保障，以政府整合、社会投资或者政社合作等方式构建统一的信息反馈平台，帮助各参与主体了解居民需求信息、服务流程信息、资源供需信息等，解决信息孤岛与信息碎片化的问题。最终在多维度的公共对话机制下，共同推进服务项目和服务目标的实现。

第九章 嵌合型政社关系模式转换的实践探索

在合作治理的理念下，优化社区居家养老服务中的政社关系，其根本路径是通过建立有效的合作体系，使合作机制有效运行，实现社区居家养老服务资源的有效整合与极大化利用，满足社区老年人的多元服务需求，进而增进公共利益。在合作与互嵌的状态下，社会中的服务力量可以逐渐形成独立的、自治的结构，成为在合作共同体中具有自治权力和能力的合作主体，更积极地参与并形成多元服务自治秩序，由多元主体共同制定规则，通过专业选择、有序组织和集体行动来实现社区居家养老服务的合作治理。哈贝马斯（Habermas）认为，构成社会核心的是一些非政府的、非经济的联系和自愿联合，它们使公共领域的交往结构扎根于世界生活中，组成公共领域的是那些或多或少自发出现的社会团体、组织和运动，它们对私人生活领域中形成共鸣的那些问题加以感受、选择、浓缩，经过放大之后进入公共领域。[①] 因此，嵌合型政社关系模式以

① 哈贝马斯. 在事实与规范之间：关于法律和民主法治国的商谈理论[M]. 童世骏，译. 北京：生活•读书•新知三联书店，2003: 31.

社会力量为优势视角，在政社互嵌而非二元对立的秩序中形成有限的政府、有组织的社会力量两者之间良性互动，实现社区居家养老服务的政社关系模式转换。

第一节　B 市社区居家养老服务合作的概况

前文论及的 S 市医养结合服务项目虽然体现了多主体合作在基本医养服务满足方面的优势，实现了医疗资源和养老资源的相互渗透及功能互补，为居家老年人提供了较为专业的医养结合服务，但是由于缺乏特定的整合机制、专业护理力量和服务载体，联合行动机制无法有效建立和长久维持，一旦创投项目结项，服务项目便有可能因为失去经费支持而终止，因而在很大程度上影响了老年人长期护理需求的满足。加上在现实中，老年人较容易罹患不可治愈的慢性病（老年病），长期带病生存需要专业照料及护理康复服务，其核心问题不是医养结合，而是医养康护结合，是更高水平的医养结合。做好医养结合服务，满足老年人更高层次的居家养老服务需求，需要从医养拓展到医养康护，提供长期护理服务。因此，从需求目标满足程度来看，为居家老年人提供医养康护结合的养老服务更能体现“医”和“养”的整合水平，同时也意味着对服务主体的合作水平提出更高要求。

B 市是第二批国家级医养结合试点城市之一，B 市 T 区 P 街道 P 村是 B 市较为典型的老旧社区之一。P 村占地面积约 1.2 平方千米，分为上、中、下三个自然村（同属 P 村居委会），常住人口约 1 300 人，常住居民户 395 户，外来人员有 6 万余人，近年也有不少早年移居海外的侨民回流当地居住。在经济状况方面，P 村拥有 1 家村集体企业（HW 实业股份有限公司，以下简称 HW 公司），主要从事实业、商业、物资供销、房地产开发、自有物业出租等经营业务，目前固定资产约 1.7 亿元，年总收入约 3 000 万元，村民中的股民数为 905 人。在人口老龄化方面，截至 2020 年底，P 村常住人口中 60 岁及以上的老年人口为 206 人，老龄化率达到 15.8%，且村民中 75 岁及以上的老年人数量也已过百。①

为满足社区周边老年人的医养康护需求，2019 年 10 月 P 村养护中心正式开业。在组织功能建设方面，P 村养护中心由 T 区政协发起，由 T 区民政部门、T 区卫生健康部门、P 街道指导项目落地和服务购买，由 HW 公司依托自有的物业（共 11 层）聘请日本专家设计并投资建设和改造，建成面积超过 5 000 平方米的医养康护一体化养护中心，包含社区卫生/健康服务中心（医）、照料中心（养）、康复中心（康）、颐养院（护），以及亲情公寓、餐厅、活动娱乐区、临终关怀区等功能区域；在性质上，P 村养护中心明确和坚持以股份公司投资、建设、改造，与医院集团共同管理运营的非营利属性，其服务运营资金不完全依赖政府投入，盈余主要用于服务再投资或社区福利发展，具有社会企业的基本特性；在运营模式上，P 村养护中心由 HW 公司、T 区医院集团、养老服务企业等多方共同运营。依托多方力量共同协作为老年人搭建医养康护一体化的立体服务体系，建设社区居家医养服务综合体，在满足居家老年人的个性化、多元化服务需求，提供医养康护结合的社区居家养老服务方面具有较强的代表性和创新性。

在居家养老服务体系功能配置方面，P 村养护中心通过“医”和“养”的相互支撑，提供居家养老、日间照料、短期托养以及长期照料四大板块的服务。P 村养护中心的居家服务主要包括生活照料和医疗服务两方面。受政府委托，中心承接了家庭病床服务，由家庭医生和专业护理员为老年人提供上述两个方面的居家服务。同时，护理员对老年人的家庭成员提供护理指导与培训，将其发展成老年人居家服务的服务主体之一。当居家养老无法满足需求时，P 村养护中心也可以为护理需求较大的老年人提供集中式的护理服务，包括 3 个月以内的短期托养和病（术）后康复服务。而对于失能、失智、高龄多病等老年人，养护中心则可以提供长期照料服务。在康护服务中，P 村养护中心还配备了营养师为入住老人进行营养状况评估，提供个性化的配餐助餐服务，根据老年人护理需求提供专业护理器材服务。在康复方面，则提供包括中医康复、健身指导、

① 数据来源：作者实地走访调研所得。

物理及言语治疗等多元化、个性化康复服务。

第二节　B 市嵌合型政社关系模式的构建与成效

医养康护结合社区居家养老服务合作体系的形成，体现了多元主体在服务合作方面可以通过有效的联合方式——合作主体网络、服务合作载体、跨部门合作机制等，构建嵌合型政社关系模式，达到合作治理目标。具体而言，构建社区居家养老服务合作主体网络，是重构服务合作关系的重要体现；嵌合型政社关系的功能体现，需要建立有联动能力的服务载体，发挥服务整合与联动作用；嵌合型政社关系需要通过权力共享机制、联合行动机制、利益协调机制以及公共对话机制得以维持并持续作用。

一、合作主体的关系互嵌

P 村养护中心的建立、运营和服务运作，依赖由政府部门、医疗机构、村集体、养老服务企业、志愿力量以及老年人家庭等多元主体构成的合作主体网络（见图 9–1）。该合作网络的关键特征是实现了社区居家养老服务的去中心化，政府对社会力量进行了充分赋权，使得多元主体能够突破以往的不合理的管理约束，增强合作的主动性。下面对政府部门、医疗机构、村集体、养老服务企业、志愿力量进行介绍。

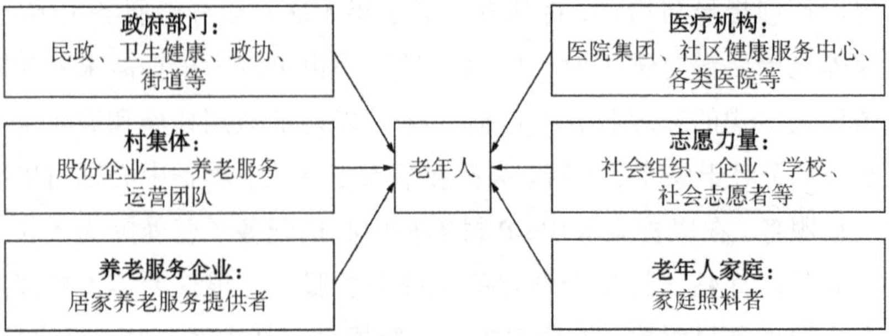

图 9–1　P 村养护中心的服务合作主体网络

资料来源：作者整理。

政府部门方面，P 村养护中心的建设及后续运营涉及 T 区民政部门、卫生健康部门、政协、街道等多个职能部门的共同推动和监管。其中民政部门承担居家养老服务的牵头组织、服务监管和服务购买职能，卫生健康部门承担辖区医疗资源在 P 村养护中心的功能设置和服务协调职能，政协则进行了大量的居民需求调研和部门间沟通工作，区政府和街道政府部门也在其中承担了服务项目购买（如引进第三方心理服务机构和推进家庭病床服务等）、社区居家养老服务补助、资金供给及服务评估等职能。最终，在多部门的联合推动下，P 村养护中心顺利申领服务牌照，并促成了 P 村养护中心与医疗机构、养老服务企业的合作联营。

医疗机构方面，社康中心（即社区健康服务中心）在原有医疗功能基础上，由同一批医护人员和服务人员为老年人提供医疗护理、日间照料、助餐配餐、休闲娱乐等服务，同时也允许医院集团提供多元化的市场服务，跳出医疗机构依赖政府购买的服务供给模式，激发了医疗主体的积极性。因此，社康中心能够获得来自 T 区医院集团医疗资源的全方位支持。面临更专业的医疗需求，医院集团不仅可以协调专业医院中的康复科、肿瘤科、神经内科、骨科等专业科室和设备资源，还可以利用医院集团的其他专科医院如妇幼保健院、中医院、老年病院等专科医疗力量为老年人提供全学科医疗支持。除了社康中心的医疗力量，中心还拥有有资质的护理员 20 余人，为老年人的护理需求提供基本人员保障。

“这里（社康中心）可以协调医院集团所有优质的医疗服务资源，在老年人有更多的医护需求时，我们会帮助联系最好的专业科室和医院，哪里最合适就去哪里。”

访谈对象：P 村养护中心社康中心主任 L 女士

访谈编号：20211208a

村集体方面，在政府的授权下，集体企业得以建立具有服务资质的服务联合体，P 村养护中心由村集体企业（HW 公司）提供场地、物业设施并全额出资兴建，承担养护中心（主要是颐养院）的后续运营及相应人员、资金、服务链接等方面的具体事务，而政府则在税收、消防、评估、资源等方面给予支持。HW 公司内部还在养护中心专门成立了养老业务的常驻运营团队，承担养护中心的整体发展和日常服务协调，以保障服务体系的长效运作，实质上也成了多主体服务联合行动的联结中心。

“公司在养护中心建设和运营方面已经投入了近 3 千万元，在项目初期还组织了相关人员到日本实地考察和培训，在很多方面下了很大功夫，成效也是显著的。现在只要是外地来考察或者领导视察，都会来这里参观。我们有信心，在居家养老这块，它的硬件在整个 B 市也可以算是最好的。加上我们的运营团队也在不断优化，把学习到的很多先进经验用于整个中心的日常管理和业务协调当中，并且也得到了各方的支持。”

访谈对象：HW 公司养老业务负责人 T 女士

访谈编号：20211208b

养老服务企业方面，为了给老年人提供更专业的居家养老服务，HW 公司引进了 B 市 FS 养老服务有限公司，签订了联营合作协议，为社区老年人提供日常照料、上门服务、智能远程居家护理等。此外，在政府的推动下，养老服务企业将与社区医疗机构（社康中心）开展深度合作，共同组建专业的医养康护服务团队，将专业服务延伸进老年人家庭，进而大力促进居家康养与机构照料服务的融合，为辖区内的失能半失能、失智、孤寡及特殊家庭老年人提供更有针对性的服务。

志愿力量方面，P 村养护中心通过市、区两级义工联合会（义工联）、社区工作站定期招募为老服务志愿者和志愿团体（社会组织、学校、企业等），保证每周有 3～5 个小时的志愿服务时间。主要的服务内容包括探访慰问、聊天解闷、活动互动、手工制作、书法绘画、知识讲座等。此外，代表街道为社区提供服务的社区工作站还会帮助养护中心协调推进上门送餐等服务。另外，区和街道的老年协会等社会团体也经常性地在养护中心组织开展专业讲座、健康素养比赛。

二、合作主体的价值互嵌

价值互嵌的体现之一，是通过明确服务合作载体的非营利属性，提升合作主体的合作驱动力。P 村养护中心从成立之初，就已明确其非营利属性，突出服务机构的非营利性可以减少政社之间、社会力量之间的利益博弈。对于政府而言，P 村养护中心这样的非营利性服务机构，一是符合政府对于社区居家养老服务的公益性属性设定，保证服务兜底功能的实现；二是能够降低政府购买社区居家养老服务的成本，减少资源浪费；三是能够减少市场购买服务过程中存在的政府“俘获”现象，降低交易成本。对于承接服务的组织（HW 公司）而言，非营利目标的设定一方面可以减少组织收益压力，从而减少服务机构对于政府资源的依附性，进而提升自主能力；另一方面可以通过降低服务机构的市场逐利属性，增强社会力量供给服务的合法性，并能通过回馈居民、降低收费等方式赢得居民对服务组织和合作体系的认同。对于合作体系中的其他社会力量（医疗机构、养老服务企业等）而言，能够通过非营利服务合作逐渐提升服务认知度，占领市场空间。因此，服务合作载体非营利属性的价值定位，进一步提升了合作各方的合作动力，并通过减少利益博弈维持合作体系的稳定。

“从我们企业的角度来说，我们既不向政府多要钱，也不让居民多花钱，各方面关系也比较融洽。我们找的合作伙伴，也都事先明确，不能抱着营利的想法来合作，这样也避免了很多唯利是图的商业行为，也不容易产生利益纠纷。如果哪方亏钱了，我们也想办法补贴一点，实在有困难，还可以通过街道在购买服务当中做适当平衡。”

访谈对象：HW 公司养老业务负责人 T 女士

访谈编号：20211208b

价值互嵌的体现之二，是通过政府与社会力量共同的价值引领，增加合作体系中的社会资本。帕特南（Putnam）认为，在一个继承了大量社会资本的共同体内，自愿的合作更容易出现，而这些社会资本主要表现为信任、规范与网络。①

首先，在 P 村养护中心的建立和运营过程中，政府减少了对契约条款和行政监督等方式的依赖和运用，除了坚持必要的规范性约束（养老服务基本标准、医疗护理标准、医保管理等），其他的诸多事项如服务安排、人事制度、多方议事规则等，基本交由 HW 公司自行组织和控制。

① 帕特南. 使民主运转起来[M]. 王列，赖海榕，译. 北京：中国人民大学出版社，2015: 216.

而且这种政府信任不同于以往政府工作人员对服务主体运营者的私人信任或关系信任，而是对合作体系的充分信任，因而能够进一步推动各合作主体建立社会信任。

“区和街道对我们都是充分信任，从来没有提过更换服务机构或者停止服务购买这些事情，更多的是在帮助我们解决一些现实困难，或者积极调和养护中心和社区、居民、其他合作方的一些关系，又或者帮忙做正面的媒体宣传，推荐我们申报各类先进、示范点等，这对我们提升知名度、赢得一个好名声有很大帮助”

访谈对象：HW公司养老业务负责人T女士

访谈编号：20211208b

其次，社会信任还需要通过规范的建立得以维持强化。由于合作体系中的各种服务主体缺乏联结经验，或者对养老服务行业的参与程度不够，因而政府必须引导其他的合作主体建立有效的服务规范，增强服务体系的社会适应性。P村养护中心在构建多功能服务载体的过程中，政府通过建立系列规范，如“B市医养融合服务规范”“T区医养融合服务标准”，以及通过社区党委、HW公司党支部、社康中心党支部，形成社区党委共同引领的联动方式，实现服务规范化、制度化以及共建共治。

最后，要形成社会信任和规范体系，必须鼓励社会各主体的广泛参与，并构建公民参与网络。P村养护中心定期为老年人制定康乐活动日程、节日主题活动等，引导社区居民、社会志愿者、公益人士一同参与老年服务，扩大服务影响力，形成共赢格局。

三、合作主体的功能互嵌

在“医”的合作功能载体方面，P村养护中心整合了T区医院集团运营的医院资源为服务载体，建设社康中心具体提供医疗服务。社康中心既服务于养护中心的老年人，也服务本村老年人并承担区域公共卫生服务，可以为社区居家老年人提供门诊检查和治疗、家庭医生服务、老年病专项诊治、慢性病管理、健康档案等常规医疗服务，并为入住养护中心的老年人进行慢性病、心理、跌倒风险评估。对突发急症或紧急状况的老年人，社康中心还可以通过绿色通道、双向转诊的方式对接 T 区医院集团的医疗资源提供住院治疗，在病情稳定后再将老年人送回养护中心给予康养护理服务，协调“医”和“护”的衔接。

“希望这里（社康中心）能成为服务居家老年人的一个基站。除了入住老年人和非入住老年人的健康服务，我们还以此为基站，为整个社区布点老年人提供应急服务（如老年人防摔倒、防走失服务），老年人有紧急问题可以第一时间来这里求助，包括我们也会联合社区民警或者社区工作站同时为老年人提供服务，它除了常规作为‘医疗服务点’，还是一个合作的平台。”

访谈对象：P 村养护中心社康中心主任 L 女士

访谈编号：20211208a

在“养”的合作功能载体方面，P 村养护中心整合了居家养老服务中心、日间照料中心、长者饭堂、活动娱乐区等功能载体，为老年人提供日间照料、助餐配餐、文化娱乐（如节日主题活动）、亲情活动（如长者生日会）、心理咨询、健康讲座等日常服务，并且有着较高的服务标准。以长者饭堂为例，P 村养护中心的长者饭堂面积超过 300 平方米，现有炊事人员 5 名和专业营养师 1 名，可同时供 150 位老年人就餐。2019 年被 B 市疾病预防控制中心认定为“国家示范营养社区创建参与单位”，并获得了中国老年学和老年医学学会的老年营养餐标准化培训基地认证。长者饭堂可以根据老年人差异化的身体状况和饮食需求提供特殊餐食及碎食并定期更换。对于社区内行动不便的长者，长者饭堂还会借助社区工作站的帮助提供送餐服务。

在“康护”的合作功能载体方面，P 村养护中心整合了颐养院、康复中心等功能载体，可以为老年人提供短期托养、长期照顾为一体的照护服务。P 村养护中心当前共有养老护理床位 146 张，最多还可扩充至 188 张床位。目前长期入住的老年人超过 30 位。其中部分是 P 村常住居民，还有部分是回乡定居的归侨老年人。在服务方面，短期托养主要是 3 个月内的托养服务，服务对象通常是因病、伤（如骨折）等特殊情形需要康复服务的社区老年人。短期托养期间养护中心的医生、护士以及护理员提供专业的康复与护理服务，让老年人能够在短期内达到居家养老的状态；长期照顾则主要面向认知障碍老年人、高龄多病老年人或其他需要长期照料的老年人。主要的服务则包括营养与康复服务，康复治疗服务，康复评估服务，康复理疗服务（如脉冲治疗、微波治疗、吞咽障碍治疗等），个性化康复服务（中医康复、物理和言语治疗等），在此长期接受护理服务的老年人也同时享受一般的居家养老服务项目。此外，为了将护理服务延伸至居家老年人家庭，P村养护中心实行了家庭病床制，由家庭医生和专业护理员对居家老年人提供居家化的专业服务，并且为老年人的家庭照料者提供必要的护理指导与培训。

P村养护中心通过构建医养康护结合的服务合作载体（见表9–1），实现了社区居家养老服务主体间有效的功能互嵌，以多种服务功能和服务内容让社区老年人实现“养老在社区，看病不离床”的社区居家养老服务目标，通过更专业的服务更好地满足了老年人健康养老服务需求。特别是这种整合方式在资源紧张的中心城区和本地居民集中的城市区域，该服务体系能够较好地实现政府部门推广社区居家养老服务的实践创新目标。

表9–1　P村养护中心服务合作载体及其功能

医		养	康护
服务载体		P村养护中心	
服务主体	T区医院集团	居家养老服务中心	养老服务企业
服务设施	社康中心	日间照料中心 长者饭堂 活动娱乐中心	颐养院（设失能失智养护房、亲情公寓） 康复中心
服务形式	医护协同 社区＋院内医疗服务	日间照料 上门服务	短期托养 长期照顾 家庭病床
服务功能	门诊服务 家庭医生 老年病服务 绿色通道 双向转诊 慢性病管理 健康风险评估	居家服务 文化娱乐 助餐配餐 康乐活动 心理疏导	康复理疗 康复评估 在院护理 药事管理 家属护理培训 临终关怀

资料来源：作者整理。

四、嵌合型政社关系的机制构建

在权力共享机制构建方面，P 村养护中心的运营改变了传统服务模式的“中心—边缘”结构，形成的是类似于蜂巢结构的扁平化合作网络。具体体现为：政府、企业、医院、村集体、社区、老年人等合作主体均减少了对政府的资源依赖，例如，企业减少了对政府资金和场地的依赖，医院减少了对政府“医疗保险照顾”的依赖，村集体减少了对政府介入“邻避冲突”的依赖，社区减少了对政府政策指导的依赖，老年人花费更少从而减少了对政府福利保障的依赖等。加上人大、政协在其中的跨部门协商与推动，减少了政府权力分割对服务运作的影响。政府在其中的主要作用是监管和授权，因而充分体现了合作治理路径下各主体他人赋权与自我赋权相融合的治理特性，减少了社区居家养老服务领域的权力统合压力。通过权力共享，合理稀释的合作网络也能够使各合作主体的分散利益得到最大化满足，从而完成对参与治理权力依赖的超越，帮助社会力量跨越行政统合与规制依附的制约。

在联合行动机制构建方面，P 村养护中心以老年人医养康护需求为中心构建服务网络。其中，医护团队在合作中处于优势主导地位，并围绕其建立各类专业团队，提供多元化、个性化的服务。为了更好满足老年人的医疗护理服务，养护中心的医护团队组建了多学科医疗服务小组、全专结合工作室、老年人综合评估中心等，将社康中心的全科医生、社区护士以及医院集团的专科医生、营养师、健康管理师、心理咨询师、社会工作者、护理员等全部按照专业特长形成跨专业协作小组，对老年人的医护需求进行分类满足和医护管理。例如，针对患有慢性病老年人的慢性病治疗组为老年人进行定期身体检查和健康随访、饮食计划制订等，对中风等患病后出现精神躁动的老年人由心理干预医学小组组织精神科医生开展心理干预治疗等；在居家养老服务方面，还有居家养老关怀小组、联动医养融合义工队等定期开展上门居家服务，并专门组建了临终关怀小组，一方面为老年人提供舒缓护理，另一方面也可以给家属进行及时的心理疏导。

在利益协调机制构建方面，P 村养护中心的非营利属性，使其相较于市场主体，在费用负担和服务主体等方面更容易取得居民认同。此外，对于周边居民而言，邻避设施的负外部性得到了相应补偿（分红、养老服务、就业岗位等）。在服务价格方面，拥有当地户籍的居民接受专业医养康护服务可以享受半价优惠。以自理老年人的托养服务为例，养护中心对外提供该项服务的价格是 6 800 元/月，而当地居民只需要 3 000 多元，即可享受到专业团队给予的健康评估、日常护理、托养照料、康复治疗等服务。对于参与企业而言，养护中心给企业带来了新的业务收益，也为其股东（居民）带来收益。除了更低的服务价格和更全面专业的服务，养护中心还会将空余床位对外公开营业（目前已经有多名归侨等非本地户籍老年人入住），通过发展第三产业的方式壮大了村集体经济。对于政府而言，既省去了设施建设和维护的成本，又有效激发了周边老年居民的居家养老服务需求；对于专业医疗机构而言，既能够得到长期稳定的客源，又能通过使用同一团队人员使其服务成本得到节约，还可以凭借服务质量提升获得政府的服务补贴。

在公共对话机制构建方面，P 村养护中心的立项建设和运营过程中也经常面临一些难题，尤其是作为医养康护结合的创新融合模式，没有任何可以借鉴的经验，而且其中涉及民政、卫生健康、街道等多部门的政策协同，以及与医院集团、养老服务企业、村集体等多主体的沟通协调，经常需要突破已有规定的局限。为此，T 区的政协、企业管理层和相关职能部门也经过了多轮论证磋商，围绕政策适用、场地供应、资质申办、水电供应、场地改造、设施设备、资源联结、管理模式、人员培训、员工住宿等各类问题进行了逐一破解。例如，医养服务的主管部门经常就营养配餐、照料服务、医疗康复护理等跨部门问题进行政策沟通，并给予 P 村养护中心进行服务创新的自主性，率先探索家庭病床与居家养老床位“两床合一”制度的衔接和创新。

综上所述，权力共享机制下，政府通过更多的授权和协商机制的作用，形成合作主体间既平等分离又互相内嵌的扁平化合作网络，降低了社会各方对政府的依赖程度；联合行动机制将权威、专业、志愿等服务要素有机整合，通过集中化功能网络和专业小组满足老年人的个性化多元服务需求；利益协调机制下，服务运作依靠服务载体的非营利导向，提升服务主客体间的认同，并通过正当性互益实现利益共享，保证服务的长效运作；公共对话机制构建的对话型治理方式，帮助支持主客体和服务主客体围绕医养康护结合的目标进行系统协调，同时也通过人性化沟通进一步夯实服务主客体之间的信任关系，维持合作网络的稳定。最终，构建出嵌合型政社关系的有效运行机制（见表 9–2）。

表 9–2　P 村嵌合型政社关系机制的构建

要素	权力共享机制	联合行动机制	利益协调机制	公共对话机制
核心问题	降低权力依赖	形成服务合作	利益共享、减少邻避冲突	建立和维持服务体系
关系主体	服务主体之间	服务主体之间	服务主客体	支持主客体 服务主客体
关键要素	授权协商	集中化功能网络专业小组	非营利属性 正当性互益 （分红、盈利、服务、就业岗位）	多部门共商 人性化沟通
治理优势	扁平化合作网络	个性化多元服务	服务长效运作	资源有效整合与人性化沟通

资料来源：作者整理。

五、嵌合型政社关系的转型成效

在 P 村养护中心服务合作项目的引领下，P 村实现了社区居家养老服务与合作治理思路的有效结合，初步构建了嵌合型政社关系模式，并在为社区居民开展医养康护相融合的服务过程中逐渐实现养老服务优化，激发了合作主体以及社区居民尤其是老年人的自主参与意识，大力提升了 P 村社区居家养老服务水平，形成了合作互利、助老为老的服务氛围（见表 9–3）。

表 9–3　嵌合型政社关系模式的转型成效

对比项	嵌合型政社关系构建前	嵌合型政社关系构建后
服务供给主体	承接政府购买服务的社区社会工作站、社康中心等非联结主体	政府部门、非营利企业、医院集团、养老服务企业、社会组织、志愿团体等具有服务专长且联结紧密的多元合作主体
服务内容丰富程度	服务内容较为单一，多为常规性、兜底性服务，以日间照料、长者用餐以及常规的文娱活动为主	形成医、养、护、文、体、娱等多位一体的服务形态，并能提供心理咨询、家庭照顾者培训、智能远程检测、临终关怀等特色服务

续表

对比项	嵌合型政社关系构建前	嵌合型政社关系构建后
服务主体发展机会	服务内容和形式固化，市场空间较为有限，自主发展能力受限	逐渐形成品牌影响力，对政府的依附性降低，能够按照专业目标进行服务创新
服务资源联结情况	仅限于基层政府和社区内部的养老服务资源，政府、养老服务机构、家庭之间未建立联动机制	突破社区界限，多元主体提供专业资源，实现“政府＋社区＋机构＋家庭”的服务资源联结。推进医养融合发展，整合医养资源形成一体化服务
居民服务消费意识	老年人服务消费意愿不强烈，对市场化服务项目了解不够，服务黏性不强	加深对服务项目价值的了解，开始愿意购买康复理疗、互联网＋智能服务、家政服务等有偿服务项目
居民服务参与情况	老年人社会交往范围有限，对社区养老服务参与性不高，互帮互助活动开展不足	通过志愿服务活动、家庭护老培训活动、老年课堂、老年人特色主题活动等集体活动形成活跃的社区氛围。自治意识提升，积极参与社区适老化改造和建言养护中心的发展

资料来源：作者整理。

第三节　嵌合型政社关系模式的治理功能探讨

医养康护结合社区居家养老服务合作体系及P村养护中心的建设运行，表明嵌合型政社关系模式在当前局部治理场域具有现实可操作性和服务合作优势，其构建过程体现了我国治理理念下政社关系的基本取向，即“共建共治共享”。具体而言，是服务体系的共建、服务过程的共治、服务收益的共享。结合案例探讨，嵌合型政社关系模式虽仍有可完善及优化之处，但也能为探讨社区居家养老服务中的政社关系转型问题提供一些启示。

一、实现基层服务供给创新

以合作治理理念推进社区居家养老服务中嵌合型政社关系模式的构建，基本思路是鼓励和支持更多的社会力量发挥各自在服务中的优势，平等独立地承担服务主体责任。但是在当前基层社会总体发育水平较低的情境下，社会力量的服务空间虽得到极大提升，但是这种治理秩序往往是由政府自上而下塑造出来的，社会力量仍然难以摆脱“参与者”的附属地位，在与政府的服务合作过程中缺乏相应的对话能力。超越以上困局的关键，在于基层自治功能的充分激发。在调研中也能发现，组织程度高的社区（如企业改制社区、亲缘血缘联系紧密的社区等），在推进社区居家养老服务设施建设和服务项目时能获得更大的居民支持度；反之联系松散的社区（如保障房社区、流动人口为主的社区等）在开展老年服务过程中面临的障碍较多。因此，在政社关系的基本塑造方式上，政府应当在“吸纳社会”的同时，注重“生产社会”，形成社区居家养老服务的“合作型生产”，增强服务的公共性，提升基层社会的治理活力。

为此，需要政府让渡部分职能，完成刚性权力在治理路径下的柔性转换，需要自上而下共享治理权，自下而上引导培育。政府需要为社会力量及社区居民自主参与社区居家养老服务营造良好的制度环境，积极探索和创新社会主体参与服务的风险分散机制、公共对话机制、资源整合机制等。人大、政协等协商主体也应积极发挥政府与社会间联结和疏导作用，避免政府的单线运作，为基层自治功能的发挥提供条件。同时，政府应当积极把社区和居民纳入“合作型生产”的体系，调动社区闲置养老服务资源，充分利用新媒体、大数据等现代化服务工具探知老年人需求，塑造新型服务关系，缓解服务供需矛盾。通过激发基层社会活力，既能满足居民的多层次服务需求，又能更有效地均衡多元主体的利益诉求，最终也能够提升政府权威和现代化治理能力。

二、推动政府服务职能转变

嵌合型政社关系模式的建立过程是政府不断调整自身角色和权力边界的过程，但权力让渡和共享并不等于政府从服务领域彻底退出，而依旧需要扮演服务支持者、协调者、监管者等刚性角色。因此，政府需要把握基层治理中秩序与自治的均衡，进一步梳理权力清单，明晰政府与社会力量的权责边界，并将其以契约化的形式明确界定，清晰告知合作各方。总的来说，政府在多元主体关系中应当逐渐转型为“能促型政府”，实施“服务在前、管理在后”柔性治理策略，将“领导”导向“指导”，社会力量在行政系统和行政事务中的任务属性由“被动摊派”变成“主动协助”。“能促型政府”也呼应了基层自治中政府对社会资源的激发带动，是政府“生产社会”的制度保障，是脱胎于全能政府的有限政府。

在社区居家养老服务合作体系中实现“能促型政府”的治理转型，需要在以下几方面加以提升：其一，政府要通过更多样化、更具操作性的倾斜政策，完善对民营企业、社会组织、养老服务机构等社会力量的法律支持、资金支持、组织建设支持等；其二，政府要建立完善社区居家养老服务评估体系，提高医养康护等服务的供需匹配度，建立服务标准、价格标准、服务规范、风险制度等；其三，要不断完善服务制度，针对老年服务的复杂性和特殊性，创新养老服务机构、医疗机构、社会组织等服务力量的准入制度，从服务标准、项目配置、人员配备、评估标准等方面规范跨专业联合服务的相关制度；其四，改变服务监管模式，根据多主体合作要求形成“专业共治型”的监管机制，即由原来单一监管模式转变为以专业优势为基础的多主体联合监管，形成服务自律自治；其五，建立家庭照顾的激励机制，为家庭照顾者提供护理培训、心理支持、小组交流、喘息服务等支持措施，通过税收优惠、带薪照护、住房优惠等政策进一步激发家庭参与的积极性，同时也能提升社会对居家养老服务的认同。

三、孵化专业服务合作组织

社区居家养老服务中的嵌合型政社关系，应当是政府和社会力量基于专业职能分工与服务目标实现基础上共同构建的关系类型，其治理愿景是政府和社会形成专业功能互嵌，实现对公共服务的专业化治理。政府对社会力量的作用方式，应当从控制、吸纳转变为积极孵化。并且由于社区居家养老服务的服务复杂性、需求多元性，政府需要在相关领域中孵化、扶持“功能嵌合式”合作组织的发展。一方面，嵌合的体系要求改变部门职能导向下的条线孵化，实现功能嵌合式合作组织的块状孵化；另一方面，嵌合体系需推动合作载体的组织方式创新，以项目制作为合作组织专业化参与的保障条件，实现合作组织对基层社会的关系嵌入、资源嵌入、技能嵌入等。

在社区居家养老服务中孵化“功能嵌合式”合作组织，可从以下方面进行探索：一是改变医养康护等服务线条的条线孵化与支持体制，通过建立社会服务力量联合机制（或类似于P村HW公司等非营利组织的联结主体），带动社会力量的组织集聚与功能互嵌，再以政府项目购买提供对块状合作组织的长效支持，提升社区居家养老服务合作组织的多元服务能力；二是进行组织方式创新，提升不同类型养老服务主体间进行功能互嵌的能力。例如在医疗服务机构中真正培育养老功能模块，在“医”的空间中嵌入养老服务，在“医”的体制中实现医养服务的双重回报。或者反过来，在养老服务机构中培育专业医疗功能，在“养”的空间中嵌入“医”的服务，在“养”的体制下实现医养服务的双重回报。再或者，突破现有“医”“养”等主体的固有现状和功能设置，以政府推动、社会组建的方式重新组织多功能、专门性的多元服务载体，最终形成政府支持、社会主办、功能互嵌、专业主导的社区居家养老服务专业化治理体系。

四、激发多元服务资金投入

从长远来看，社会化养老服务体系的不断发育和完善，需要为养老服务机构的有序运营提供长效资金支持。合作体系的一大优势在于降低了服务机构对政府财政资金的依赖程度，政府的财政投入主要发挥杠杆作用来撬动服务，通过政府服务购买和非营利资本的投入，保证了养老服务机构的资金周转顺畅。在多元化投入方面，该模式的优势在于：一是政府鼓励并采取了更为灵活的经费投入方式，减少了社区居家养老服务的融资障碍，满足了机构建设和日常运营等方面的资金需求缺口；二是多方参与形成多元化经费保障，既充分利用了社区的内部资本，同时引入医院集团作为服务主体，并在此过程中充分激发了民间资本和市场化机构的经费保障能力。

政府通过理顺投入方式，推动了嵌合型政社关系下的服务优化和探索。P村养护中心服务案例的借鉴意义还在于：政府一方面可以利用费用减免优惠政策、医疗保险定点资助、床位补贴、其他政府补贴等投入政策，保证生活照料、医疗护理等基础性服务；另一方面，也应当通过更多元的资金来源保证智能养老、科技养老、高端设备辅助等高端化、前沿性的社区居家养老服务探索。并且，为更好地激发服务投入的杠杆式效应，引导更多的社会力量融入合作体系，政府还可以在嵌合型政社关系框架下，进一步利用有效的资源杠杆，引入更多元化的投入主体，着重建设社区嵌入式照护服务、专业护理服务、（失能或半失能老年人的）特殊护理服务等方面。为放大杠杆效应，还可以在嵌合型政社关系模式下，减少或增加激励措施，增加服务奖励或采用“以奖代补”的方式激发社会主体的合作动力。

结论与展望

本书选取社区居家养老服务中的政社关系问题进行分析，是对社区居家养老服务问题在研究视角方面的尝试。现有研究虽对社区居家养老服务的现存问题有较多讨论，并对社区居家养老服务中存在的供给水平不高、服务供需失衡、服务满意度有待提升等问题形成了一些理论共识，但是仍缺乏从政社关系视角进行问题归纳。即使在部分社区居家养老服务的研究文献中涉及政社关系的单一面向，如讨论服务中的政府职能作用，或者社会力量的参与模式及其作用等侧面，但对两者的关系类型、关系特征、关系困境及其根源等政社关系模式问题的直接研究仍然较少。因此，本书期望能够从政社关系的角度丰富关于社区居家养老服务问题的研究体系。另外，本书在治理理论脉络下，区分了审视政社关系问题的参与治理理论与合作治理理论，并从合作治理的角度，构建了分析政社关系的总体理论框架，进而分析社区居家养老服务中政社关系存在困境的根源，即参与治理。基于合作治理的要素，思考对现有政社关系模式的超越方向，既有助于明确社区居家养老服务中政社关系模式的转换条件，同时也可以为治理研究的既有文献提供视角方面的增益。

本书对我国社区居家养老服务中政社关系演变的阶段及其特征进行了系统梳理，并对 X 省服务实践中的三种典型政社关系模式进行系统分析，形成了对政社关系问题从理论到政策再到实践的整体性思考。借用陈映芳教授的观点，围绕国家社会关系的问题，要进行经验与范式间关系的反复诘问，并应当立足于基础性研究和应用研究的综合、全面的发展。[①] 本书期望通过更丰富的研究内容分析，形成对社区居家养老服务中政社关系困境的系统认识，进而在困境超越的路径方面，结合合作治理理论，提出嵌合型政社关系模式，并通过现实案例探索嵌合型政社关系模式的构建路径。嵌合型政社关系模式体现了合作治理的基本要求，包括平等合作、双向赋权、互信协商、利益协调等，对于推进政社之间的良性互动、实现服务的有效分工协作乃至于基层社会治理创新，具有一定的启发意义。在合作治理思路下进行社区居家养老服务中政社关系模式转换的探讨，也有利于丰富治理理论体系中对政社关系的模式提炼。

关于社区居家养老服务中的政社关系模式，仍需要说明两个理论问题。其一，本书涉及的三种政社关系模式并非前后不同阶段的替代，而是同时存在于当前的社区居家养老服务实践中，并且仍在影响着 X 省的社区居家养老服务供给。这也意味着关于三种模式所讨论的现实问题，仍然存在于社区居家养老服务的供给体系之中。当我们变换角度思考上述问题时，仍能得到不同的理论思考。其二，每一种关系模式的形成与作用，并不意味着对其他关系模式的吞噬或割裂，社区居家养老服务的复杂性需要复合地利用多类型政社关系的优点从而避免效能不足。正如戴维斯和罗兹（Davis & Rhodes）指出的那样，未来将不再依赖市场治理，或科层治理，或网络治理，而是所有三者。因此，关于社区居家养老服务中政社关系模式的归纳难以统一化和绝对化，无论是在理论层面还是实践层面，需要对该问题进行系统思考和动态调整。

本书归纳的三种现存政社关系模式及其转型模式，在当前的地区实

① 陈映芳. 今天我们怎样实践学术本土化——以国家–社会关系范式的应用为例[J]. 探索与争鸣, 2015(11): 55–60.

践中具有较好的典型性，但仍存在可持续完善的地方。一方面，研究方式和过程的局限导致本书观点结论可能存在片面性。由于服务个案考察中存在现实限制，本书基于 X 省不同城市服务案例中的政社关系模式考察，但实践个案是通过“解剖麻雀”式的考察提出对政社关系问题的研究归纳。受客观条件限制，本书所观察到的服务实践案例可能仅仅是地区实践中的局部样态以及先行先试经验，但同时也对地方政府的治理能力和社会力量的发展水平等条件具有较高要求，需要在更广泛的实践经验基础上展开讨论。另一方面，政社关系问题是宏大的研究体系。因此，局部观察与归纳仍可能存在理论局限，对于政社关系模式的类型考察也因此存在无法穷尽的问题。并且，对“政社关系”“治理”“合作”“协作”等重要概念的不同理解也可能产生对政社关系类型及本书相关观点的不同解读。因此，关于社区居家养老服务中的政社关系模式考察和思考仍待持续进行。

但是不管社区居家养老服务的政社关系最终导向何种模式，都应当重视政府的职能作用发挥，同时应当积极推进政社之间的服务合作，二者并不矛盾。一方面，从社区居家养老服务的准公共服务属性来说，政府不能缺位于该服务体系。另一方面，从社区居家养老服务的社会属性而言，服务供给又必须坚持社会化发展，引导社会主体进入服务合作体系。2008 年全国老龄办等十部门发布的《关于全面推进居家养老服务工作的意见》中首次以养老服务体系的概念取代了原有政策文件中老年人福利服务体系的概念，意味着社区居家养老服务已经改变了政府福利的单一范畴而转向多元属性。服务属性、服务需求、服务目标的多元化，使得政府需要在承担自身责任的前提下，更好地激发社会力量的服务潜力，理顺合作体系。2022 年 12 月《C 市居家养老服务促进条例》出台，这也是 X 省第一部以规范居家养老服务为主旨的地方性法规，其中明确提及居家养老服务坚持政府主导、家庭尽责、社会参与、市场运作。这也充分说明，社区居家养老服务需要强化政府在场原则并通过社会化规则和充分赋权，引导各方共同合作。

合作的关键是转变政府施政理念，并提升政府的服务治理能力，减少参与治理关系构建路径所产生负面影响。作为一种新治理方式，合作治理对政府和政府治理能力而言都是一种新的挑战，高效的政府管理能力是合作治理目标实现的保证。[①]在政社合作过程中，面临着权力分配问题、责任归属问题、利益协调问题、信任依赖问题、分工协作问题等，进而存在合作失败的风险。那么，当我们回到社区居家养老服务的治理场域讨论合作问题时，也同样可以进行几点思考：一是当服务体系明确了政府的主导作用时，由于政府资源的分散性，政府间的分工协调就显得格外重要，不同的政府部门必须建立高效的政策联动机制，以减少各自为战、相互制约的问题；二是当服务体系同时存在多个服务主体时，就必须建立多主体的公共事务协商机制，将协商的范围扩大到权责、程序、形式、保障机制和评估标准等；三是合作的最根本保障仍是多向度的相互赋权，权力、权利、利益三者之间存在密切关联，曼德和阿斯夫（Mander & Asif）在论述善治时，认为公共事务依靠的管理机制是合作网络的权威，其权力向度是多元、相互的。[②]因此，在服务中形成良好的政社关系，还需要对政社之间的多向赋权、相互赋权的限度、方式及监管约束等问题进行更多思考。

总之，本书对社区居家养老服务中的政社关系模式进行考察，其根本目的是探讨如何优化社区居家养老服务中的政社关系，进而实现社区居家养老服务的有效治理。燕继荣教授曾提出善治的三代理论[③]，即以政府治理为核心的 1.0 版本，其治理目标是实现政府对社会的有效管理或管控；以社会治理为核心的 2.0 版本，其治理目标是建立、建设市民社会，实现社会自治或者基层自治；以协同治理、多中心治理、公共治理等为核心的 3.0 版本，其治理目标是建立集体决策和共同参与的制度，实现责任共担、利益分享与权力协同。从治理目标来看，合作治理的思路与善治理论的 3.0 版本较为契合，因此也有学者将合作治理视为善治理论

① 党秀云. 论合作治理中的政府能力要求及提升路径[J]. 中国行政管理, 2017(4): 46–52.

② 哈斯·曼德, 穆罕默德·阿斯夫. 善治：以民众为中心的治理[M]. 国际行动援助中国办公室, 编译. 北京：知识产权出版社, 2007: 34.

③ 燕继荣. 协同治理：社会管理创新之道——基于国家与社会关系的理论思考[J]. 中国行政管理, 2013(2): 58–61.

的 3.0 版本。[①] 而社会治理的具体实践以及社区居家养老服务的现实推进能否如学者们所愿，正在或者已经完成“善治迭代”，或者社区居家养老服务在进行治理迭代的过程中，是否已经具备相应条件，实现社区居家养老服务治理现代化的条件有哪些，仍需要结合更多的治理实践进行更广泛更深入的探讨。

① 周泽中. 迈向公私合作型的现代化治理[J]. 中共天津市委党校学报, 2021(6): 87–95.

附录一　机构（企业）访谈提纲

一、组织基本情况

1. 机构（企业）的基本情况（成立时间、组织类型、规模与人员等）。

2. 机构（企业）在社区居家养老服务方面的优势和针对性建设有哪些？

3. 机构（企业）在社区居家养老服务方面的业务发展规划是怎样的？

二、服务运行情况

1. 机构（企业）参与社区居家养老服务方面的具体服务项目/业务内容有哪些？

2. 机构（企业）参与社区居家养老服务方面的途径有哪些？

3. 机构（企业）在社区居家养老服务方面的服务绩效（服务效果、评价）如何？

4. 机构（企业）参与社区居家养老服务过程中获得的政府支持有哪些（政策、资金、人员、设施等）？支持力度是否足够？

5. 机构（企业）在社区居家养老服务开展过程中与政府部门的互动情况如何（招投标、协商、评估、奖惩等）？对服务开展是否有影响？

三、问题与建议

1. 机构（企业）在提供社区居家养老服务中遇到的困难或制约因素有哪些？

2. 服务对象对社区居家养老服务的服务内容、服务价格等方面有哪些意见反映？

3. 机构（企业）在社区居家养老服务方面进一步发展需要增强哪些方面的支持？

4. 为推动社区居家养老服务发展，应优先解决哪些问题？出台哪些政策举措？

附录二　政府相关部门访谈提纲

一、服务总体情况

1. 当前辖区内的老龄化现状与社区居家养老服务的需求如何？

2. 社区居家养老服务方面出台的政策与典型做法有哪些？

3. 如何定位本级部门在社区居家养老服务中的角色和职能？

二、服务组织情况

1. 当前辖区内参与社区居家养老服务的社会力量有哪些？承接哪些服务？

2. 选择服务主体的方式和考虑因素有哪些？政府购买服务情况如何？

3. 对参与社区居家养老服务的社会力量提供的具体支持有哪些？

4. 对承接服务的机构（企业）的监管或规制手段有哪些？效果如何？

三、服务发展规划

1. 服务建设或者政策落实中遇到哪些困难或问题？

2. 参与服务体系的社会力量对政府有哪些主要诉求？能否针对性解决？

3. 社区居家养老服务的发展重点、未来规划都有哪些？

附录三　访谈对象名单

序号	访谈对象	年龄/岁	所在单位	职务/身份	访谈编码
1	L 先生	43	C 市 ZY 养老公司	居家事业部负责人	20210913
2	T 女士	28	C 市 ZY 养老公司 W 街道居家养老综合服务中心	项目主任	20210917
3	L 先生	32	C 市 H 镇市政公司	社会工作部负责人	20201213
4	Y 女士	42	C 市 JT 社会工作服务中心	总干事	20211228
5	D 女士	31	A 市 KS 机构驻 H 街服务中心	项目副主任	20200705，20210603
6	L 先生	43	A 市 SS 医疗护理有限公司	总经理	20210312
7	T 女士	44	A 市 LH 社区颐康服务站	项目主管	20220616
8	T 先生	38	B 市 F 区民政局社会福利科	科长	20201009
9	Q 女士	35	A 市 KS 机构驻 H 街服务中心	项目主任	20200505
10	P 先生	46	A 市 B 区社会组织促进会	会长	20210418
11	K 女士	31	C 市 H 社区居家养老服务站	项目主管	20200612
12	W 女士	24	S 市 DY 社会工作服务中心	社会工作者	20190714c
13	L 先生	37	S 市 F 镇中医院 DX 分院	办公室主任	20190714a
14	T 女士	44	S 市 DY 社会工作服务中心	总干事	20190714b
15	M 女士	36	S 市 DY 社会工作服务中心	项目主管	20190714d
16	R 先生	45	A 市 TL 家园养老集团孝 L 堂养老院	院长	20200721
17	Y 女士	39	T 市社会工作协会	会长	20220315
18	Q 女士	42	A 市 X 社区	社区支部书记/市人大代表	20220318
19	W 先生	37	A 市 H 区民政局社会福利救济科	科长	20211218
20	H 先生	42	B 市 FH 家政服务有限公司	副总经理	20210425a
21	J 先生	47	B 市 YK 养老科技有限公司	总经理	20210425b
22	C 先生	54	B 市 ZW 科技有限公司	总经理	20210425c
23	S 先生	52	B 市 LT 科技有限公司	总经理	20210426a
24	Y 先生	45	B 市 SR 机械科技有限公司	副总经理	20210426b

续表

序号	访谈对象	年龄/岁	所在单位	职务/身份	访谈编码
25	P 先生	41	B 市 KK 智能健康服务有限公司	总经理	20210427a
26	T 先生	42	B 市 WQ 养老产业有限公司	养老院院长	20210427b
27	W 先生	38	B 市 YLJ 家政服务有限公司	总经理	20210428a
28	G 先生	48	B 市 LYL 养老使用投资管理有限公司	总经理	20210428b
29	F 先生	47	B 市 PY 养老产业有限公司	总经理	20210428c
30	L 女士	34	B 市 P 村养护中心社康中心	主任	20211208a
31	T 女士	38	B 市 HW 实业股份有限公司	养老业务负责人	20211208b

注：按照学术惯例，所有访谈人员和所在单位均做了技术性处理。

参考文献

1. 普通图书

[1] 费希特. 国家学说：或关于原初国家与理性王国的关系[M]. 潘德荣，译. 北京：中国法制出版社, 2010.

[2] 哈贝马斯. 公共领域的结构转型[M]. 曹卫东，等，译. 上海：学林出版社, 1999.

[3] 哈贝马斯. 在事实与规范之间：关于法律和民主法治国的商谈理论[M]. 童世骏，译. 北京：生活·读书·新知三联书店, 2003.

[4] 柯武刚，史漫飞. 制度经济学：社会秩序与公共政策[M]. 史漫飞，译. 北京：商务印书馆, 2000.

[5] 马克思·韦伯. 经济与社会：上卷[M]. 林荣远，译. 北京：商务印书馆, 2006.

[6] 皮埃尔·布迪厄，华康德. 实践与反思：反思社会学导引[M]. 李猛，李康，译. 北京：中央编译出版社, 1998.

[7] 彼得·李伯庚. 欧洲文化史：下[M]. 赵复三，译. 上海：上海社会科学院出版社, 2004.

[8] O. C. 麦克斯怀特. 公共行政的合法性种话语分析[M]. 吴琼，译. 北京：中国人民大学出版社, 2002.

[9] 奥斯特诺姆，等. 制度激励与可持续发展[M]. 余逊达，译，上海：上海三联书店, 2000.

[10] 安瓦沙. 公共服务提供[M]. 孟华，译. 北京：清华大学出版社, 2009.

[11] 保罗·A. 萨缪尔森. 经济学[M]. 萧琛，译. 北京：人民邮电出版社, 2008.

[12] 菲利普·库珀. 合同制治理——公共管理者面临的挑战与机遇[M]. 竺乾威，等，译. 上海：复旦大学出版社, 2007.

[13] 弗朗西斯·福山. 政治秩序与政治衰败[M]. 毛俊杰，译. 桂林：广西师范大学出版社出版, 2015.

[14] 吉尔伯特，特雷尔. 社会福利政策引论[M]. 沈黎，译，上海：华东理工大学出版社, 2013.

[15] 简·科恩，安德鲁·阿雷托. 社会理论与市民社会[M]. 时和兴，译. 北京：中央编译出版社, 1999.

[16] 莱斯特·M. 萨拉蒙. 公共服务中的伙伴：现代福利国家中政府与非营利组织的关系[M]. 北京：商务印书馆, 2008.

[17] 罗伯特 D. 帕特南. 使民主运转起来[M]. 王列，赖海榕，译. 南昌：江西人民出版社, 2011.

[18] 帕特南. 使民主运转起来[M]. 王列，赖海榕，译. 北京：中国人民大学出版

社, 2015.
[19] 乔尔·S. 米格代尔. 强社会与弱国家：第三世界的国家社会关系及国家能力[M]. 张长东，等，译. 南京：江苏人民出版社, 2009.
[20] 乔尔·S. 米格代尔. 社会中的国家：国家与社会如何相互改变与相互构成[M]. 李杨，郭一聪，译. 南京：江苏人民出版社, 2003.
[21] 塞缪尔·P. 亨廷顿. 变化社会中的政治秩序[M]. 王冠华，等，译. 北京：生活·读书·新知三联书店, 1989.
[22] 谢尼亚·舍尔–阿德龙. 建立社会保障：私有化的挑战[M]. 王发运，译. 北京：中国劳动社会保障出版社, 2004.
[23] 约翰·D. 多纳休，理查德·J. 泽克豪泽. 合作：激变时代的合作治理[M]. 徐维，译. 北京：中国政法大学出版社, 2015.
[24] 约翰·罗尔斯. 作为公平的正义——正义新论[M]. 姚大志，译. 上海：上海三联书店, 2002.
[25] 约瑟夫·E. 斯蒂格利茨. 社会主义向何处去——经济体制转型的理论与证据[M]. 长春：吉林人民出版社, 1998.
[26] 詹姆斯·N. 罗西瑙. 没有政府的治理[M]. 张胜军，等，译. 南昌：江西人民出版社, 2001.
[27] 詹姆斯·S. 科尔曼. 社会理论的基础[M]. 邓方，译. 北京：社会科学文献出版社, 2008.
[28] 朱迪·弗里曼. 合作治理与新行政法[M]. 毕洪海，陈标冲，译. 北京：商务印书馆, 2010.
[29] 哈斯·曼德，穆罕默德·阿斯夫. 善治：以民众为中心的治理[M]. 国际行动援助中国办公室，编译. 北京：知识产权出版社, 2007.
[30] 安东尼·吉登斯. 民族—国家与暴力[M]. 胡宗泽，赵力涛，译. 北京：生活·读书·新知三联书店, 1998.
[31] 陈振明. 公共管理学——一种不同于传统行政学的研究途径[M]. 北京：中国人民大学出版社, 2003.
[32] 邓正来. 布莱克维尔政治学百科全书[M]. 北京：中国政法大学出版社, 1992.
[33] 邓正来，景跃进. 市民社会理论的研究[M]. 北京：中国政法大学出版社, 2002.
[34] 桂勇. 邻里空间：城市基层的行动、组织与互动[M]. 上海：上海书店出版社, 2008.
[35] 敬乂嘉. 合作治理再造公共服务的逻辑[M]. 天津：天津人民出版社, 2009.
[36] 康晓光，卢宪英，韩恒. 改革时代的国家与社会关系——行政吸纳社会[M]//王名. 中国民间组织 30 年：走向公民社会. 北京：社会科学文献出版社, 2008.
[37] 刘福仁，等. 现代农村经济辞典[M]. 沈阳：辽宁人民出版社, 1991: 80.
[38] 刘金涛. 老年人长期护理保险制度研究[M]. 北京：科学出版社, 2004.

[39] 毛寿龙. 西方政府的治道变革[M]. 北京: 中国人民大学出版社, 1998.
[40] 乔东平, 高克祥. 政府与社会组织的合作: 模式、机制和策略[M]. 北京: 华夏出版社, 2015.
[41] 王浦劬, 莱斯特·M. 萨拉蒙. 政府向社会组织购买公共服务研究[M]. 北京: 北京大学出版社, 2010.
[42] 王浦劬, 等. 政府向社会力量购买公共服务发展研究——基于中英经验分析[M]. 北京: 北京大学出版社, 2016.
[43] 王绍光, 胡鞍钢. 中国国家能力报告[M]. 沈阳: 辽宁人民出版社, 1993.
[44] 余源培. 邓小平理论辞典[M]. 上海: 上海辞书出版社, 2004.
[45] 俞可平. 治理与善治[M]. 北京: 社会科学文献出版社, 2000.
[46] 俞可平. 民主与陀螺[M]. 北京: 北京大学出版社, 2006.
[47] 俞可平. 全球化: 全球治理[M]. 北京: 社会科学文献出版社, 2002.
[48] 俞可平. 中国公民社会的兴起与治理的变迁[M]. 北京: 社会科学文献出版社, 2002.
[49] 张静. 法团主义[M]. 北京: 中国社会科学出版社, 2005.
[50] 张康之. 行政的行动主义[M]. 南京: 江苏人民出版社, 2014.
[51] 章萍. 养老服务 PPP: 从理论逻辑到实践运作[M]. 北京: 中国政法大学出版社, 2019.
[52] 中共中央马克思恩格斯列宁斯大林著作编译局. 马克思恩格斯选集: 3 卷[M]. 北京: 人民出版社, 2012.
[53] 中共中央马克思恩格斯列宁斯大林著作编译局. 马克思恩格斯选集: 4 卷[M]. 北京: 人民出版社, 1995.
[54] 中国海南改革发展研究院. 民间组织发展与建设和谐社会[M]. 北京: 中国经济出版社, 2005.
[55] HEYWOOD A. Politics: second edition[M]. New York: Palgrave Macmillan, 2002.
[56] BAOGANG H E. The democratic implications of civil society in China[M]. Hampshire: MacMillan Press, 1997.
[57] FROLIC B. M. State–led civil society[M]. New York: M. E. Sharp, 1997.
[58] GIDRON B, et al. Government and the third sector[M]. San Francisco, CA: Jossey–Bass Publishers, 1992: 19.
[59] WHITE G, HOWELL J, SHANG X Y. In search of civil society: market reform and social change in contemporary China[M]. Oxford: Oxford University Press, 1996.
[60] BARBARA G. Collaborating: finding common ground for multiparty problems[M].

San Francisco CA: Jossey Bass, 1989.
[61] MIGDAL J S. State in society: studying how states and societies transform and constitute one another[M]. Cambridge: Cambridge University Press, 2001: 57.
[62] MIGDAL J S. KOHLI A, VIVEENNE SHUE V. State power and social forces: domination and transformation in the Third World[M]. Cambridge: Cambridge University Press, 1997: 321–322.
[63] KOOIMAN J. Governing as governance[M]. New Delhi: SAGE Publications, 2003.
[64] LATOUR B. Pandora's hope: essays on the reality of science studies[M]. Cambridge: Harvard Unity Press, 1999.
[65] LATOUR B. Reassembling the social: an introduction to actor network theory[M]. New York: Oxford University Press, 2006.
[66] LATOUR B. Science in action[M]. Cambridge: Harvard University Press, 1987.
[67] LESTER M, SALAMON. The tools of government: an introduction to the new governance[M]. New York: Oxford University Press, 2002.
[68] ROSENBAUM A L. State and society in China: the consequences of reform[M]. Boulder: Westview Press, 1992.
[69] SAVAS E S. Privatization and public–private partnership[M]. New York: Chatham, 2000.
[70] HENRY T. Communitarianism: a new agenda for politics and citizenship[M]. New York: New York University Press, 1998.
[71] WIARDA H J. Corporatism and comparative politics[M]. NewYork: M. E. Sharpe, 1997.
[72] KEANE J. Democracy and civil society[M]. London: Verso, 1988.

2. 学位论文

[1] 朱浩. 城市社区养老服务的递送机制研究——以杭州市为例[D]. 杭州: 浙江大学, 2015.
[2] GOFFMAN E. Communication conduct in an island communit[D]. Chicago: The University of Chicago, 1953: 33–36.

3. 期刊中析出的文献

[1] 鲍勃·杰索普. 治理的兴起及失败的风险: 以经济发展为例的论述[J]. 国际社会科学: 中文版, 1999(2): 44.
[2] 格里·斯托里. 作为理论的治理: 五个论点[J]. 华夏风, 编译. 国外社会科学(中文版), 1999(1): 19.
[3] 罗伯特·罗茨. 新的治理[J]. 木易, 编译. 马克思主义与现实, 1999(5): 46.

[4] 白锐，郑一凡. 疏离与嵌入：政府购买社会服务中的政社关系——以街道办事处与家庭综合服务中心为例[J]. 广州大学学报（社会科学版），2018(3): 32–40.
[5] 陈航，王雪峰，李京文. 城市综合医院与社区卫生服务中心合作研究——基于非对称合作理论的合作模型构建及理论分析[J]. 求索，2022(3): 136–145.
[6] 陈少强. 政府和社会资本合作的概念辨析[J]. 经济研究参考，2017(49): 6–11.
[7] 陈剩勇，赵光勇. "参与式治理"研究述评[J]. 教学与研究，2009(8): 75–82.
[8] 陈天祥，应优优. 甄别性吸纳：中国国家与社会关系的新常态[J]. 中山大学学报(社会科学版)，2018(2): 178–186.
[9] 陈天祥，郑佳斯，贾晶晶. 形塑社会：改革开放以来国家与社会关系的变迁逻辑——基于广东经验的考察[J]. 学术研究，2017(9): 68–77.
[10] 陈天祥，郑佳斯. 双重委托代理下的政社关系：政府购买社会服务的新解释框架[J]. 公共管理学报，2016(3): 36–48, 154.
[11] 陈莹. 社会治理视角下社会组织嵌入社区居家养老服务研究[J]. 社会福利(理论版)，2017(1): 38–42, 34.
[12] 陈映芳. 今天我们怎样实践学术本土化——以国家–社会关系范式的应用为例[J]. 探索与争鸣，2015(11): 55–60.
[13] 程建新，胡定晗，刘派诚. 重大公共卫生突发事件中企业与政府合作何以可能——非对称资源依赖条件下的组织间关系动力[J]. 中国行政管理，2022(3): 136–145.
[14] 程坤鹏，徐家良. 从行政吸纳到策略性合作：新时代政府与社会组织关系的互动逻辑[J]. 治理研究，2018(6): 76–84.
[15] 崔光胜. 政府购买社会组织服务：逻辑检视、现实考量及优化路径[J]. 湖北社会科学，2015(6): 39–44.
[16] 崔月琴，朱先平. 关系嵌入性视角下社区居家养老服务差异化研究——基于C市三种类型服务机构的调查分析[J]. 吉林大学社会科学学报，2022(1): 79–91, 235–236.
[17] 党秀云，张丽娟. 公共服务多元合作供给机制有效运行中的政府行为选择[J]. 教学与研究，2020(11): 58–65.
[18] 党秀云. 论合作治理中的政府能力要求及提升路径[J]. 中国行政管理，2017(4): 46–52.
[19] 邓金霞. 地方政府公共服务"纵向一体化"倾向的逻辑——权力关系的视角[J]. 行政论坛，2012(5): 31–36.
[20] 邓宁华. "寄居蟹的艺术"：体制内社会组织的环境适应策略——对天津市两个省级组织的个案研究[J]. 公共管理学报，2011, 8(3): 91–101, 127.
[21] 邓正来. 关于"国家与市民社会"框架的反思与批判[J]. 吉林大学社会科学学报，2006(3): 5–9.

[22] 丁煌, 杨雅真. 福利多元主义视角的社区居家养老问题研究[J]. 公共管理与政策评论, 2015(4): 43–53.
[23] 冯仕政. 社会治理与公共生活: 从连结到团结[J]. 社会学研究, 2021(1): 1–22, 226.
[24] 伏威. 中国合作型社会管理的路径选择——以政府与非政府组织的合作共治为视角[J]. 延边大学学报 (社会科学版), 2012(3): 73–79.
[25] 龚志文, 李丹. 从模式到服务: 城市社区养老认知的重构——超越养老模式, 从养老服务的角度深化养老服务体系[J]. 河南社会科学, 2020, 28(11): 115–124.
[26] 顾昕. 公民社会发展的法团主义之道——能促型国家与国家和社会的相互增权[J]. 浙江学刊, 2004(6): 64–70.
[27] 官华. 区域地方政府间的非对称关系研究——以粤港政府合作为例[J]. 福建论坛 (人文社会科学版), 2011(12): 42–46.
[28] 管兵. 竞争性与反向嵌入性: 政府购买服务与社会组织发展[J]. 公共管理学报, 2015(3): 83–92, 158.
[29] 管兵. 政府向谁购买服务: 一个国家与社会关系的视角[J]. 公共行政评论, 2016(1): 131–150, 185.
[30] 韩恒. 行政分隔与分类控制——试论当前中国社会领域的管理体制[J]. 中国行政管理, 2008(4): 39–41.
[31] 韩烨, 付佳平. 中国养老服务政策供给: 演进历程、治理框架、未来方向[J]. 兰州学刊, 2020(9): 187–198.
[32] 何文炯, 王中汉. 论老龄社会支持体系中的多元共治[J]. 学术研究, 2021(8): 73–80, 188.
[33] 何增科. 治理、善治与中国政治发展[J]. 中共福建省委党校学报, 2002(3): 16–19.
[34] 胡锐军. 政治稳定治理模式革新的秩序力重组与疏浚[J]. 理论与改革, 2021(5): 37–49.
[35] 黄晓春. 当代中国社会组织的制度环境与发展[J]. 中国社会科学, 2015(9): 146–164, 206–207.
[36] 黄晓星, 杨杰. 社会服务组织的边界生产——基于 Z 市家庭综合服务中心的研究[J]. 社会学研究, 2015(6): 99–121, 244.
[37] 纪莺莺. 从“双向嵌入”到“双向赋权”: 以N市社区社会组织为例——兼论当代中国国家与社会关系的重构[J]. 浙江学刊, 2017(1): 49–56.
[38] 江国华, 刘文君. 习近平“共建共治共享”治理理念的理论释读[J]. 求索, 2018(1): 32–38.
[39] 江华, 张建民, 周莹. 利益契合: 转型期中国国家与社会关系的一个分析框架——以行业组织政策参与为案例[J]. 社会学研究, 2011(3): 136–152, 245.
[40] 姜玉贞. 社区居家养老服务多元供给主体治理困境及其应对[J]. 东岳论丛,

2017(10): 45–53.
[41] 金太军, 张劲松. 政府的自利性及其控制[J]. 江海学刊, 2002(2): 106–112.
[42] 敬乂嘉, 陈若静. 从协作角度看我国居家养老服务体系的发展与管理创新[J]. 复旦学报 (社会科学版), 2009(5): 133–140.
[43] 敬乂嘉. 从购买服务到合作治理——政社合作的形态与发展[J]. 中国行政管理, 2014(7): 54–59.
[44] 敬乂嘉. 控制与赋权: 中国政府的社会组织发展策略[J]. 学海, 2016(1): 22–33.
[45] 康晓光, 韩恒. 分类控制: 当前中国大陆国家与社会关系研究[J]. 社会学研究, 2005(6): 73–89.
[46] 李文祥, 韦兵. 社会组织参与社区居家养老服务的嵌入模式及其优化——基于G市的比较研究[J]. 社会科学战线, 2022(6): 225–231.
[47] 李新廷, 陈平. 国家治理能力: 一种思想史维度的考察[J]. 福建行政学院学报, 2014(5): 1–6.
[48] 李友梅. 社区治理: 公民社会的微观基础[J]. 社会, 2007(2): 159–169, 207.
[49] 李友梅. 中国社会管理新格局下遭遇的问题——一种基于中观机制分析的视角[J]. 学术月刊, 2012(7): 13–20.
[50] 刘波, 方奕华. 基于社会网络分析的公共服务供给网络优化研究——以西安、深圳、杭州为例[J]. 华东经济管理, 2018(8): 41–48.
[51] 刘超. 邻避冲突复合治理: 理论特征与实现途径[J]. 中国行政管理, 2020(1): 158–159.
[52] 刘鹏. 从分类控制走向嵌入型监管: 地方政府社会组织管理政策创新[J]. 中国人民大学学报, 2011(5): 91–99.
[53] 刘晓静. 论中国养老服务的政策取向——基于养老服务政策变迁的视角[J]. 河北学刊, 2014, 34(5): 106–109.
[54] 刘亚娜. 我国医养结合养老服务政策网络与耦合协同[J]. 中国行政管理, 2018(8): 53–58.
[55] 龙翠红. 政府向社会组织购买服务: 嵌入性视角中的困境与超越[J]. 南京社会科学, 2018(8): 90–96.
[56] 罗文东. 国家治理体系和治理能力现代化的方向问题世界社会主义研究[J]. 2017, 2(4): 88.
[57] 罗艳, 童玉林. 服务悬浮: 主体行动逻辑下的居家养老服务信息化实践困境[J]. 郑州大学学报 (哲学社会科学版), 2022(3): 25–30.
[58] 毛红群. 多元共治背景下领导权威的新变化、影响因素与呈现形式[J]. 领导科学, 2021(12): 102–104.
[59] 彭婧, 张汝立. 如何避免政府购买服务成为公众不称心的礼物——基于政府责任视角的分析[J]. 中央民族大学学报 (哲学社会科学版), 2018(1): 58–65.

[60] 彭青云. 多元主体视角下社区居家养老服务路径探索[J]. 浙江工商大学学报, 2019(3): 101–108.
[61] 彭少峰, 张昱. 迈向“契约化”的政社合作——中国政府向社会力量购买服务之研究[J]. 内蒙古社会科学 (汉文版), 2014(1): 161–166.
[62] 彭少峰. 依附式合作: 政府与社会组织关系转型的新特征[J]. 社会主义研究, 2017(5): 112–118.
[63] 戚建刚. 风险规制过程的合法性之证成以公众和专家的风险知识运用为视角[J]. 法商研究, 2009(5): 49–59.
[64] 齐久恒. 从“分类控制体系”走向“嵌入性发展”——政府与社会组织之间互动关系及其优化[J]. 西南大学学报 (社会科学版), 2015(2): 26–33, 189.
[65] 曲绍旭. 城市居家养老服务政社关系类型的转换效应及对策研究[J]. 华中科技大学学报 (社会科学版), 2020(5): 114–123.
[66] 萨拉蒙. 非营利部门的崛起[J]. 马克思主义与现实, 1994(3): 57–63.
[67] 赛明明. 网络化治理视角下的居家养老模式之构建[J]. 西北人口, 2013(3): 107–111.
[68] 施巍巍, 罗新录. 我国养老服务政策的演变与国家角色的定位——福利多元主义视角[J]. 理论探讨, 2014(2): 169–172.
[69] 石亚军, 高红. 合作治理中的政社关系与角色期待——以顺德为例[J]. 上海行政学院学报, 2017, 18(3): 30–37.
[70] 宋道雷. 共生型国家社会关系: 社会治理中的政社互动视角研究[J]. 马克思主义与现实, 2018(3): 196–202.
[71] 孙发锋. 选择性扶持和选择性控制: 我国社会组织管理体制改革的新动向[J]. 上海行政学院学报, 2012(5): 95–103.
[72] 孙秋芬. 从主体性、主体间性到他在性: 现代社会治理的演进逻辑[J]. 华中科技大学学报 (社会科学版), 2017(6): 20–26.
[73] 孙涛. 社会治理体制创新中的跨部门合作机制研究[J]. 云南民族大学学报 (哲学社会科学版), 2016(2): 68–73.
[74] 唐钧. 构建机构、社区、居家养老全服务体系[J]. 中国房地产, 2017(8): 56–57.
[75] 唐士其.“市民社会”、现代国家以及中国的国家与社会的关系[J]. 北京大学学报 (哲学社会科学版), 1996(6): 66–73, 128.
[76] 唐文玉. 行政吸纳服务——中国大陆国家与社会关系的一种新诠释[J]. 公共管理学报, 2010(1): 13–19, 123–124.
[77] 田凯. 发展与控制之间: 中国政府部门管理社会组织的策略变革[J]. 河北学刊, 2016(2): 168–174.
[78] 田毅鹏, 苗延义.“吸纳”与“生产”: 基层多元共治的实践逻辑[J]. 南通大学学报 (社会科学版), 2020, 36(1): 82–88.

[79] 同春芬，汪连杰. 福利多元主义视角下我国居家养老服务的政府责任体系构建[J]. 西北人口，2015, 36(1): 73–78, 84.
[80] 童星. 发展社区居家养老服务以应对老龄化[J]. 探索与争鸣，2015(8): 69–72.
[81] 汪永成. 经济全球化进程中政府能力的供求变化及平衡战略[J]. 武汉大学学报（哲学社会科学版），2002(2): 215–221.
[82] 王汉生，吴莹. 基层社会中"看得见"与"看不见"的国家——发生在一个商品房小区中的几个"故事"[J]. 社会学研究，2011(1): 63–95, 244.
[83] 王建生. 西方国家与社会关系理论流变[J]. 河南大学学报（社会科学版），2010(6): 69–75.
[84] 王莉莉. 中国居家养老政策发展历程分析[J]. 西北人口，2013, 34(2): 66–72.
[85] 王玲，刘常兰，张帅一. 嵌入式合作：党建引领社区居家养老服务的逻辑与路径研究——"社区＋国企"治理模式的启示[J]. 人口与发展，2022(5): 84–94.
[86] 王名，乐园. 中国民间组织参与公共服务购买的模式分析[J]. 中共浙江省委党校学报，2008(4): 5–13.
[87] 王名，张雪. 双向嵌入：社会组织参与社区治理自主性的一个分析框架[J]. 南通大学学报（社会科学版），2019(2): 49–57.
[88] 王清. 共生式发展：一种新的国家和社会关系——以N区社会服务项目化运作为例[J]. 中共浙江省委党校学报，2017(5): 16–23.
[89] 王群. 奥斯特罗姆制度分析与发展框架评介[J]. 经济学动态，2010(4): 137–142.
[90] 王诗宗，宋程成. 独立抑或自主：中国社会组织特征问题重思[J]. 中国社会科学，2013(5): 50–66, 205.
[91] 王思斌. 中国社会工作的嵌入性发展[J]. 社会科学战线，2011(2): 206–222.
[92] 王向民."没有政府的治理"：西方理论的适用性及其边界——以明清时期的南方社会组织及其公共服务为例[J]. 学术月刊，2014(6): 138–150.
[93] 魏娜，陈俊杰. 政府购买服务视角下的政社关系再审视——基于A市"市级社会建设专项资金"（2013—2016）的实证研究[J]. 北京行政学院学报，2020(2): 26–37.
[94] 吴斌才. 从分类控制到嵌入式治理：项目制运作背后的社会组织治理转型[J]. 甘肃行政学院学报，2016(3): 80–87, 128.
[95] 吴磊. 政府购买居家养老服务风险影响因素与防范路径研究——基于S市的扎根分析[J]. 中国行政管理，2019(12): 22–27.
[96] 吴新叶. 城市治理中的社会组织：政府购买与能力建设[J]. 上海行政学院学报，2018(5): 82–91.
[97] 向玉琼. 论"他在性"导向中生成的服务型政府[J]. 江苏行政学院学报，2015(5): 106–112.

[98] 谢金芳, 徐波波. 中国养老服务政策: 演进逻辑与优化方向——兼论政府职能的变迁与重塑[J]. 安徽行政学院学报, 2014(4): 37–45.

[99] 谢庆奎. 论政府发展的涵义[J]. 北京大学学报（哲学社会科学版）, 2003(1): 16–21.

[100] 徐盈艳, 黎熙元. 浮动控制与分层嵌入——服务外包下的政社关系调整机制分析[J]. 社会学研究, 2018(2): 115–139, 244–245.

[101] 徐勇. GOVERNANCE: 治理的阐释[J]. 政治学研究, 1997(1): 63–67.

[102] 徐勇. 治理转型与竞争——合作主义[J]. 开放时代, 2001(7): 25–33.

[103] 许鹿, 罗凤鹏, 王诗宗. 组织合法性: 地方政府对社会组织选择性支持的机制性解释[J]. 江苏行政学院学报, 2016(5): 100–108.

[104] 许文文. 超越行动者网络: 基层社会治理共同体建构的本土路径——基于社区养老场域的田野观察[J]. 学习与实践, 2021(3): 100–110.

[105] 颜克高, 林顺浩, 任彬彬. 发展抑或控制: 地方政府社会组织分类治理策略偏好——基于中国 312 个地级市面板数据的经验研究[J]. 中国非营利评论, 2017(2): 122–144.

[106] 燕继荣. 协同治理: 社会管理创新之道——基于国家与社会关系的理论思考[J]. 中国行政管理, 2013(2): 58–61.

[107] 杨安华. 政府购买服务还是回购服务——基于 2000 年以来欧美国家政府回购公共服务的考察[J]. 公共管理学报, 2014, 11(3): 49–58, 141.

[108] 杨宝, 杨晓云. 从政社合作到"逆向替代": 政社关系的转型及演化机制研究[J]. 中国行政管理, 2019(6): 87–93.

[109] 杨成虎. 我国社区居家养老政策发展研究——基于 1982—2018 年国家政策文本的分析[J]. 安徽行政学院学报, 2019(2): 104–112.

[110] 杨书胜. 政府购买服务内卷化倾向及成因分析[J]. 理论与改革, 2015(3): 127–129.

[111] 姚俊. 居家养老服务市场化: 何以可能与何以可为[J]. 兰州学刊, 2017(8): 152–160.

[112] 叶敏. 依附式合作: 强国家下的城市社区自治——以上海 NX 街道的社区自治经验为例[J]. 江苏行政学院学报[J]. 2022(1): 112–119.

[113] 叶托, 薛琬烨. 政府购买公共服务的责任风险与问责模式[J]. 地方财政研究, 2018(4): 17–22.

[114] 易艳阳, 周沛. 元治理视阈下养老服务供给中的政府责任研究[J]. 兰州学刊, 2019(4): 184–193.

[115] 尹广文. 从"行政化控制"到"体制性吸纳": 改革开放以来中国社会组织治理问题研究[J]. 南京政治学院学报, 2016(2): 53–60, 140.

[116] 俞海山. 从参与治理到合作治理: 我国环境治理模式的转型[J]. 江汉论坛,

2017(4): 58–62.
[117] 俞可平. 经济全球化与治理的变迁[J]. 哲学研究, 2000(10): 17–24.
[118] 俞可平. 中国的治理改革 (1978—2018) [J]. 武汉大学学报 (哲学社会科学版), 2018, 71(3): 48–59.
[119] 俞可平. 中国公民社会: 概念、分类与制度环境[J]. 中国社会科学, 2006(1): 109–122, 207–208.
[120] 虞维华. 非政府组织与政府的关系——资源相互依赖理论的视角[J]. 公共管理学报, 2005(2): 32–39, 93–94.
[121] 郁建兴, 沈永东. 调适性合作: 十八大以来中国政府与社会组织关系的策略性变革[J]. 政治学研究, 2017(3): 34–41, 126.
[122] 郁建兴, 周俊. 中国公民社会研究的新进展[J]. 马克思主义与现实, 2006(3): 36–45.
[123] 岳经纶, 王燊成. 社会服务管理中的管理主义与专业主义张力: 基于政府购买社会服务的分析[J]. 行政论坛, 2018(1): 34–42.
[124] 张钢, 徐贤春, 刘蕾. 长江三角洲16个城市政府能力的比较研究[J]. 管理世界, 2004(8): 18–27.
[125] 张紧跟. NGO的双向嵌入与自主性扩展: 以南海义工联为例[J]. 重庆社会主义学院学报, 2014(4): 86–94.
[126] 张紧跟. 从结构论争到行动分析: 海外中国 NGO 研究述评[J]. 社会, 2012(3): 198–223.
[127] 张康之. 论主体多元化条件下的社会治理[J]. 中国人民大学学报, 2014(2): 2–13.
[128] 张康之. 在后工业化进程中构想合作治理卬[J]. 哈尔滨工业大学学报 (社会科学版), 2013(1): 51–60.
[129] 张乾友. 朝向他在性: 公共行政的演进逻辑[J]. 中国人民大学学报, 2013(6): 107–114.
[130] 张乾友. 行动主义: 合作治理的神髓——兼评张康之教授的《公共行政的行动主义》[J]. 河北学刊, 2017(3): 189–194.
[131] 张思锋. 中国养老服务体系建设中的政府行为与市场机制[J]. 社会保障评论, 2021(1): 129–145.
[132] 张旭升, 牟来娣. 中国老年服务政策的演进历史与完善路径[J]. 江汉论坛, 2011(8): 140–144.
[133] 张长东. 国家治理能力现代化研究——基于国家能力理论视角[J]. 法学评论, 2014, 32(3): 25–33.
[134] 张钟汝, 范明林, 王拓涵. 国家法团主义视域下政府与非政府组织的互动关系研究[J]. 社会, 2009(4): 167–194, 228.
[135] 章萍. 基于新公共管理理论分析的居家养老服务 PPP 模式——以安徽省合

肥市金玫瑰居家养老示范项目为例[J]. 广西社会科学, 2018(9): 153–157.
[136] 赵平安, 高猛. 双向建构: 政府与非政府组织合作的逻辑与现实[J]. 行政论坛, 2009(3): 60.
[137] 赵向红, 王小凤, 李俏. 中国养老政策的演进与绩效[J]. 青海社会科学, 2017(6): 162–167.
[138] 赵宴群. 当前公共服务购买中的政社关系及发展路径——以上海市民办非企业单位样本为例[J]. 思想战线, 2016(3): 99–104.
[139] 郑广怀, 张政. 社会工作机构何以向劳务公司转变——基于国家–社会关系的视角[J]. 广东社会科学, 2021(4): 194–210.
[140] 中共中央. 中共中央关于构建社会主义和谐社会若干重大问题的决定[J]. 求是, 2006(20), 3–12.
[141] 周庆智. 基层社会治理转型: 权威秩序到自治秩序[J]. 甘肃社会科学, 2017(2): 28–36.
[142] 周庆智. 政社互嵌结构与基层社会治理变革[J]. 南京大学学报 (哲学·人文科学·社会科学), 2018(3): 139–149, 160.
[143] 周圣华, 张建坤, 范洁, 等. 基于网络化治理的社区居家养老服务体系分析——以南京市为例[J]. 现代城市研究, 2018(8): 13–20, 36.
[144] 周泽中. 迈向公私合作型的现代化治理[J]. 中共天津市委党校学报, 2021(6): 87–95.
[145] 朱光喜. 分化型政社关系、社会企业家行动策略与社会组织发展——以广西P市Y协会及其孵化机构为例[J]. 公共管理学报, 2019(2): 67–78, 171–172.
[146] 朱浩. 中国养老服务市场化改革三十年的回顾与反思[J]. 中州学刊, 2017(8): 66–72.
[147] 朱健刚, 陈安娜. 嵌入中的专业社会工作与街区权力关系——对一个政府购买服务项目的个案分析[J]. 社会学研究, 2013(1): 43–64, 242.
[148] ROBERT A. Managing collaborative public performance[J]. Public and management review, 2005, 29(1): 18–45.
[149] BRINKERHOFF J M. Government–nonprofit partnership: a defining framework[J]. Public administration and development, 2002, 22(1): 19–30.
[150] ANSELL C, GASH A. Collaborative governance in theory and practice[J]. Journal of public administration research and theory, 2008, 18(4): 544.
[151] DEHOOG R H. Evaluating human services contracting: managers, professionals, and politicos[J]. State & local government review, 1986, 18(1): 37–44.
[152] WOOD D J, GRAY B. Toward a comprehensive theory of collaboration[J]. Journal of applied behavioral science, 1991, 27(2): 139–162.
[153] EMERSON R M. Power–dependence relations[J]. American sociological review,

1962, 27(1): 31–41.
[154] VIGODA E. From responsiveness to collaboration: governance, citizens, and the next generation of public administration[J]. Public administration review, 2002, 62(5): 527–539.
[155] EVERS A. Part of the welfare mix: the third sector as an intermediate area[J]. Voluntas, 1995, 6(2): 159–182.
[156] FOSTER K W. Embedded within state agencies: business association in Yantai[J]. China Journal, 2002(47): 41–65.
[157] FOSTER K W. Associations in the embrace of an authoritarian state: state domination of society[J]. Studies in comparative international development, 2001: 35(4): 84–109.
[158] KANG X G, HAN H. Administrative, absorption of society: a further probe into the state–society relationship in Chinese Mainland[J]. Social science in China, 2007(Summer): 116–128.
[159] MCGUIRE, MICHAEL. Collaborative public management assessing what we know and how we know it[J]. Public administration review, 2006, 66(6): 33–43.
[160] MYRTLE R C, WILBER K H. Designing service delivery systems: lessons from the development of community—based systems of care for the elderly[J]. Public Administration Review, 1994, 54(3): 245–252.
[161] NATHAN A J. Present at the stagnation: is China's development stalled[J]. Foregin Affairs, 2006, 85(4): 177–182.
[162] PHILIPPE C S. Still the century of corporatism[J]. Review of politics, 1974, 36(1): 85–131.
[163] PROVAN K G, PATRICK K. Modes of network governance: structure, management, and effectiveness[J]. Journal of public administration research and theory, 2008(2): 229–252.
[164] SKOCPOL T, GANZ M, MUNSON Z. A nation of organizers: the institutional origins of civic voluntarism in the United States[J]. American political science review, 2000, 94(3): 527–546.
[165] TREVOR L B, POTOSKI M. Transaction costs and institutional explanations for government service production decisions[J]. Journal of public administration research and theory: J–PART, 2003(4): 441–468.

4. 报纸中析出的文献

[1] 郁建兴. 合作共治: 中国公民社会发展路径[N]. 社会科学报, 2009–03–19.
[2] 金苍. 用什么终结“一闹就停”困局[N]. 人民日报, 2013–05–08.